RÔLE DES MONASTÈRES

COMME

ÉTABLISSEMENTS DE CRÉDIT

ÉTUDIÉ EN NORMANDIE
DU XI° A LA FIN DU XIII° SIÈCLE

PAR

R. GÉNESTAL

DOCTEUR EN DROIT
LICENCIÉ ÈS-LETTRES

PARIS

LIBRAIRIE NOUVELLE DE DROIT ET DE JURISPRUDENCE

ARTHUR ROUSSEAU, ÉDITEUR

14, RUE SOUFFLOT ET RUE TOULLIER, 13

1901

Imp. J. Thevenot, Saint-Dizier (Haute-Marne)

RÔLE DES MONASTÈRES

COMME

ÉTABLISSEMENTS DE CRÉDIT

ÉTUDIÉ EN NORMANDIE
DU XI° A LA FIN DU XIII° SIÈCLE

RÔLE DES MONASTÈRES

COMME

ÉTABLISSEMENTS DE CRÉDIT

ÉTUDIÉ EN NORMANDIE
DU XI° A LA FIN DU XIII° SIÈCLE

PAR

R. GÉNESTAL

DOCTEUR EN DROIT
LICENCIÉ ÈS-LETTRES

PARIS

LIBRAIRIE NOUVELLE DE DROIT ET DE JURISPRUDENCE

ARTHUR ROUSSEAU, ÉDITEUR

14, RUE SOUFFLOT ET RUE TOULLIER, 13

1901

BIBLIOGRAPHIE

SOURCES

Imprimés.

Très ancien coutumier de Normandie. Edition Tardif, 1891, in-8.
Summa de legibus Normannie in curia laïcali. Edition Tardif, 1896, in-8.

J. Andrieux. — Cartulaire de l'abbaye royale de Notre-Dame-de-Bon-Port de l'ordre de Citeaux, au diocèse d'Evreux. Evreux, 1862, in-4.

Th. Bonnin. — Regestrum visitationum archiepiscopi Rothomagensis. Journal des visites pastorales d'Eude Rigaud, archevêque de Rouen (1248-1269). Rouen, 1852, in-4.

L. Delisle. — Recueil de jugements de l'échiquier de Normandie au xiiiᵉ siècle (1207-1270). Paris, 1864, in-4.

A. Deville. — Cartulaire de l'abbaye de la Sainte-Trinité-du-Mont de Rouen. Collection des documents inédits sur l'histoire de France. Cartulaires III (à la suite du cartulaire de Saint-Bertin). Paris, 1841, in-4.

Dubosc. — Cartulaire de la Manche (abbaye de Montmorel, abbaye de la Luzerne, prieuré de la Perrine). 3 vol. in-4, Saint-Lô, 1878.

Laffleur de Kermaingant. — Cartulaire de l'abbaye de Saint-Michel-du-Tréport. Paris, 1880, in-4.

MANUSCRITS

A. — Cartulaires.

Prieuré de Beaumont-le-Roger. — Bibliothèque Mazarine, nᵒ 3417.

Abbaye du Bec (fragments). — Archives de l'Eure.
— **Fécamp.** — Archives de la Seine-Inférieure.
— **Fécamp.** — Bibliothèque de Rouen.
— **Jumièges.** — Archives de la Seine-Inférieure.
— **Montebourg.** — Bibliothèque nationale. Latin 10087.
— **Mont-Saint-Michel.** — Bibliothèque d'Avranches.
— **Mortemer.** — Bibliothèque nationale. Latin 18369.
Prieuré du Plessis-Grimoud. — Archives du Calvados.
Abbaye de Saint-Amand-de-Rouen. — Archives de la Seine-Iu-
férieure.
Abbaye de Saint-André-en-Gouffern. — Archives du Calvados.
Prieuré de Saint-Cyr-de-Friardel. — Bibliothèque nationale.
Nouv. acq. latin 164.
Prieuré de Saint-Etienne-de-Fontenay. — Archives du Calvados.
Abbaye de Saint-Evroul. — Bibliothèque nationale. Latin 11055.
— **Saint-Evroul.** — Bibliothèque nationale. Latin 11057.
— **Saint-Georges-de-Boscherville.** — Bibliothèque de
Rouen.
Abbaye de Saint-Martin-de-Sées (dit livre blanc) (copie). — Ar-
chives de l'Orne.
Abbaye de Saint-Pierre-des-Préaux. — Archives de l'Eure.
— **Saint-Sauveur-le-Vicomte.** — Archives de la Manche.
— **Saint-Taurin-d'Evreux** (grand et petit cartulaire). — Ar-
chives de l'Eure.
Abbaye de la Sainte-Trinité de Caen. — Archives du Calvados.
— **Saint-Wandrille.** — Archives de la Seine-Inférieure.
— **Savigny.** — Archives de la Manche.
— **Silly.** — Bibliothèque nationale. Latin 11059.

B. — Chartes originales.

Abbaye d'Ardenne. — Archives du Calvados et de l'Orne.
— **Aunay.** — Archives du Calvados.
— **Barbery.** — Archives du Calvados.
— **Belle-Etoile.** — Archives de l'Orne.
— **Bon-Port.** — Archives de l'Eure.
— **Cherbourg.** — Archives de la Manche.
— **Lire.** — Archives de l'Eure.
— **Mortemer.** — Archives de l'Eure.
— **La Noë.** — Bibliothèque nationale. Latin 5464 (4 boîtes).

Commanderie des Templiers de Renneville. — Archives nationales, S. 4996 B.

Abbaye de Saint-Désir. — Archives du Calvados.

— **Saint-Etienne-de-Caen.** — Archives du Calvados.

— **Saint-Evroul.** — Archives de l'Orne.

Prieuré de Sausseuse. — Archives de l'Eure.

Abbaye de Silly. — Archives de l'Orne.

— **du Trésor.** — Archives de l'Eure.

OUVRAGES MODERNES

Arnold. — Zur Geschichte des Eigentums in den deutschen Städten. Bâle, 1861, in-8.

Brunner. — V° Rentenkauf dans l'Encyclopédie d'Holtzendorff.

De Caix. — Notice sur la chambrerie de l'abbaye de Troarn. Mémoires de la Société des antiquaires de Normandie, XXII, 1857.

Delisle. — Etudes sur la condition de la classe agricole et l'état de l'agriculture en Normandie au moyen âge. Evreux, in-8, 1851.

Esmein. — Etudes sur les contrats dans le très ancien droit français. Paris, 1883, in-8.

Franken. — Das französische Pfandrecht im Mittelalter. Erste Abteilung (seule parue). Das Engagement. Berlin, 1879, in-8.

Gobbers. — Die Erbleihe und ihr Verhältniss zum Rentenkauf im mittelalterlischen Köln des XIIIten und des XIVten Jahres. — Zeitschrift der Savigny Stiftung, 1883.

Heusler. — Institutionen des deutschen Privatrechts. Leipzig, 1886, in-8.

Lamprecht. — Deutsches Wirtschaftsleben im Mittelalter. Leipzig, 1886, 3 vol. in-4.

Lamprecht (traduction Marignan). — Etudes sur l'état économique de la France pendant la première partie du moyen âge. Paris, 1889, in-8.

Du Méril. — De l'état du clergé régulier en Normandie sous le pontificat d'Eude Rigaud (1248-1269). Mémoires de la Société des antiquaires de Normandie, XVII, 1847.

Peltier. — Du gage immobilier dans le très ancien droit français. Paris, thèse 1893, in-8.

PRÉFACE

En prohibant le prêt à intérêt et en faisant sanctionner cette prohibition par les lois civiles, l'Église n'a pas tué le crédit dans la société du moyen âge.

D'abord le prêt à intérêt pur et simple a toujours subsisté malgré les efforts de la doctrine ecclésiastique, pratiqué surtout, mais non exclusivement, par les Juifs et les Lombards.

Puis et surtout, à côté du prêt à intérêt proprement dit, se développèrent d'autres formes de crédit. Les détenteurs du capital mobilier, alors comme aujourd'hui, en devaient chercher l'emploi le plus lucratif; ils ont été amenés ainsi à le mettre, moyennant une rétribution, à la disposition de ceux qui en avaient momentanément besoin.

Au premier rang de ces capitalistes — si le mot ne fait pas trop anachronisme — il faut placer naturellement les monastères dont le trésor était alimenté tant par l'administration des biens antérieurement acquis que par les largesses pieuses, en partie obligatoires, des fidèles. Ils offrent encore au chercheur actuel cet avantage inappréciable que les documents intéressant les établissements religieux nous ont été conservés en beaucoup plus grand nombre que nuls autres.

A côté des acquisitions d'immeubles, les abbayes ont connu deux sortes de placements qui nous intéressent: l'engagement immobilier et l'achat de rentes.

On dit couramment que ces deux modes de crédit ont été inventés pour tourner la prohibition du prêt à intérêt. Il est manifeste en effet que les monastères en particulier ne pouvaient sans scandale se livrer à l'usure et nous dirons même que, sans la prohibition, ces formes de crédit n'eussent peut-être pas pris un développement aussi considérable. Néanmoins il ne faut pas croire qu'elles ne diffèrent du prêt à intérêt que par la forme seule. Ce sont des opérations ayant non seulement un caractère juridique distinct, mais aussi des fonctions économiques propres.

Les établissements religieux n'auraient point placé leur argent en simples prêts à intérêts : car c'est là une opération qui comporte des risques et ils n'en voulaient point courir ; tout au moins eût-il fallu adjoindre au prêt un contrat accessoire de garantie ; l'engagement immobilier, le mort gage, offrait dans ces conditions un type commode puisqu'il donne au prêteur, par une seule et même particularité de son mécanisme, une garantie à toute épreuve et une rémunération du capital. Il avait un autre avantage, il était, nous le montrerons — et c'est à ce titre qu'il était surtout apprécié par les moines — un moyen d'acquérir des immeubles à bon compte. Le prêt à intérêt l'eût-il remplacé dans cette fonction ?

Si maintenant nous songeons à la rente, une différence essentielle la sépare du prêt (bien que notre Code civil fasse de la rente une variété de prêt) : on ne peut jamais exiger le remboursement du capital. Ne doit-on pas voir par conséquent dans l'achat de rentes l'antécédent lointain de nos institutions modernes de crédit foncier, dont le but est précisément de fournir au propriétaire un capital dont le remboursement ne lui sera jamais réclamé.

Ces deux formes spéciales de crédit sont donc autre chose qu'un simple subterfuge pour tourner la loi de l'Église et elles méritent à ce titre une étude juridique et économique particulière. C'est cette étude que nous avons tentée en réservant à chacun des deux modes de crédit une partie distincte : ce plan se recommandait à nous par sa clarté et sa simplicité ; il a cet autre avantage d'être chronologiquement satisfaisant. Le mort gage, dont les origines sont lointaines et que nous suivons sur les documents depuis les dernières années du X⁰ siècle, continue d'être pratiqué par les abbayes jusqu'au début du XIII⁰ ; à cette époque précisément la rente commence à devenir pour elles le mode de placement normal. Nous en suivrons le développement pendant un siècle de progrès économique intense jusqu'aux premières années du XIV⁰ siècle. Il serait intéressant d'en poursuivre l'étude.

Il nous reste à dire pourquoi nous avons limité nos recherches à la Normandie. Nous avions le choix entre deux procédés : étudier le rôle des monastères comme établissements de crédit dans la France entière et les recherches, plus étendues géographiquement, eussent été moins profondes, ou, nous limitant dans l'espace, n'étudier qu'une province mais en faisant une plus sérieuse revue des documents tant imprimés qu'inédits. C'est à ce dernier projet que nous nous sommes arrêtés sur les conseils de notre maître M. Esmein.

Et puisqu'il fallait choisir une province déterminée, l'hésitation ne nous était pas permise : la Normandie est notre pays natal et des travaux précédents nous ont déjà appris à nous intéresser à son histoire ; de plus c'est une province qui de bonne heure connut une prospérité relative favorable au développement du crédit. Enfin le rôle

des monastères y avait déjà été mis en lumière par quelques pages de l'admirable travail de M. L. Delisle sur la
condition de la classe agricole en Normandie au moyen
âge (1).

C'est cet ouvrage qui a inspiré la présente étude et qui
en fut le point de départ comme il doit être le point de
départ de tout travail sur les institutions normandes,
parce que tout s'y trouve. En dehors de ce livre, la biblio-
graphie de la question était peu étendue, et c'est aux
sources que nous avons surtout directement puisé. Les
quelques cartulaires normands qui sont publiés aujour-
d'hui et ceux plus nombreux qui se trouvent en manus-
crits à la bibliothèque nationale ont été notre premier
fonds ; nous avons complété ces renseignements par une
visite aux archives des cinq départements de Normandie
et nous avons, au seuil de cette étude, l'agréable devoir de
remercier MM. de Beaurepaire, Benet, Bourbon, Dolbet
et Duval qui ont avec tant de complaisance facilité nos
recherches.

(1) Ch. VIII, pp. 195 sqq.

RÔLE DES MONASTÈRES

COMME

ÉTABLISSEMENTS DE CRÉDIT

ÉTUDIÉ EN NORMANDIE

DU XIe A LA FIN DU XIIIe SIÈCLE

PREMIÈRE PARTIE

LE MORT GAGE

CHAPITRE PREMIER

MORT GAGE ET VIF GAGE. — DÉFINITIONS. — FRÉQUENCE RE-
LATIVE DE L'UN ET DE L'AUTRE. — DATE DE NOS PREMIERS
DOCUMENTS.

Notre première période, qui s'étend du milieu du XIe siècle aux premières années du XIIIe, est caractérisée par
l'emploi de ce mode de crédit : l'engagement immobilier.
Mais cet engagement immobilier peut se présenter sous
deux formes : le *mort gage* et le *vif gage*, très différents
l'un de l'autre, sinon par leur nature juridique, du moins
par leur but économique. Il importe donc en commençant

G. — 1

de les différencier et de rechercher quel usage les monastères normands ont fait de l'un et de l'autre.

On ne saurait donner du mort gage et du vif gage de plus claires définitions que celles de la *Summa de legibus Normanniæ* (1254-58) :

Notandum insuper est quod vadiorum quoddam vivum, quoddam mortuum nuncupatur.

Mortuum autem dicitur vadium quod se de nihilo redimit vel acquitat, ut terra tradita in vadium pro C solidis, quam cum obligator rehabere voluerit, acceptam pecuniam restituet in solidum.

Vivum autem dicitur vadium quod ex suis proventibus acquitatur, ut terra tradita in vadium pro C solidis usque ad tres annos, que, elapso triennio, reddenda est obligatori vel tradita in vadium quousque pecunia taxata de ejusdem proventibus fuerit persoluta (1).

L'opposition est aisée à saisir : le mort gage comporte un intérêt, puisqu'en attendant le remboursement de son capital le prêteur perçoit les revenus de l'immeuble engagé ; au contraire le vif gage ne donne normalement aucun bénéfice, puisque les fruits perçus sont imputés sur le capital. Si donc les abbayes qui nous occupent n'ont demandé à leurs emprunteurs qu'une constitution de vif gage, elles ont agi dans une pensée de bienfaisance ; si elles ont exigé un mort gage, c'est qu'elles se sont proposé de faire un placement.

Une objection pourrait être faite à ce raisonnement : il suffit, pour que le vif gage devienne lucratif, d'une légère

(1) *Summa de legibus Normanniæ in curia laïcali*, chap. CXI, *De feodo et vadio*, § 11 (Ed. Tardif, p. 278 et 279). Cf. *Id.*, ch. CXI, § 8, p. 277 et ch. XIX, *De usuris*, § 4, p. 54. On trouvera des définitions analogues dans les Coutumiers anglo-normands : Glanville, X, ch. 8. — *Regiam Majestatem*, III, ch. 2, § 5. Elles sont citées par Du Cange au mot *Vadium*.

fraude. On fera une estimation inexacte, inférieure à la réalité, du revenu de la terre engagée. Par exemple je donne une somme de 100 contre engagement d'une terre qui en réalité rapporte 10, mais dont on n'estimera le revenu qu'à 5. Je ne déduirai donc du capital qu'une somme de 5 chaque année, de sorte qu'il me restera un intérêt de 5 0/0 ; ou bien, ce qui revient au même, la jouissance du sol me sera abandonnée pour 20 ans alors que 10 ans eussent suffi à rembourser mon capital.

Seulement on peut se demander quel serait l'intérêt de fraudes de ce genre, quand le prêt à mort gage est autorisé par la coutume. On n'en conçoit pas l'utilité, jusqu'au moment du moins où le pape Alexandre III (1159-1181) ordonnera que les fruits perçus par le créancier viennent toujours en déduction du capital.

Mais s'il est aisé de saisir l'intérêt de la distinction entre mort gage et vif gage, il est beaucoup plus difficile pour chaque charte particulière de dire si elle contient un vif gage, prêt gratuit, ou un mort gage, prêt rétribué. Un certain nombre de cas cependant ne permettent aucun doute ; l'acte de constitution de gage relate généralement avec assez de détails les clauses de la convention pour qu'aucune hésitation ne soit possible. Ii sera dit par exemple : *est conventio quod predicti forestarii nichil habeant de rebus monachorum donec forestarii predictas XVI libras monachis redderent* (1) ; ou encore que les moines conserveront les immeubles mis en gage *tamdiu videlicet quousque peccunia nostra... ab uxore ejus et filio nobis reddatur* (2).

Malheureusement ce n'est pas l'acte même de constitu-

(1) Cartulaire de l'abbaye de Savigny, n° 326. App. n° XIV.
(2) Cartulaire de l'abbaye de la Sainte-Trinité du Mont de Rouen, n° 68.

tion de gage que nous possédons la plupart du temps. L'engagement nous est plus souvent connu par une charte relative à une opération juridique postérieure ayant pour objet le même immeuble (1). Nous sommes alors naturellement moins bien renseignés sur le détail des clauses de la convention primitive. Dans certains cas cependant le mort gage sera encore facilement reconnaissable.

Rainaldus, fils de Hugo, fait donation à l'abbaye du Mont Saint-Michel d'une terre qu'il lui avait antérieurement engagée, et il rappelle dans le préambule la convention primitive : *terram... invadimoniaverit pro centum solidis cenomannensium tali videlicet pacto, ut si vel ipse vel aliquis heredum suorum eosdem nummos redderet, terram suam liberam et quietam haberet* (2).

Mais les conditions de l'engagement précédent ne sont pas généralement rapportées avec cette précision ; et cela se comprend, car elles n'offrent plus pour les parties le même intérêt et d'ailleurs il est toujours aisé pour les connaître de se reporter à la charte primitive d'engagement qui a été perdue pour nous, mais que les intéressés avaient certainement à leur disposition.

Néanmoins dans bien des cas il nous a semblé possible par des indices indirects de déterminer la nature du gage auquel il est fait allusion.

Par exemple toutes les fois qu'il est question de racheter (*redimere*) l'immeuble engagé, il doit s'agir d'un mort gage ; car *redimere* ne saurait s'entendre que du remboursement intégral du capital prêté (3). Cela est encore

(1) Nous dirons plus loin pour quelle raison ce sont plutôt ces actes qui nous sont parvenus.

(2) Cartulaire de l'abbaye du Mont Saint-Michel, f° 87 v°.

(3) Cartulaire de l'abbaye de la Sainte-Trinité du Mont de Rouen, n°* 4, 47, 76.

plus certain quand le prix du rachat est la somme *pour laquelle le bien est engagé.*

En 1155, Robert, abbé du Mont Saint-Michel, rachète (*redemit*) la moitié d'une vigne que Jean, fils de Bigot, avait en gage pour 7 livres (1).

En 1180, les moines de Savigny, pour entrer en possession d'une terre qui leur est donnée, remboursent 12 livres de mançois pour lesquelles cette terre était engagée à un tiers (2).

Toutes les fois que la somme pour laquelle le bien a été engagé, est indiquée dans un acte relatant le rachat, le dégagement ou la vente en toute propriété, il faut bien admettre que c'est cette même somme qui est le prix du rachat ou qui doit être déduite du prix de vente. S'il en était autrement, c'est-à-dire si nous étions en présence d'un vif gage, il eût été de toute nécessité de faire mention et du revenu de la terre engagée et de la durée de l'engagement : tels sont en effet les éléments indispensables du calcul qui donnera le montant de la somme restant due par le débiteur (3).

(1) *Eodem anno* (1155) *Robertus abbas redemit medietatem vinee de clauso Johannis Raher quam Johannes filius Bigoti habebat in vadimonium pro VII libris cenomannensium.* Cartulaire de l'abbaye du Mont Saint-Michel, f° 113 v°.

(2) *Predicti monachi XII libras cenomannensium, pro quibus terra illa pignorata erat, reddiderunt.* Cartulaire de l'abbaye de Savigny, n° 467, f° 114 v°. Il s'agit ici d'engagements faits à des laïcs et non à des abbayes ; mais nous pouvons nous servir de ces exemples pour poser nos règles d'interprétation.

(3) *Eodem anno* (1157) *Robertus abbas de Monte disvadiavit duo molendina apud Britevillam et terram que fuerat Rogerii de Versun quam Willelmus filius Rogerii habuerat in vadimonium jam per XV annos pro L marcas argenti et eo amplius.* Cartulaire de l'abbaye du Mont Saint-Michel, f° 114 v°. *Et de ista terra quam Ricardus dedit sancto Michaeli disvadiavit abbas Robertus quamdam landam quam Ph. presbiter habebat in vadimonium pro XXXVI rothomagensium.*

Huelinus avait engagé à l'abbaye de la Sainte-Trinité du Mont de Rouen 46 acres de terre. En 1058, par un acte dont nous avons un résumé dans le Cartulaire de cette abbaye, il lui abandonne en toute propriété ces 46 acres plus 24 autres, le tout pour une somme de 11 livres ; les 46 acres étaient, nous dit la charte, engagées pour 8 livres 10 sous (1). S'il s'agit d'un vif gage, cela signifie ou que, déduction faite des fruits perçus depuis l'engagement, une somme de 8 livres 10 sous reste due à l'abbaye, ou que, l'engagement ayant été fait pour 8 livres 10 sous, il faudra, pour obtenir le solde dû, opérer cette déduction : dans les deux cas, il y a nécessité d'un calcul dont il serait étonnant que notre charte ne dît pas un mot. N'est-il pas beaucoup plus simple de supposer que la somme de 8 livres 10 sous est à la fois celle qui a été prêtée par l'abbaye et celle qui doit lui être remboursée ou venir en compte lors de l'acquisition en toute propriété, c'est-à-dire qu'il s'agit d'un mort gage ?

Enfin on peut tirer argument non plus des termes de nos chartes, mais des opérations mêmes qu'elles relatent : ce sont des ventes ou des donations de la terre engagée faites soit par le débiteur, soit par le créancier gagiste. L'immeuble engagé par vif gage ne doit pas être considéré par son propriétaire comme perdu, ni même risqué : il lui suffit d'attendre et, sans qu'il ait rien à débourser, le bien lui reviendra. Il n'en est pas de même du débiteur à mort gage : s'il voit que ses affaires ne s'améliorent pas, s'il désespère de pouvoir jamais dégager sa

(1) *Anno ab incarnatione domini MLVIII emimus ab Huelino..... LXX acres terræ in alodio, pro XI libris denariorum ; nam ex ipsa terra XLVI acres in vadimonio antea tenebamus pro VIII libris denariorum et X solidis.* Cartulaire de l'abbaye de la Sainte-Trinité du Mont de Rouen, n° 59, p. 452.

terre, il voudra du moins en tirer toute sa valeur en la vendant à son créancier ou à un tiers en toute propriété : c'est l'opération que nous faisons aujourd'hui quand nous vendons une reconnaissance du mont-de-piété. Ou bien, sans en tirer un profit pécuniaire, il l'aliénera dans un intérêt purement spirituel pour le rachat de ses péchés, pour le salut de son âme : il aura fait ainsi sans grande perte pour lui une donation pieuse qui lui sera comptée (1).

Maurice, fils de Corbuzzon, ayant engagé des terres à l'abbaye de la Sainte-Trinité du Mont de Rouen et se trouvant dans l'impossibilité de les racheter (2) propose à l'abbé de lui en restituer une partie et de garder le reste en toute propriété. A l'argument que fournit en faveur de l'hypothèse d'un mort gage le mot *redimere*, il faut, semble-t-il, ajouter que, s'il se fût agi d'un vif gage, Maurice n'eût pas désespéré de recouvrer son bien, et n'eût pas aussi aisément sacrifié une partie de sa propriété. Il nous semble qu'on peut interpréter dans le même sens les autres actes qui nous montrent l'abbaye achetant la propriété d'un bien qu'elle tient déjà à titre de gage (3).

Si en cas de mort gage le débiteur peut désespérer de recouvrer son bien et être par suite disposé à l'aliéner, le créancier de son côté est fort porté à se croire déjà propriétaire : il vend et donne comme sa propriété les terres qu'il tient à titre de gage.

(1) Cf. Abbaye du Mont Saint-Michel, appendice n° III.

(2) *Multimoda afflictus necessitate,nec ullo modo terram villæ Gruceth, quam nobis magna ex parte invadiaverat, valens redimere...* Cartulaire de l'abbaye de la Ste-Trinité du Mont de Rouen, n° 75, p. 459.

(3) Cartulaire de l'abbaye de la Ste Trinité du Mont de Rouen, n° 34 ; Cartulaire de l'abbaye de St-Wandrille, n° 319 r° Appendice n° XX.

Ruellonus de Courtomer donne à l'abbaye de Saint-Martin de Sées toutes les dîmes *quas aut de sua terra haberet aut de alia emptione recta et vadimoniis adquireret* (1). Il nous semble plus vraisemblable qu'il s'agit ici de morts gages.

Dans certains cas les circonstances particulières de la donation confirment cette induction. En 1063 Germundus donne à l'abbaye de la Trinité du Mont de Rouen *post obitum suum* une terre qu'il tient en gage pour 4 ans. Ce terme semblerait indiquer qu'il s'agit d'un vif gage, et que les revenus de la terre, qui a été engagée pour 12 sous, auront au bout de 4 ans remboursé le capital. Il ne peut cependant en être ainsi ; si le gage ne représentait dans le patrimoine de Germundus qu'un revenu temporaire pendant 4 ans, il ne pourrait songer à le donner *post obitum suum* que si cette mort lui paraissait imminente : on le comprendrait dans une donation faite par un mourant. Mais Germundus n'est pas mourant ; il part pour Rome en pèlerinage avec sa femme *eo quod steriles erant*, dans l'espoir d'avoir un enfant. Il est plus vraisemblable de supposer que, connaissant la situation pécuniaire embarrassée de son débiteur, il ne croit pas à la possibilité du rachat (2).

Ces différentes remarques de détail permettent dans une certaine mesure de suppléer à l'insuffisance des textes. Il y faut ajouter une considération générale qui a plus de poids, à notre avis. En l'absence de tout détail

(1) Cartulaire de l'abbaye de Saint-Martin de Sées, n° 87, ao 1089.

(2) Cartulaire de l'abbaye de la Ste-Trinité du Mont de Rouen, n° 58, p. 452. Cartulaire de l'abbaye de St-Pierre des Préaux, n° 81 :... *reddo et libere quietum dimitto Deo et ecclesie Pratellensi vadium et comparationem quod habebam in terra que apud Rothomagum est de feodo sancti Petri Pratelli quam tenuit Theardus.*

précis, pour les actes les plus laconiques, comme ces résumés que nous donnent parfois les cartulaires au lieu des actes eux-mêmes (1), il y a plus de probabilités que l'opération est un mort gage. Nous verrons en effet que le mort gage est la règle et le vif gage l'exception. Et d'ailleurs le vif gage étant une opération plus compliquée, exigeant pour son règlement la connaissance du revenu de l'immeuble engagé et de la durée de l'engagement, il nous semble plus naturel d'interpréter le silence des chartes dans le sens du mort gage, pour lequel suffit la simple indication du fait de l'engagement et du montant du capital prêté.

Le mort gage a été en effet du moins dans la période que nous étudions, d'un usage beaucoup plus fréquent que le vif gage.

Son emploi comme mode de crédit a été mis en lumière depuis longtemps dans des études plus générales que celle-ci. D'après Lamprecht le prêt sur gage était presque seul connu et on revêtait de cette forme toutes les affaires qui sans cela auraient pris celle du prêt à intérêt (2). C'est évidemment du mort gage qu'il est ici question. Et pour la Normandie particulièrement, M. L. Delisle a affirmé sur le vu d'un grand nombre de chartes que le mort gage avait été d'un usage beaucoup plus général que le vif gage (3).

Cela se comprend aisément, le vif gage étant par nature gratuit, étant un acte de bienfaisance. On ne peut *a priori*

---

(1) Le cartulaire de la Trinité de Rouen par exemple ne contient guère que des résumés de ce genre.

(2) Lamprecht, *Etudes sur l'état économique de la France pendant la première partie du moyen âge*. Traduction Marignan, p. 289.

(3) L. Delisle, *Etudes sur la condition de la classe agricole et l'état de l'agriculture en Normandie au moyen âge*, p. 208 et 209.

admettre qu'en aucun état de civilisation la bienfaisance ait été l'idée directrice des particuliers dans l'administration de leur patrimoine. Le prêt gratuit en dehors d'un petit cercle de parents et d'amis et encore dans des circonstances assez rares, ne peut guère trouver d'application.

Il existe d'ailleurs des preuves positives de l'emploi dominant du mort gage. C'est lui qui est toujours visé, quand il s'agit d'une manière générale du gage, par les jurisconsultes ou par les formules de procédure. Nous allons, il est vrai, invoquer ici comme preuves des textes qui n'appartiennent pas à la période que nous étudions ; mais nous croyons pouvoir le faire pour deux raisons : 1° si le mort gage est encore usité au XIIIe siècle après la prohibition papale reconnue et formulée dans le Grand Coutumier lui-même, à plus forte raison pouvons-nous en supposer l'existence et la fréquence antérieurement à cette date ; 2° les formules qui vont être citées n'ont pas été composées par les auteurs du *Très ancien coutumier* et de la *Summa de legibus Normanniæ* : ce sont des formules de procédure qui peuvent être de beaucoup antérieures à l'ouvrage qui nous les fait connaître. Elles sont donc vraisemblablement contemporaines de l'état de droit que nous étudions.

Il existe en droit normand une procédure spéciale pour faire recouvrer au débiteur l'immeuble qu'il a engagé et dont l'engagiste se prétend faussement propriétaire : c'est le bref de *feodo et vadio*. La formule nous en est rapportée par le *très ancien coutumier* dans sa seconde partie (1220) (1) et par la *Summa de legibus* (1254-58) (2). Le

(1) *Le très ancien coutumier de Normandie*, Édition Tardif, chap. 86, § 1, p. 97.

(2) *Summa de legibus Normanniæ in curia laïcali*, Ed. Tardif, chap. CXI. § 1, p. 273 et 274.

juge posera à douze jurés du voisinage réunis à cet effet
les questions suivantes :

*Utrum terra sive feodum quod ei difforciat B apud N
sit feodum tenentis vel vadium petentis invadiatum per
manum G... et pro quanto et utrum sit propinquior heres
ad redimendum vadium.*

Est-ce bien là un gage engagé par le demandeur et pour
quelle somme l'a-t-il été ? Ces indications sont en
effet suffisantes s'il s'agit d'un mort gage. Si les jurés
répondent que l'immeuble en litige a bien été engagé par
le prétendu débiteur ou par ses auteurs, le juge contrain-
dra le créancier gagiste à rendre la chose et la somme
prêtée sera confisquée au profit du duc. Pour que cette formule s'applique au vif gage, il y manque évidemment deux
questions : quel est le revenu de la terre, et depuis combien de temps la terre est-elle engagée ? Pourquoi ces
deux questions ne figurent-elles pas dans la formule-type
du bref *de feodo et vadio*, si ce n'est parce que cette formule a été écrite en vue du mort gage ?

La même conclusion ressort des explications données
par l'auteur de la *Summa* au sujet de cette procédure. Le
jurisconsulte, pour mieux la faire comprendre au lecteur,
prend un exemple :

*Ut si Petrus terram suam Thome pro C solidis tradi-
derit in vadium. Petro autem illam requirente et dictam
pecuniam offerente, Thomas vadium negaverit, terram
suam esse asserens ; si dictus Thomas super hoc convic-
tus fuerit, principi obligationis pecunia remanebit et terra
reddetur exigenti* (1).

On ne saurait plus clairement énoncer l'hypothèse d'un

____

(1) *Summa de legibus in curia laïcali*, ch. XXI, § 1, p. 58.

mort gage : la somme que Pierre, le demandeur, offre pour recouvrer son bien est précisément celle pour laquelle le bien a été engagé (*dictam pecuniam*) ; et c'est aussi la somme qui sera confisquée au profit du prince, si le défendeur succombe.

Pour que les formules de procédure et l'auteur même du coutumier ne fassent allusion qu'à l'hypothèse du mort gage, il faut que ce soit là le cas le plus fréquent. Et si l'on songe que nous sommes à une époque où le mort gage est formellement condamné comme usuraire — et cela par l'auteur même de la *Summa* — *a fortiori* devait-il en être de même quand cette convention était licite.

Mais si tous ces textes prouvent que le mort gage est la règle parmi les particuliers laïcs, il se pourrait que les monastères eussent agi différemment. Les moines n'auraient-ils pas pu dans un but purement charitable développer le prêt gratuit ? Il n'en est rien cependant. Et d'abord si le caractère religieux de nos établissements les destine à un rôle de bienfaisance, s'ils ont en effet largement exercé autour d'eux la charité par des distributions d'aumônes, par l'entretien d'hôpitaux, etc. (1), il n'en est pas moins vrai que l'abbaye a un patrimoine qu'elle administre de son mieux et qu'elle cherche à augmenter comme le ferait un simple particulier, mais avec des moyens d'action bien plus considérables. Ce patrimoine comporte une part de capital mobilier dont il importe de faire un emploi productif. On verra, en étudiant

(1) Le registre des visites pastorales d'Eude Rigaud fournit sur ce point des renseignements nombreux pour le XIII° siècle, par exemple, p. 266. *Ter in ebdomada datur elemosina omnibus venientibus ad eam.* C'est là une mention qui revient fréquemment. *Id.*, p. 293.

le XIIIe siècle, quel heureux moyen de placement fut pour les abbayes l'achat de rentes et quel usage étendu elles en firent.

A ces arguments de raison peuvent se joindre des arguments de textes. C'est tout d'abord la décrétale d'Alexandre III interdisant le prêt à mort gage (1). Ceux qui surtout s'enrichissent par ce moyen sont les religieux qui, dit le pape, rougiraient de faire directement l'usure. Ce texte, il est vrai, n'a pas été écrit spécialement pour la Normandie ; mais il prouve du moins qu'il n'y a pas incompatibilité entre le caractère religieux des monastères et l'habitude des placements en mort gage, aussi longtemps du moins que cette opération fut considérée comme licite, c'est-à-dire jusqu'à la fin du XII° siècle.

Enfin et surtout on peut établir dans les exemples d'engagements que nous ont fournis les archives des abbayes normandes, la proportion de l'une et de l'autre espèce de gage et montrer ainsi que le vif gage est une minorité. Dans nos documents nous comptons quinze actes de mort gage ne permettant aucun doute, dans lesquels le détail des clauses est développé d'une manière expresse (2) contre trois vifs gages aussi certains pour

(1) c. 1 Décrétales, V, 19, *De usuris.*

(2) Nous ne comptons naturellement que les actes qui nous montrent l'abbaye engagiste, ce sont : Abbaye de St-Pierre des Préaux, n° 326, app. n° XII. Abbaye du Mont St-Michel, app. n° III. Cartulaire id. f° 91 v° app. n° VII, f° 113 v° app. n° IX. Cartulaire de l'abbaye de Savigny, n° 326, app. n° XIV. Cartulaire de l'abbaye de St-Amand de Rouen, n° 266, f° 119 v° : l'archidiacre Reinaldus donne à l'abbaye une terre *quam emerat a nepotibus Droardi et in masura patris quatuor marcas argenti quibus eam a patre suo invadiatam redemit vel ipsam masuram nisi ab heredibus quatuor marche reddite fuerint prefato monasterio.* C'est-à-dire qu'il charge ses héritiers ou de racheter la terre

les mêmes raisons. Nous ne faisons pas entrer en ligne de compte les actes dans lesquels le détail des conditions du contrat n'est pas assez précis pour qu'on reconnaisse le mort gage au premier coup d'œil, mais qui pour une partie peuvent être classés parmi les morts gages avec une certaine vraisemblance suivant les règles d'interprétation que nous avons données ci-dessus.

Encore ces trois contrats de vif gage ne sont-ils pas des prêts gratuits. L'un d'eux, qui nous est fourni par le cartulaire de Montmorel, n'a pas sa source dans un prêt d'argent, mais dans une vente à crédit. D'ailleurs il est vicié dans sa nature de vif gage par une clause qui attribue à l'abbaye la propriété du bien engagé si la somme due n'est pas payée à un certain terme. Le délai est fort court : 8 mois et demi. Le gage est constitué le dimanche des Rameaux 1242 (5 avril 1243 n. s.) et le terme pour le paiement est la Noël. Si les 11 livres dues sont payées à ce terme, déduction sera faite des fruits perçus par l'abbaye (c'est en cela que l'opération constitue un vif gage) : sinon l'abbaye deviendra propriétaire de la *ma-*

que son propre père a engagée à l'abbaye pour quatre marcs ou de la laisser en toute propriété à l'abbaye. Cartulaire de l'abbaye de Montmorel, nᵒˢ 261 et 262. Cartulaire de l'abbaye de la Sainte-Trinité du Mont de Rouen, nᵒ 68. Cartulaire de l'abbaye de St-Wandrille, fᵒ 318 vᵒ app. nᵒ XIX, fᵒ 319 vᵒ app. nᵒ XX, fᵒ 329, app. nᵒ XXI. Fonds de l'abbaye de St-Etienne de Caen (*Archives du Calvados*), app. nᵒ I. Chartes de la commanderie de Renneville (*Arch. nat.*, S. 4996, B. nᵒ 91, app. nᵒ XIII). Abbaye d'Airan (*Arch. Calvados*, F. 1142). *Notum sit omnibus [tam] presentibus quam futuris quia, postquam Lancelinus filius Osmandi presqiteri regressus est de Hierusalem, nobis centum solidos de decem libris cenomannensium quas habebamus in decimam et in monasterium de Airan, ea scilicet ratione quod ipse dimidiam haberet et nos alteram donec reliquos centum solidos nobis redderet (1105).*

sura engagée (1). Il faut donc écarter ici toute pensée de bienfaisance. La comparaison des deux dates de l'engagement et du terme peut d'ailleurs faire deviner la cause probable de l'imputation des fruits sur le capital : le bien est donné en gage à Pâques, c'est-à-dire après les travaux agricoles, après les avances faites au sol pour la récolte prochaine, il sera rendu au débiteur à Noël après la récolte. L'intérêt serait trop considérable si l'abbaye touchait les fruits de cette récolte sans en avoir fait les frais.

Notre second exemple ne répond pas davantage à l'idée de crédit gratuit. Voici l'hypothèse : Guarin de Grazai avait donné une terre en mort gage pour une somme de 10 livres de mançois à un créancier, dont le nom ne nous est pas connu ; ne pouvant rembourser cette somme, il s'adressa à l'abbaye qui consentit à lui avancer sans intérêts les 10 livres par un vif gage. La terre dégagée grâce à cette somme devait passer aux mains des moines qui en toucheraient les revenus jusqu'à concurrence de 10 livres, à moins de remboursement antérieur du capital. C'est bien là un vif gage et cependant le prêt n'est pas gratuit, car le service rendu par les moines à Guarin est compensé par un autre service rendu par celui-ci : il accorde son consentement à l'aliénation faite au profit

(1) ... *Debeo abbati et canonicis Montis Morelli... undecim libras turonensium, quas ego vel heredes mei reddere tenemur infra Nathale Domini proximo venturum... Si predictas undecim libras turonensium infra predictum terminum... non reddiderimus, predicta masura* (le bien engagé) *ex tunc eisdem in puram et perpetuam elemosinam remanebit. Si vero predictas undecim libras turonensium infra dictum terminum reddere voluerimus, dicti abbas et canonici quicquid de eadem masura receperint in solutione nostra nobis integre computabunt.* Cartulaire de l'abbaye de Montmorel, n° 251, p. 242.

de l'abbaye par un de ses vassaux d'une terre relevant de lui, consentement qui ordinairement était payé (1).

Reste donc un seul exemple de prêt gratuit. L'abbaye de Saint-Pierre des Préaux prête à Guillaume de Belencombre pour une durée de cinq ans 10 livres d'angevins et cette somme sera remboursée par annuités de 40 sous par un tenant de Guillaume, Raoul du Hommet, qui s'y oblige par l'acte même (2). Nous ne voyons rien ici qui fasse du vif gage un acte à titre onéreux (3). Mais c'est le seul acte dont nous puissions en dire autant.

Il n'est donc pas téméraire d'affirmer que les abbayes ne connaissaient guère le gage que comme placement avantageux de leurs capitaux mobiliers et n'usaient, par conséquent, que du mort gage.

Mais tous les monastères normands ont-ils pratiqué cette opération ? Il est impossible de rien affirmer sur ce point. Néanmoins, nous croyons probable que ce fut là un usage général. Sans doute les actes que nous avons pu recueillir proviennent d'un petit nombre d'établissements religieux. Mais il faut se souvenir que peu de car-

(1) Cartulaire de l'abbaye de Savigny, n° 461, app. n° XI.

(2) Cartulaire de l'abbaye de St-Pierre des Préaux, n° 120, f° 53 v°. Cette charte a été publiée par M. L. Delisle dans ses *Études sur la condition de la classe agricole en Normandie*, p. 209, n. 57.

(3) On pourrait encore citer un acte dans lequel le vif gage se combine à un mort gage comme pour en atténuer la rigueur. M. Delisle en a donné l'analyse. « En 1250, Robert Gervais, prêtre, emprunte 15 livres de tournois aux mêmes religieux (de l'abbaye de Savigny) ; ceux-ci jouiront pendant 20 ans de sa terre de Brecei ; au bout de ce terme, elle lui sera rendue, moyennant le remboursement des 15 livres ; autrement les moines la garderont jusqu'à ce que le produit à partir de 1270 en soit monté à 15 livres. » Delisle, *Études sur la condition de la classe agricole en Normandie*, pp. 209 et 210. On remarquera que cet exemple comme celui de l'abbaye de Montmorel que nous avons cité appartient à une époque où les prohibitions papales ont déjà dû avoir pour effet de restreindre au moins dans la pratique des abbayes, l'usage du mort gage.

tulaires nous restent contenant des pièces des XIe et XIIe siècles et que les originaux de ces mêmes époques sont encore plus rares. Or, dans les cartulaires anciens qui nous ont été conservés, il est rare qu'on ne trouve pas trace d'engagement. Nous pouvons en tous cas citer comme nous ayant fourni des exemples les abbayes de la Sainte-Trinité du Mont de Rouen, de Saint-Amand de Rouen, de Saint-Georges de Boscherville et de Saint-Wandrille dans le département de la Seine-Inférieure ; la commanderie des Templiers de Renneville et l'abbaye de Saint-Pierre des Préaux dans le département de l'Eure; Saint-Etienne de Caen et Airan dans le Calvados ; Savigny et le Mont Saint-Michel dans le département de la Manche (1).

Il s'agit, comme on le voit, de monastères appartenant à des régions très diverses de la Normandie sans que les différences géographiques nous aient paru causer dans les usages, dans les clauses des actes, de distinction notable.

Si l'usage des engagements fut aussi général et aussi fréquent que nous le croyons, comment se fait-il donc qu'un si petit nombre de constitutions de gage nous ait été conservé? Cela tient tout d'abord évidemment à la rareté des documents des XIe et XIIe siècles. Mais en dépit de cette rareté il nous serait resté peut-être plus d'exemples de morts gages sans une particularité qui tient à la nature de cette opération.

C'est par les cartulaires surtout que ces actes anciens

(1) Il faudrait ajouter dans la Manche l'abbaye de Montmorel ; mais les deux exemples de mort gage qu'elle nous fournit n'appartiennent pas à notre période.

G. — 2

nous sont connus (1). Or quelles sont les chartes que les moines ont pu juger utile de recopier dans leurs cartulaires? Il y en a de deux sortes : celles qui mentionnent leurs exemptions et privilèges, les bulles des papes par exemple, et celles qui, donations, ventes, échanges, constituent leurs titres de propriété. Supposons donc un mort gage que l'emprunteur ne peut dégager et qui devient la propriété de l'abbaye, il est utile de le mentionner ; il sera même utile de mentionner l'existence du gage tant qu'il y a incertitude sur son rachat, car éventuellement il appartiendra à l'abbaye. On copiera donc dans le cartulaire la charte qui mentionne l'acquisition en propriété de la terre engagée et tout gage aussi pourra être mentionné dont la solution est encore incertaine. Mais quel intérêt l'abbaye a-t-elle à conserver le souvenir d'un gage qui a été racheté, d'une opération qui n'a rien laissé dans le patrimoine immobilier de l'abbaye? Telle est, à notre avis, la raison qui, avec la rareté générale des documents anciens, contribue à expliquer la pénurie des textes de constitution de rente (2).

Il nous resterait à nous demander à partir de quelle date le mort gage a commencé d'être connu des monas-

----

(1) Nous ne pouvons citer pour cette période que deux originaux : l'un est une constitution de gage (fonds de St-Étienne de Caen, app. n° I), l'autre la donation en toute propriété d'un immeuble antérieurement engagé (fonds du Mont St-Michel, app. n° III).

(2) Pour les engagements qui ont pu être faits au XIII⁰ siècle, il est aisé de comprendre pourquoi les moines n'ont pas laissé dans leurs cartulaires trace de leur désobéissance aux ordres du Saint-Siège. Nous pouvons cependant citer à cette époque quelques exemples de morts gages, mais justement ce n'est point par les cartulaires qu'ils nous sont parvenus. Deux morts gages sont, il est vrai, contenus dans la publication que l'on appelle le cartulaire de l'abbaye de Montmorel, mais c'est là un recueil d'originaux fait par un ancien archiviste du département de la Manche M. L. Dubosc, et non un véritable cartulaire.

tères normands. Mais à cette question il est impossible de faire une réponse précise. Les premiers exemples que nous en possédions remontent à la fin du Xe siècle (1). Mais cela ne veut pas dire qu'il n'y ait pas eu de morts gages antérieurement. Si les actes du XIIe siècle et surtout ceux du XIe sont rares en effet, il ne faut pas oublier qu'avant cette époque ils font presque totalement défaut pour la Normandie du moins ; ceux qui nous ont été conservés sont des actes ayant une importance plus grande et une portée plus générale qu'une constitution de gage : les actes de fondation des abbayes par exemple. C'est cette absence complète de documents qui nous a obligés de commencer cette étude au XIe siècle seulement. Mais s'il faut faire une hypothèse sur les époques antérieures, nous dirons que le mort gage immobilier étant connu et usité dès la période franque, il n'y a pas de raisons de supposer que les abbayes aient jamais cessé de le pratiquer. L'abbaye de Redon en Bretagne ne se faisait pas faute au IXe siècle de placer ainsi ses capitaux (2) : il a dû en être de même en Normandie. Sans doute les invasions normandes jetèrent pendant plus d'un demi-siècle la désolation dans ce pays et ruinèrent les établissements religieux, qui de quelque temps n'eurent

---

(1) Le cartulaire du Mont Saint-Michel contient d'abord un acte passé sous l'abbé Theodericus (1030-1033) et mentionnant un engagement fait à l'abbé Mainardus. Or il y a eu deux Mainard, le premier de 966 à 991 et le second de 991 à 1009, il est probable que c'est à ce dernier que l'acte fait allusion (f° 47 v° app. n° IV). Un autre acte est peut-être plus ancien de quelques années : il est passé sous l'abbé Mainard. Ici nous ne savons pas de quel Mainard il s'agit, mais nous pouvons, à cause de la présence parmi les témoins de Seginfredus de Bellême, évêque du Mans, dater la pièce entre les années 971 et 996 (f° 68 v° app. n° V).

(2) A. de Courson, *Cartulaire de l'abbaye de Redon* (Collection des documents inédits sur l'histoire de France), n° 60, p. 48.

sans doute plus de capitaux à placer ; mais dès qu'au
X° siècle la protection des ducs de Normandie, leurs
largesses et celles de leurs grands eurent rendu à l'Église
la sécurité et la richesse, tout porte à croire que le vieil
usage reprit faveur.

Mais tout cela est du domaine de l'hypothèse et nous
n'avons voulu commencer cette étude qu'avec les documents.

CHAPITRE II

Avant de chercher quels furent pour les abbayes et leurs
emprunteurs les avantages et les inconvénients de nos
engagements, il est nécessaire de savoir aussi exactement
que possible en quoi consistait cette opération. Nous
nous demanderons donc successivement comment et à
quelles conditions se forme le contrat de mort gage, quels
sont pendant l'engagement et après les droits respectifs
des deux parties, enfin en terminant nous essayerons de
déterminer la nature juridique de l'opération.

SECTION I. — Formation du contrat.

Toute chose meuble ou immeuble est susceptible d'être
engagée ; mais nous laisserons de côté les meubles qui
ne peuvent guère donner lieu à un mort gage à une
époque où seul l'immeuble est frugifère (1). L'immeuble,
disons-nous, c'est-à-dire dans la conception ancienne :
tout droit perpétuel qui donne des produits périodiques.
C'est ainsi que nous avons rencontré dans les chartes des

(1) L'engagement d'un meuble qui ne rapporte rien, ne peut être que la
garantie d'une créance. Nous n'en avons vu dans nos cartulaires qu'un
exemple ; *isdem Hugo ab ipsis* (monachis) *anam capam de pallio quietam
accepit que erat in vadimonium pro* **XX** *solidis* (Cartulaire de l'abb. de
Saint-Georges de Boscherville, f° 57 v°).

engagements de terres, d'églises (1), de moulins (2), de dîmes (3), de tonlieux (4), de prébendes (5).

Tout propriétaire ou plus largement tout titulaire de droits peut engager Nous n'avons pas vu qu'il y ait jamais eu de discussions sur ce sujet : il suffira de faire remarquer qu'en dehors du propriétaire, le mari peut engager l'immeuble de sa femme, celui qui fait partie de son *maritagium* ou celui qu'il lui a désigné pour son douaire (6).

Mais le propriétaire, aux époques que nous étudions, rencontre, on le sait, des obstacles à l'exercice de son droit sur l'immeuble dans le droit du seigneur d'une part, et de l'autre dans les restes de la copropriété familiale.

Nul ne peut aliéner sans le consentement du seigneur, telle est la règle, et ce consentement le seigneur se le fait habituellement payer. Seulement, à partir d'une certaine époque, la coutume en a fixé le prix : le seigneur ne peut donc plus refuser d'autoriser l'aliénation, il doit se' contenter d'un droit de mutation. Cette dernière phase est-elle déjà atteinte en Normandie aux XIe et XIIe siècles ? — Au XIIIe, la *Summa de legibus Normanniæ* dit encore qu'on ne peut aliéner sans le consentement du

----

(1) Cartulaire de l'abb. de Saint-Wandrille, f⁰ 329 v⁰ ; Cartulaire de l'abb. de la Sainte-Trinité du Mont de Rouen, n⁰ˢ 4, 36, 47 ; Cart. de l'abb. du Mont Saint-Michel, f⁰ˢ 47 r⁰, 68 v⁰, 101 r⁰.

(2) Cart. de l'abb. de Saint-Wandrille, f⁰ 314 r⁰, 318 r⁰ ; Cart. du Mont Saint-Michel, f⁰ˢ 91 r⁰, 114 v⁰.

(3) Cart. de la Sainte-Trinité au Mont de Rouen, n⁰ˢ 53 et 88. Livre blanc de Saint-Martin de Sées, n⁰ˢ 87 et 247.

(4) Cart. de Saint-Wandrille, f⁰ 319 r⁰.

(5) Cart. de Saint-Wandrille, f⁰ 329 r⁰.

(6) *Très ancien coutumier de Normandie*, chap. IV. §§ 1. 2 et 3.

seigneur (1) ; ce qui semble supposer que ce consentement peut être refusé et que le prix n'en est pas fixé. Cependant on rencontre déjà par ailleurs des mentions du
droit de mutation, le *treizième* (2). D'autre part, la *Summa*
elle-même, pour caractériser la situation du bordier, dit
qu'il ne peut vendre, donner ni engager sa tenure (3) :
il est cependant certain qu'il pourrait le faire avec le consentement du seigneur, car qui aurait intérêt à s'y opposer ? Ce qui distingue donc les autres tenures, c'est que
le consentement n'y est point aussi rigoureusement exigé.
On sait du reste qu'au moins jusqu'à concurrence du
tiers de la terre, l'aliénation est librement autorisée (4).
Il nous semble donc que le XIII⁰ siècle est la période de
transition entre la nécessité rigoureuse d'un consentement qui peut être refusé et la simple obligation au paiement d'un droit de mutation. Les XI⁰ et XII⁰ siècles dont
nous nous occupons en ce moment appartiendraient donc
à la première phase dans laquelle le droit du seigneur
s'exerce dans sa plénitude.

Une difficulté particulière se présentait quand l'aliénation était faite au profit d'une personne de mainmorte,
église ou abbaye. Le seigneur qui perdait ainsi ses futurs droits de mutation, puisque l'Église ne meurt ni
n'aliène, devait accorder plus difficilement son consentement ou le faire payer plus cher, à moins qu'il ne se

(1) *Summa de legibus Normanniæ*, ch. XXVII, § 9, p. 96. *Notandum
est eciam quod nullus terram quam tenet de domino per homagium
potest vendere vel invadiare sine assensu domini speciali.*

(2) Delisle, *Etudes sur la condition de la classe agricole en Normandie*, p. 68.

(3) *Summa de legibus Normanniæ*, ch. XXVI, § 7, p. 92.

(4) *Très ancien coutumier*, ch. LXXXIX et XC. *Summa de legibus*,
ch. XXVII, § 9.

considérât comme suffisamment indemnisé par la reconnaissance des moines et par leurs prières.

Au point de vue de la nécessité de ce consentement, l'engagement est toujours dans les textes placé sur le même plan que la vente ou la donation (1). Un grand nombre de nos chartes nous montre en effet l'intervention du seigneur au contrat d'engagement.

Audoenus de Moissei donne en gage à l'abbaye de Saint-Wandrille douze acres de terre pour un capital de 20 sous de mançois : il est mentionné que l'opération se fait du consentement du seigneur dont la terre est tenue (*hoc concedente Rogerio filio Ricardi domino suo de quo ipse tenebat terram suam*) (2).

Parfois l'acte est passé devant le seigneur lui-même et par son intermédiaire, soit parce que l'engageant n'a pas de sceau, soit parce que l'apposition du sceau du seigneur conférera à l'acte une plus grande autorité, soit enfin pour avoir d'un seul tenant et par le même acte le contrat de mort gage et le consentement du seigneur. C'est le seigneur lui-même qui, parlant à la première personne, passe l'acte et qui après avoir énoncé les clauses de la convention, ajoute en terminant : *Ego autem... hanc* (*conventionem*) *concedo et confirmo et ut firma permaneat sigilli mei impressione roboro* (3).

Quelquefois enfin le seigneur donne d'avance, dans l'intérêt de l'abbaye et pour faciliter ses placements, son consentement à tout engagement que les hommes de telle paroisse voudraient faire à son profit (4).

(1) *Summa de legibus*, ch. XXVI, § 7, p. 92 ; ch. XXVII, § 9, p. 96.
(2) Cart. de Saint-Wandrille, f° 314 r°. App. n° XVIII.
(3) Cart. de Savigny, n° 326. App. n° XIV.
(4) *Et insuper assentio ut si quisquam meorum hominum eamdem vil-*

Le consentement donné par le seigneur à l'engagement du fonds ne vaut d'ailleurs pas pour l'aliénation définitive. Lorsqu'il y a entre les mêmes parties, ce qui arrive souvent, d'abord une convention de mort gage, puis une vente ou donation, deux consentements sont nécessaires et successivement demandés au seigneur.

En 1172 Robert de Vitry a donné son assentiment à un engagement fait devant lui et sous la garantie de son sceau. Un peu plus tard les terres engagées sont aliénées au profit de la même abbaye. L'acte d'aliénation est encore passé devant le seigneur, André, fils du précédent, qui consent et confirme (1).

Le même seigneur peut donner son consentement à l'engagement et le refuser ou ne l'accorder que sous des conditions différentes, à l'aliénation définitive. Robert fils Haimon, qui consent d'avance aux engagements que ses tenants voudraient faire à l'abbaye du Mont Saint-Michel, ne donne son consentement aux aliénations en propriété qu'avec une réserve (2).

Avant de quitter la question des rapports avec le seigneur, il faut dire un mot de la mise en saisine. Beauma-

---

lam incolentium, necessitate aliqua coactus, de terra vel possessione sua ejusdem loci abbati aliquid invadimoniare voluerit, licet hoc agat. Cart. du Mont Saint-Michel, f° 79 v°. De Scaï, ao. 1086.

(1) Le premier acte est l'acte précédemment cité (p. 24, n. 3) du cartulaire de Savigny, n° 326. L'aliénation forme le n° 328 du même cartulaire : *Andreas dominus Vitreii omnibus fidelibus salutem. Notum sit presentibus atque futuris quod Ruellonus filius Petri et nepotes ejus Petrus et Augerus et Eudo abbatie Savigneii dederunt in elemosinam perpetuam liberam et quietam quicquid monachi Savigneii in vadimonio habebant a Guillelmo filio Petri et filiis ejus Petro et Augero de jure ipsorum in foresta Vitreii et prata omnia... Has omnes donationes ego pro amore dei concedo et confirmo...*

(2) Cartulaire du Mont Saint-Michel, f° 79 v°, cf. supra, p. 24, n. 4. *Si vero omnino vendere voluerit usque ad duas acras exceptis masuris et ortolaneis terris indissimiliter annuo.*

noir donne sur la mise en saisine comme d'engagement des explications détaillées. C'est l'ensaisinement qui fixe le droit de l'engagiste vis-à-vis de l'engageant, vis-à-vis des tiers et vis-à-vis du seigneur lui-même (1). La même chose existe-t-elle en Normandie? Il est certain que la mise en saisine en cas d'aliénation complète y était connue et pratiquée (2). Néanmoins on peut dire qu'elle n'eut pas dans ce pays la même importance et la même généralité que dans les contrées voisines. Les exemples en sont assez rares et les coutumiers sont muets sur ce point. Aucun exemple du moins ne permet de dire que la mise en saisine comme d'engagement existât en Normandie.

Le consentement des parents, comme celui du seigneur, intervient fréquemment dans les chartes de mort gage. Mais est-il nécessaire au même degré? Les parents qui n'auraient pas d'avance consenti, pourraient-ils exercer un retrait?

Une charte du cartulaire de l'abbaye de Saint-Wandrille nous porte à croire que non. Nous y voyons l'abbaye, dans le but de conserver un jour à titre de propriété ce qu'elle acquiert en gage, stipuler que l'engageant n'aura pas le droit de rembourser avec les deniers d'autrui *non de cujuscumque precio sed de proprio racatare poterunt ; que redemptio nulli parentum suorum licita erit nec cognato, nec nepoti, nisi eisdem* (les engageants eux-mêmes) *aut filiis aut filiabus eorum* (3).

(1) Beaumanoir, *Coutumes de Beauvaisis*, ch. XLIV, n° 1414 ; Ed. Salmon, II, p. 214.

(2) *Nos autem supradictum Rogerum de Haiis de predicta terra de nobis jure hereditario tenenda saisivimus in domo nostra coram parrochianis de Frazino*. Charte sans date de la fin du XII° siècle. Archives du Calvados, H, 901, Fonds de l'abbaye d'Aunay.

(3) Cartulaire de Saint-Wandrille, f° 329 v°, app. n° XXII.

Si les parents avaient un droit propre et reconnu par la coutume à racheter le bien, ils ne pourraient être écartés par une simple convention entre l'engageant et l'engagiste. Ce n'est pas d'ailleurs précisément contre les parents que cette clause est insérée, L'abbé a en vue le cas où les parents, pour venir en aide à l'engageant malheureux, racheteraient pour le compte de celui-ci. Nous ne croyons donc pas au droit des lignagers.

Il est vrai que dans bien des coutumes le retrait est accordé dès que la durée de l'engagement dépasse un certain nombre d'années (1). Mais dans les passages de la *Summa de legibus* qui traitent du retrait lignager il n'est jamais question que de la vente (2).

Une fois muni du consentement du seigneur, qui est nécessaire, et de celui des parents qui semble bien ne pas l'être, mais qui constitue une garantie contre de futures réclamations, l'engageant peut sans crainte trans-

(1) Beautemps-Beaupré, *Coutumes et institutions de l'Anjou et du Maine antérieures au XVIe siècle*, II, p. 239 ; Beaumanoir, *Coutumes de Beauvaisis*, ch. XLIV, n° 1414 ; Ed. Salmon, II, p. 213.

(2) *Summa de legibus*, ch. CXI, §§ 9 à 13, p. 272 et 279. Il est longuement traité de ceux qui ont droit de racheter le gage, mais il n'est nullement fait mention du lignager. Le § 12 qui parle du *propinquior heres* se place dans l'hypothèse où l'engageant est mort (arg. des mots *ipsa defuncta*). *Id.*, ch. XXI, p. 58. Ce chapitre examine successivement deux cas : celui où un engagiste refuse de rendre le bien à l'engageant qui offre le remboursement, et celui où un acheteur refuse de transmettre l'héritage au lignager qui exerce le retrait ; mais il n'est pas question du retrait en matière d'engagement.

A la liste des personnes dont le consentement peut figurer à l'acte de mort gage il faut ajouter la femme de l'engageant, au cas où le bien engagé fait partie de son *maritagium* ou est un de ceux sur lesquels elle pourra éventuellement exercer son droit de douaire. Une renonciation à ses droits est en effet nécessaire. Cartulaire de Saint-Wandrille, f° 329 r° : la femme touche 5 sous comme prix de sa confirmation. *Id.*, f° 318 v° : Le mari et la femme passent l'acte conjointement.

férer son bien à l'engagiste en échange du capital que ce dernier lui verse. Ce transfert se fera-t-il dans les mêmes formes qu'un transfert de propriété?

Aux époques lointaines qui nous occupent, le transfert de la propriété s'opère par des modes symboliques. Le cartulaire de l'abbaye de la Sainte-Trinité du Mont de Rouen en fournit plusieurs exemples pour le XIe siècle (1). Citons encore en 1109 une donation faite à l'abbaye de Saint-Martin de Sées en posant un livre sur l'autel de Saint-Martin (2).

Dans l'engagement, au contraire, le transfert se fait généralement sans aucune solennité. Les chartes expriment simplement que l'on a engagé, que l'on a reçu en gage :

In vadium accepi... pro XX libris... donec XX l. nobis reddantur (3).

In vadium acceperunt... pro XIII libris denariorum... tali tenore ut... etc... (4).

Est autem hujusmodi conventio : monachi Savigneii commodaverunt... hoc pacto ut fratres qui sunt in grangia de Faiel habeant prata... (5).

Dans deux chartes cependant nous voyons intervenir les cérémonies symboliques de l'aliénation. Mais ces actes présentent un caractère spécial : ils contiennent une aliénation conditionnelle de la propriété. L'hypothèse sera mieux comprise par l'analyse des deux pièces.

Richard partant pour une expédition, dont le but n'est

(1) Cart. de la Sainte-Trinité du Mont de Rouen, n° 67.
(2) Livre blanc de Saint-Martin de Sées, n° 240. *Tulit de capitulo librum* (ce sont sans doute les Evangiles) *et posuit donum super altare.*
(3) Cart. de Saint-Wandrille, f° 318 r°. App. n° XIX.
(4) *Id.* f° 329 r°. App. n° XXI.
(5) Cart. de Savigny, n° 326. App. n° XIV.

pas indiqué, engage à l'abbaye de Saint-Pierre des Préaux des immeubles provenant de l'héritage d'un sien oncle. Pensant être de retour dans une dizaine d'années, il fait avec l'abbaye la convention suivante : *par ce rameau et ce couteau* je fais donation de toute cette terre à Saint Pierre et aux religieux pour le cas où je mourrais d'ici dix ans. Mais si au bout de ce temps je suis encore en vie, ils garderont la terre en gage jusqu'à mon retour et, quand je reviendrai, je rendrai la somme qu'ils m'ont avancée et je rentrerai en possession de mon bien. L'engagement, comme on le voit, se complique d'un transfert conditionnel de propriété, et c'est pour ce transfert qu'interviennent les formalités symboliques (1).

Au même type appartient un acte passé en 1096 au profit de l'abbaye de Saint-Étienne de Caen. Turstin prévôt de Luc, quittant le pays (peut-être, étant donnée la date, pour la Terre Sainte), concède à l'abbaye pour

---

(1) Cart. de Saint-Pierre des Préaux, n° 326, app. n° XII. L'acte est assez difficile à comprendre parce qu'il y a ici plusieurs opérations enchevêtrées. Voici l'explication qui nous paraît la plus simple : Willelmus Roherius avait engagé sa terre à des moines d'Angleterre (sans doute habitait-il lui-même ce pays) pour une somme de 8 sous d'esterlins. Son héritier Richard, qui, lui, habite la Normandie, renouvelle cet engagement mais en changeant de créancier. Les moines anglais, engagistes primitifs, reçoivent 8 sous de l'abbé de Saint-Pierre des Préaux, l'immeuble ainsi dégagé est remis en gage à cette nouvelle abbaye pour la même somme. C'est ce que dit notre texte — qui n'est qu'un résumé d'acte fait pour les moines à leur usage — avec une concision qui nuit à la clarté : Richard engage à l'abbaye de Saint-Pierre son immeuble pour 8 sous d'esterlins *quos liberavit ei Guarinus monachus de Anglia*. Et c'est pourquoi, quand Richard reviendra, il rendra à l'abbé des Préaux en monnaie de Rouen une somme équivalente (20 *solidos de romeisnis reddam monachis, qui super eam jacebant* (qui la grevaient) *quando eam terram recepi*). La complication de ce double engagement e[t] [l]e changement de monnaie n'empêche pas d'ailleurs l'hypothèse qui [nous] intéresse d'apparaître parfaitement claire telle que nous l'avons exposée.

4 marcs d'argent et une *equitatura* (1) sa terre de Luc. Si
au bout de 6 ans il est de retour il rendra les 4 marcs et
recouvrera 34 acres de terre sur les 40 qu'il engage, l'abbaye en conservant 6 en échange de l'*equitatura* qu'il
entend garder. S'il ne revient pas, les terres concédées
resteront *in perpetuum* à l'abbaye. Cette donation conditionnelle est symboliquement accomplie par le dépôt de
la charte sur l'autel de Saint Etienne (2) : ici encore c'est
cette particularité qui explique la présence des formalités
du transfert. Le simple engagement dans sa forme ordinaire ne les comporte pas.

Mais quelles que soient d'ailleurs les formes employées,
il est certain que l'engagiste sera mis en possession, sera
mis à même d'exercer à son profit les droits dont l'engageant est titulaire et qui font l'objet du contrat.

Il ne faudrait pas se figurer pour cela que l'engagement
suppose toujours la transmission matérielle d'une terre
aux mains de l'abbaye. Les immeubles engagés peuvent
être, nous l'avons vu, de nature très diverse, terres, dîmes, tonlieux, églises, etc. (3). Supposons une dîme, un
tonlieu ou tout autre droit analogue, il suffira que les
droits soient perçus par les agents de l'abbaye et à son
profit. S'agit-il d'une église ; c'est au point de vue pécuniaire une chose très complexe, se composant des terres
appartenant à l'église et dont le revenu est affecté à son
entretien, de droits divers au premier rang desquels se
place généralement la dîme d'un certain territoire, les
oblations et perceptions de toute sorte, dont sont l'occasion les différents actes de la vie religieuse. Le seigneur

(1) Un cheval, sans doute un cheval de guerre.
(2) *Archives du Calvados.* Fonds de Saint-Etienne de Caen. App. nº I.
(3) Cf. *supra*, p. 22.

propriétaire de l'église et qui l'engage, ne perçoit pas lui-même ces divers revenus ; son droit ne peut consister qu'à présenter un titulaire de la paroisse à la nomination de l'évêque et à percevoir par son intermédiaire une part des profits. Comme le seigneur ne peut mettre en gage que ce qui lui appartient, l'abbaye engagiste ne sera pas mise en possession de l'église pour la desservir elle-même et en toucher directement les revenus. Elle aura seulement ce que le titulaire de l'église accordait au seigneur en profits pécuniaires et en honneurs particuliers. Le cas échéant, elle présentera un titulaire nouveau.

C'est une situation absolument analogue qu'aura l'engagiste d'une terre accensée et engagée par le *dominus*. Tout titulaire d'un droit pouvant l'engager mais ne pouvant engager que lui, le tenant et le *dominus* peuvent tous deux engager la même terre mais seulement dans la mesure de leurs droits sur elle, et sauf les droits de l'autre. Si c'est le tenant qui engage, la terre passera matériellement aux mains de l'engagiste qui la cultivera ou la fera cultiver pour son compte, à charge par lui de payer au seigneur les redevances et de faire exécuter les services. Si, au contraire, la terre est engagée par le *dominus*, il est clair que celui-ci ne peut priver du droit de la cultiver et d'en jouir celui qui la tient de lui. Le fonds ne passera donc pas aux mains de l'abbaye : seulement c'est à elle que seront payées les redevances dues antérieurement au *dominus*.

Nous voyons dans le cartulaire du mont Saint-Michel que Guillaume de Braehe a pris en gage des fils de Baudry un pré qui *rend* un quartier de froment. Il est bien clair que ce pré ne produit pas de froment ; seulement il est accensé moyennant une redevance annuelle d'un quartier de froment. Cette redevance était due aux fils de Baudry ; après l'engagement elle l'est à Guillaume l'engagiste, puis à l'abbaye par la donation que lui en fait ce même Guillaume. Mais le pré n'en est pas moins resté aux mains du tenant qui est indifférent à ces opérations successives (1).

En 1159, Robert de Beauvoir engage à la même abbaye du Mont Saint-Michel pour une somme de 6 livres une série de terres, qu'exploitent divers tenanciers, dont la charte donne la liste avec l'indication des redevances dues par chacun d'eux (2). C'est le droit à ces redevances qui est à proprement parler l'objet de l'engagement.

Tout porte à croire que tel devait être le cas le plus fréquent. Nous verrons, en effet, que les engagements étaient faits plutôt par des riches, par les seigneurs, que par les cultivateurs eux-mêmes qui n'auraient pu se déposséder, fût-ce pendant peu de temps, de la terre qui les nourrit.

(1) Cart. du Mont Saint-Michel, f° 115 v°. *Eodem anno* (1157). *Guillelmus de Braehe veniens ad monachatum dedit... pratum Baldrici quod ipse invadiaverat pro VII sol. cenomannensium a filiis Baldrici, quod reddit unum quarterium frumenti.*

(2) Cart. du Mont Saint-Michel, f° 116 r°. *Anno ab incarnatione Domini MCLIX de festivitate Sancti Remigii in quatuor annos invadiavit Rotbertus de Belveer pro sex libris cenomannensium terram suam quam dederat uxori sue in dotem, ipsa bene hoc concedente, Philipo fratre insuper fide sua in manu Iohannis filii Bigoti illud idem sororem suam tenere assecurante. De ista tenent : Iohannes Trainefer II solidos et VI denarios, Radulfus Loiseau III solidos, Rotbertus faber III solidos. etc.* Cf. encore une charte du XIII° siècle de l'abbaye de Montmorel (cart. n° 262, p. 254). Le chevalier Pierre de Larsiz *tradidi et obligavi abbati et conventui Montis Morelli quamdam masuram cum omnibus pertinentiis, redditibus, serviliis et redevantiis suis quam habebam apud Sanctum Albinum de Terra Vasta... pro XIII libris turonensium quas michi dicti abbas et conventus in necessitate mea tradiderunt.* Celui qui donne en gage une masure avec les *revenus, services et redevances* qu'elle doit ne peut être que le *dominus* à qui sont dus ces revenus, services et redevances.

SECTION II. — **Droits respectifs des deux parties.**

Les droits du créancier gagiste peuvent être résumés en deux mots : il jouit pendant la durée de l'engagement de tous les droits de l'engageant lui-même. Ceci doit s'entendre non seulement, comme il résulte de ce qui précède, de ses droits pécuniaires, mais aussi des droits honorifiques qui pourraient paraître plus étroitement attachés à la personne du propriétaire. Par exemple au cas où l'engagement est fait par un *dominus*, c'est à l'engagiste que le tenant fera la foi et hommage. C'est du moins ce que nous déduisons d'une charte du cartulaire du Mont Saint-Michel : nous y voyons en effet que, si une terre était engagée à l'abbaye par un tenant même de celle-ci, il n'était plus, pendant toute la durée de l'engagement, admis à rendre l'hommage (1). Il est assez naturel de penser que, si l'engageant n'était pas admis à rendre hommage, il n'était pas davantage, le cas échéant, apte à le recevoir. Il en était de même du *jus patronatus* attaché à la possession d'une terre ou d'une église (2).

Une question délicate se pose seulement au sujet de l'administration par le monastère engagiste des biens pris en gage. Quand l'engagement a été fait par le *dominus* d'une terre, est-ce seulement le profit pécuniaire des

(1) *Eodem anno (1155) mortno Hugone de Hulmo, cum Rualendus filius ejus vellet facere hominium suum de feudo Ascheterilie Roberto abbati de Monte, abbas requisivit ab eo XVI marcas argenti quas pater suus ab abbate Bernardo habuerat pro vadimonio Ascheterille nec reddiderat.* Cart. du Mont Saint-Michel, f° 113 r°.

(2) *Summa de legibus Normanniæ*, ch. CX, § 5, p. 268. *Multociens eciam contingit quod aliquis ratione custodie, firme, vel fundi invadiati, cum jus patronatus fundo inhereat... ad aliquam presentat ecclesiam, et tales non tanquam patroni sed loco patronorum presentant.*

droits engagés ou l'exercice même de ces droits, qui passait à l'abbaye ? Les redevances continuaient-elles d'être payées au *dominus* ou à ses agents qui en faisaient tenir le montant à l'abbaye ou celle-ci était-elle directement en rapport avec le tenant débiteur de ces redevances? Deux contrats de vif gage nous montrent employés l'un et l'autre système.

Guillaume de Belencombre emprunte à l'abbaye de Saint-Pierre des Préaux une somme de 10 livres d'angevins pour 5 ans *ita quod singulis annis in tenemento quod tenet de me Radulfus de Hummei accipiet abbas XL solidos audegavensium, quousque debitum jamdictum fuerit persolutum*. Et Raoul de Hummei qui est le tenant de la terre ainsi engagée, paiera directement à l'abbaye les 40 sous. C'est ce qui résulte, à notre avis, de son intervention à l'acte : *hoc pactum ego Willelmus juravi firmiter tenendum et feci Radulfo predicto jurare*. Il serait inutile de lui faire jurer quoique ce soit si les 40 sous étaient payés à l'abbaye par Guillaume de Belencombre (1).

Le cartulaire de Savigny nous montre au contraire un certain Guarin donnant sa terre en vif gage à l'abbaye pour une somme de 10 livres *hoc tenore ut idem monachi omnes predicte terre proventus per manum servientis supradicti Guarini, donec peccunia illa restituta fuerit, percipiant* (2). Ici c'est le sergent du *dominus* engageant qui continue de percevoir les redevances et qui les transmettra à l'abbaye (3).

(1) Cart. de Saint-Pierre des Préaux, n° 120, Cf. supra, p. 00.
(2) Cart. de Savigny, n° 461, app. n° XV.
(3) Remarquons d'ailleurs que pas plus dans un cas que dans l'autre l'argent n'arrivera aux mains du *dominus* engageant lui-même ; on fait ici

Quel était de ces deux systèmes le plus employé? Nous croyons que pour le mort gage, c'était le premier, celui de l'exercice direct par les moines ou leurs agents des droits engagés ; c'est dans les conditions particulières du vif gage qu'il faut chercher les raisons du second système, de celui que nous fait connaître le cartulaire de Savigny.

En effet il est prouvé par le seul fait de l'existence d'une procédure spéciale, le bref de fief et de gage, que la situation de l'engagiste ne se distingue en rien extérieurement de celle du propriétaire : on sait que la question posée par ce bref aux 12 jurés est celle de savoir à quel titre un individu exerce des droits comme propriétaire ou comme engagiste. Il faut pour que la confusion puisse se produire — et l'existence de cette procédure spéciale nous montre qu'elle était fréquente — que l'un et l'autre, le propriétaire et l'engagiste, exercent leurs droits de la même façon. Or nous voyons, par une charte du cartulaire de Saint-Evroul que cela était vrai même des engagements faits par un *dominus*. Un litige avait été porté devant la Cour de l'évêque de Lisieux : Guillaume *de Valle Ferman* prétendait avoir engagé un fief à l'abbaye de Saint-Evroul et celle-ci se prétendait au contraire propriétaire de ce même fief. Une transaction met fin au procès : Guillaume abandonne à l'abbaye tout son droit sur le fief *scilicet in hominibus et terris et bosco et pratis* (1). On voit par cette mention des droits *in hominibus* que l'engagement prétendu portait sur des terres accensées

prêter serment au sergent (sans doute un sergent fieffé) de remettre les sommes à l'abbaye. *«... et Iohannes de Toler, serviens ejusdem Guarini in terra illa, hoc idem pactum, fide nichilominus data, in manu nostra plegiaverunt.*

(1) Cart. de Saint-Evroul (11055), n° 279, f° 130 v°. App. n° II.

et que cependant il pouvait y avoir incertitude sur la nature des droits exercés par les moines.

On peut tirer un autre argument de ce qui se passait au cas de vente de rente ancienne (1). Celui qui a vendu une rente ou partie d'une rente à laquelle il a droit, n'en reste pas moins *dominus* de la terre et continue d'exercer tous les autres droits que lui confère cette qualité. Néanmoins il est hors de doute en ce cas que la redevance vendue est directement perçue par l'abbaye acheteur ; en cas de retard dans le paiement c'est elle qui fera la *justicia*, c'est-à-dire la saisie des bestiaux ou des meubles ou même, à défaut, de la terre (2).

A fortiori nous dirons que le *dominus* qui engage non pas une partie seulement de ses droits mais tous ses droits, doit laisser à l'engagiste le soin de les exercer.

Le contraire ne peut arriver que dans le cas de vif gage, comme nous en avons vu un exemple. Ici en effet le seigneur a une raison particulière de faire faire la perception par ses agents, c'est que tout ce qui est touché par l'abbaye engagiste entre en ligne de compte et est imputé sur le capital. D'où nécessité d'un contrôle. Ce contrôle est inutile dans le mort gage, où les revenus perçus constituent l'intérêt du capital prêté et il est encore inutile dans certains cas de vif gage, quand une partie seulement des revenus de la terre, partie déterminée dans sa quotité, est laissée à l'abbaye comme nous le montre notre exemple tiré du cartulaire de Saint-Pierre des Préaux.

---

(1) Nous appelons vente de rente ancienne — par opposition à la vente de rente nouvelle ou constitution de rente — la vente faite par un *dominus* de tout ou partie d'une rente à lui due par un tenant. Cf. *infra*, p. 89.

(2) Cf. *infra*, p. 132 sqq.

Nous concluons que normalement dans le mort gage, qui nous intéresse particulièrement, c'est à la fois le profit et l'exercice des droits engagés quels qu'ils soient, qui passent à l'engagiste.

D'ailleurs cet engagiste avait lui-même le droit de transférer à un tiers ce qu'il avait acquis, sa créance et son droit de gage.

L'opération peut se présenter sous la forme de vente de la terre, on confond souvent en effet à cette époque l'objet avec les droits que l'on a sur lui.

Dedit pratum Baldrici quod ipse invadiaverat pro VII solidis cenomannensium a filiis Baldrici (1).

Dimisit vineas Iohannis de Monte quas super X libras cenomannensium in vadimonium habebat (2).

Quelquefois le créancier déclare vendre ou donner le gage sans que l'on puisse savoir s'il entend par là la terre elle-même (3).

Enfin il peut simplement vendre sa créance avec les droits qui y sont attachés.

Durand Festu donne à l'abbaye du Mont Saint-Michel 14 sous de mançois *quos habebat in orto Ausgerii quem ipse invadiaverat* (4).

Dans tous les cas, quelle que soit la forme affectée par l'acte, l'opération est la même, le créancier a tous les droits de l'engageant et ce sont eux qu'il transmet.

S'il a tous les droits, il est d'ailleurs comme juste co-

---

(1) Cart. du Mont Saint-Michel, fº 115 vo, *Invadimoniare* a ici le sens de prendre en gage.

(2) Cart. du Mont Saint-Michel, fº 83 rº, ao 1129 ; Cf. encore Cart. de la Sainte-Trinité du Mont de Rouen, nº 58.

(3) Cart. de la Trinité du Mont de Rouen, nº 53.

(4) Cart. du Mont Saint-Michel, fº 116 vº.

rollaire soumis à toutes les obligations (1). Par contre, l'engageant en est libéré et il conserve seulement comme droit celui de reprendre la terre en remboursant la somme touchée. Comme l'engagiste d'ailleurs, il peut aliéner ce droit soit au profit de l'engagiste lui-même, lui transférant ainsi toute la propriété, soit au profit d'un tiers.

L'engagiste qui exerce tous les droits du propriétaire a-t-il pour défendre ces droits les mêmes sanctions?

Les textes nous disent qu'il a la saisine. Cela résulte d'abord de la définition même de la saisine donnée par la *Summa de legibus*.

Ille enim habet terre saisinam qui eam per se ut suam possidet, melit vel laborat, vel fructus percipit aut proventus (2).

Il faut avoir en son nom propre le droit de jouissance (*ut suam*). Le fermier, le prévôt qui touche pour son maître des revenus, ne sont pas en saisine (3).

Celui qui, sans détenir une terre, perçoit des redevances en vertu d'un droit qui lui est propre, est également en saisine de ces redevances (4).

Le créancier gagiste remplira donc dans tous les cas les conditions exigées. Et la *Summa* dit d'ailleurs expressément que l'on peut être saisi *feodaliter* (c'est le tenant qui est saisi de cette manière de la terre qui relève de son *dominus*) *ex prestilo, ex vadio, ex conductione* (5).

(1) *Niellus presbiter vineam suam michi propter unam marcham argenti habiens Ierosolimam invadimoniavit... et dum in manu mea vel heredum meorum fuerit precipio cum sacramento ut terragium plenissime et legaliter reddatur...* Cart. du Mont Saint-Michel, fⁱ 38, ao 1121.

(2) *Summa de legibus*, ch. VII, § 4.

(3) *Summa de legibus*, ch. XCVIII, § 7.

(4) *Id.*, ch. XCIII, § 8.

(5) *Id.*, chap. XCV, § 10.

De ce que l'engagiste a la saisine il est tout naturel de conclure qu'il jouira de la protection attachée à cette saisine. La *Summa* nous le montre défendant au bref de nouvelle dessaisine et ne succombant que parce que la durée de l'engagement et par suite de sa saisine est écoulée. Il est à croire que lui-même pourrait le cas échéant intenter l'action possessoire. C'est la solution que donne Beaumanoir dans les Coutumes de Beauvaisis (1). Mais rien ne nous permet de supposer qu'il ait les actions du propriétaire ; sauf cependant après la prescription de 30 ans qui le mettra dans les conditions exigées pour la procédure de loi apparente (2).

Telle sera la situation faite à l'engagiste jusqu'à l'époque du remboursement. S'il est alors remboursé il rendra la terre ; ceci ne présente aucune difficulté.

Le premier transfert ayant eu lieu sans aucune solennité, il est vraisemblable qu'il en sera de même du second. Il faut d'ailleurs remarquer que, dans la coutume de Beauvaisis où une saisine comme d'engagement est donnée par le seigneur à l'engagiste, il n'y a pas de nouvel ensaisinement lors du remboursement.

L'opération porte dans nos textes le nom de rachat, bien qu'il ne soit jamais parlé de vente à réméré.

Nec ullo modo terram... quam nobis... invadiaverat, valens redimere (3).

On trouve aussi l'expression *disgagiare* (4).

---

(1) Beaumanoir, *Coutumes de Beauvaisis*, ch. XXXII, n° 968 ; Ed. Salmon, I, p. 489.

(2) *Summa de legibus*, chap. CXXIV, § 1, p. 331 et 332.

(3) Cart. de la Trinité de Rouen, n° 75.

(4) Cart. du Mont Saint-Michel, f° 101 v° : *Sciant iterum quotinus Radulfus Manducans de Bartholomeo unum ortum de feudo illius juvenis concessu ejus de LX solidis, super quos erat in vadimonium, disgaiaverat.*

Tous les arrangements sont d'ailleurs possibles avec le créancier. On voit des débiteurs abandonner en échange de la libération de leur gage les prétentions qu'ils élevaient sur d'autres terres en litige avec l'abbaye (1), ou donner une autre terre pour recouvrer la terre engagée à laquelle ils tiennent sans doute davantage (2). Ou encore l'engageant propose à l'abbaye de lui rendre une partie seulement de la terre engagée et de garder l'autre en propriété.

Mais il peut arriver que le débiteur ne paie pas et n'ait recours à aucune de ces combinaisons. Sera-t-il à partir d'un certain moment dépouillé de sa propriété ?

Dans un certain nombre d'actes nous voyons les parties fixer un terme. Le plus court que nous ayons rencontré est de 2 ans (3), le plus long de 20 ans (4). Mais cela ne signifie pas qu'après ce délai l'engageant sera forclos de la faculté de rembourser ; bien au contraire il ne pourra pas, en se libérant avant le terme, mettre fin aux profits que l'engagiste retire de la jouissance du gage. C'est ce qu'il est aisé de montrer par quelques exemples.

Rannulfe de Colleville engage à l'abbaye du Mont Saint-Michel plusieurs immeubles. Si au bout de 3 ans

(1) Cart. du Mont Saint-Michel, f° 113 r°. *Eodem anno* (1155) *mortuo Hugone de Hulmo, cum Rualendus filius ejus vellet facere hominium... abbas requisivit ab eo XVI marcas argenti quas pater suus ab abbate Bernardo habuerat pro vadimonio Ascheleville nec reddiderat. Tandem, intercurrentibus utriusque sapientibus juris, abbas remisit XVI marcas et Rualendus dimisit calumpniam de Belfegere et recognovit quod Belfegere erat de parrochia Sancti Patricii, non de parrochia Ascheleville...*

(2) Cart. de Savigny, n° 230. Roger et Raoul fils de Geoffroi de Mercato donnent à l'abbaye 3 acres de terre *pro adquietatione terre sue quam monachi in vadio habeant.*

(3) Cart. de Savigny, n° 000, app. n° XIV. Cart. du Mont Saint-Michel, f° 114 r°.

(4) Cart. de Saint-Wandrille, f° 329 v°, app. n° 22.

les 10 marcs d'argent qui ont été prêtés par l'abbaye ne lui ont pas été remboursés au jour de l'octave de Pâques, elle conservera les fonds engagés encore une année et ainsi de suite tant que le remboursement n'aura pas lieu. Le débiteur ne peut donc payer que le jour de l'octave de Pâques au bout de 3 ans, et chaque année qui suivra. S'il offre le paiement dans l'intervalle, l'abbaye pourra le refuser. C'est donc elle qui a intérêt à prolonger la durée de l'engagement (1).

Guillaume, fils de Pierre, ses fils et ses frères engagent à l'abbaye des prairies. Ils ne pourront rembourser les 16 marcs qu'ils reçoivent avant deux ans. A partir de cette époque ils rembourseront quand ils voudront (2).

Gautier Pain et eau (*Walterius panis et aqua*) engage à deux moines du prieuré de Rosny dépendant de l'abbaye de Saint-Wandrille une prébende moyennant 13 livres et pour une durée de 6 ans : c'est-à-dire que, faute de paiement au bout de la sixième année, les moines conserveront encore la prébende pendant une année et ainsi de suite (3).

L'abbaye nous semble obéir en fixant ce terme à son profit à deux considérations. D'abord elle désire prolonger le plus possible une jouissance qu'elle a payée au-dessous de sa valeur, comme nous le verrons. Mais aussi, si elle détermine un jour par an où le remboursement pourra être effectué c'est afin de ne pas être frustré indûment des fruits de la dernière année. Supposons en effet une terre à blé engagée au mois de septembre c'est-à-dire immédiatement après la récolte ; il est clair

(1) Cart. du Mont St-Michel, fº 91 rº, app. nº VII.
(2) Cart. de Savigny, nº 326, app. nº XIV.
(3) Cart. de Saint-Wandrille, fº 329 rº, app. nº XXI.

que si aucune date n'a été fixée pour le rachat, l'engageant aura intérêt à l'opérer au mois de juin ou de juillet pour profiter de la récolte dont l'engagiste aura fait
tous les frais. Il était donc nécessaire que ce dernier
s'assurât contre ce risque. De là la fixation d'un terme
auquel peut chaque année être offert le remboursement,
et le terme choisi devait être tout naturellement la date
même de l'engagement. De cette façon si l'engagiste a
profité la première année de la récolte préparée par l'engageant, il fera la dernière année les frais d'une récolte
qui ne sera pas pour lui.

L'hypothèse d'une terre matériellement transmise à
l'engagiste n'est pas, il est vrai, à notre avis, l'hypothèse
la plus pratique. Mais supposons une terre engagée par
un *dominus*, le résultat est le même : la moisson dans ce
cas, c'est le terme de paiement des redevances. C'est
ainsi que la charte du cartulaire de Saint-Wandrille
(f° 329 r°) fixe comme terme la Saint-Remy, terme habi-
tuel du paiement des cens et rentes dans notre pays.

Il est même vraisemblable qu'à défaut de terme fixé
par les parties, l'usage en fixait un ; car l'attribution à
l'une ou à l'autre d'une année de revenu ne saurait être
laissée au bon plaisir du débiteur. Si pour des raisons
particulières ce libre choix du jour du paiement lui est
abandonné, on a soin de l'exprimer dans l'acte d'engagement :

*Illis vero duobus annis evolutis quandocumque predic-
tas XVI libras iidem forestarii redderent, monachi eas
accipient* (1).

Cela tient peut-être à ce qu'il s'agit ici de pâturages et
que la récolte a moins d'importance.

(1) Cart. de l'abbaye de Savigny, n° 326.

Si le terme indique le moment à partir duquel le paiement sera reçu par l'engagiste, et non celui avant lequel
il devra avoir été effectué, il devient inutile de se demander quelle est la sanction du défaut de paiement. Il n'y
en a pas d'autre que la prolongation du droit de jouissance de l'engagiste, soit que le débiteur puisse à chaque
moment l'interrompre par le paiement, soit que des dates
fixes lui soient indiquées, dans l'intervalle desquelles le
remboursement sera refusé. D'ailleurs un grand nombre
de chartes ne contiennent aucune indication de terme.

Cependant si le créancier a intérêt à ce que sa jouissance se prolonge le plus longtemps possible, il aurait
encore, semble-t-il, un intérêt plus considérable dans
une convention qui, à défaut de paiement à une date
déterminée, lui accorderait la propriété de l'immeuble
engagé. C'est une convention de ce genre que présentent
au XIIIe siècle les chartes de l'abbaye de Montmorel. Si
au bout de 8 mois 1/2, dit l'une, le remboursement n'a
pas eu lieu, la propriété restera au créancier (1) ; si Pierre
de Larsiz, dit une autre, n'a pas rendu intégralement les
13 livres qui lui sont prêtées, avant la prochaine fête de
Saint-Jacques l'apôtre, la masure mise en gage appartiendra à l'abbaye (2).

On trouve l'analogue de cette clause aux époques antérieures, dans ces actes dont nous avons parlé et qui affectent la forme de donations conditionnelles avec transfert
symbolique de la propriété. Ils s'appliquent à des hypothèses particulières, où l'engageant, s'absentant pour un
long et lointain voyage, ne sait quand il reviendra, ni

(1) Cart. de Montmorel, n° 251.
(2) *Id.*, n° 262.

même s'il reviendra (1). Nous n'en avons pas trouvé dans d'autres circonstances, ce n'est pas le cas normal.

En règle générale le débiteur aurait donc toujours la faculté, et après lui ses héritiers à perpétuité, de réclamer de l'engagiste, contre remboursement du capital avancé, la restitution de l'immeuble engagé. L'abbaye aurait toujours entre les mains un bien sur lequel elle exercerait toutes les prérogatives du propriétaire, avec la menace continuelle d'une expropriation. Cette situation était d'autant moins admissible que les difficultés de la preuve de l'engagement augmentent à mesure qu'on s'éloigne du jour de la constitution; difficultés qui peuvent devenir insolubles si l'on songe à la faculté qu'a le créancier d'aliéner sa créance. En un mot les raisons qui font admettre la prescription de la propriété sont bonnes ici pour forclore le débiteur au bout d'un certain nombre d'années. C'est en effet ce qui arrivait.

Nous avons déjà eu l'occasion de dire un mot de la procédure du bref de fief et de gage, destiné à faire juger si une personne détient un immeuble en toute propriété (*feodum*) ou à titre de gage. Elle est très exactement décrite dans le *Très ancien coutumier*, ch. 86 et dans le *Summa de legibus*, ch. CXI (2). Si le demandeur gagne son procès, c'est-à-dire si les douze jurés reconnaissent que la terre en litige a bien été engagée par lui ou par ses auteurs, le défendeur est tenu de restituer l'immeuble dont il se prétendait propriétaire, de plus il perd son droit au remboursement, qui est opéré au profit du fisc,

(1) Cf. *supra*, p. 28 sqq. App. n^{os} I et XII.

(2) Le bref de fief et de gage ne pose pas une question de possession, mais de propriété. *Summa*, chap. CXXI, § 10, p. 317, *in querelis in quibus de feodi proprietate litigatur ut in brevibus de stabilia et de feodo et vadio.*

et tombe lui-même *in misericordia ducis*. Dans le cas contraire c'est le demandeur qui est condamné à l'amende.

Telle est la sanction du droit de propriété de l'engageant. Seulement, au bout d'un certain laps de temps depuis l'engagement, il ne sera plus recevable à intenter ce bref *de feodo et vadio*.

La prescription qui s'applique ici est, d'après la *Summa de legibus*, la prescription romaine de trente ans, celle qui n'exige ni juste titre ni bonne foi. Seulement, comme il eût été trop délicat de compter les années, on avait fixé, pour aider la mémoire des douze jurés, un point de repère : on ne leur demandait pas : « l'immeuble en question a-t-il été engagé depuis moins de trente ans », mais bien « a-t-il été engagé avant ou après tel fait mémorable » qu'on leur indiquait. Cela donnait évidemment une prescription d'une durée irrégulière. Autrefois, nous dit la *Summa* (1), on prenait pour point de repère le couronnement du roi Henri, c'est-à-dire Henri II d'Angleterre (1151). C'est encore la date indiquée dans un arrêt de l'Échiquier de la Saint-Michel, 1213 (2), ce qui fait une prescription de 62 ans. C'est sous Philippe-Auguste que le point de départ de la prescription aurait été ramené au couronnement du roi Richard (1188). Dans la *Summa de legibus* (1254-58), cela donnerait un laps de près de 70 ans. Aussi l'auteur de la *Summa* réclame-t-il que l'on fixe un point de départ plus rapproché (3).

---

(1) *Summa de legibus*, chap. CXI, § 13, p. 279.

(2) Delisle, *Recueil de jugements de l'échiquier de ormandie au XIIIᵉ siècle* (1207-1270), n° 122, p. 32.

(3) Les explications que donne la *Summa* sont curieuses, mais sont-elles exactes ? N'y a-t-il pas là une justification après coup de délais variables de prescription qu'un juriste versé dans le droit canonique,

Par conséquent après le délai, variable d'ailleurs, fixé par la coutume, les derniers liens qui rattachaient la terre à l'engageant seront brisés ; l'engagiste se sera, d'une manière durable et non plus temporaire, substitué à lui.

On comprend maintenant toute l'harmonie de cette construction juridique sur laquelle nous reviendrons d'ailleurs en étudiant le rôle économique de l'engagement. L'engagiste heureux de jouir de la chose, assuré d'autre part d'être au bout d'un certain temps ou remboursé ou propriétaire de l'objet du gage, n'a besoin dans le cours du temps d'aucun moyen de contrainte pour forcer le débiteur à payer. S'il a besoin de son capital, il vendra l'immeuble engagé, c'est-à-dire sa créance.

SECTION III. — **Nature juridique du mort gage normand.**

C'est seulement par la connaissance de la forme d'un contrat, de ses conditions, des droits respectifs des parties que l'on peut déterminer quelle en est la nature juridique.

A ce point de vue on distingue généralement dans l'en-

---

comme l'était l'auteur de notre coutumier, devait difficilement admettre ? En dehors de toute imitation du droit romain, la simple difficulté de la preuve, dans des temps où la propriété était fréquemment troublée par la violence, n'a-t-elle pas pu faire décider que le tribunal n'admettrait pas les réclamations remontant au delà de tel règne ? Ce ne serait que plus tard et par un besoin de légitimer cette pratique qu'on l'aurait rapprochée de la prescription de 30 ans. Il nous semble étrange que si réellement la prescription de 30 ans est le point de départ, on ait pu l'allonger jusqu'à 70 ans. D'ailleurs un autre passage de la *Summa*, qui d'après M. Tardif n'appartiendrait pas au texte primitif, donne le laps de 40 ans. En effet pour expliquer l'existence d'une prescription de 70 ans on pouvait aussi bien et même mieux la rapprocher de la prescription de 40 ans que de celle de 30.

gagement immobilier de notre ancien droit français deux types bien distincts : le gage d'usage et le gage de propriété. Le premier est celui de l'époque féodale, le second appartient à la période franque.

Les origines du gage immobilier remontent très haut. Des exemples en sont rapportés dans les plus anciens recueils de formules (1). Il se constitue à cette époque par tradition sans formes et sur le modèle du gage mobilier encore beaucoup plus ancien. Il s'en distingue cependant par sa solution en cas de non-paiement à l'échéance : dans le cas de gage mobilier le débiteur perd son gage sans être libéré, au contraire la propriété de l'immeuble engagé indemnise le créancier qui perd sa créance. La différence de valeur de l'objet du gage dans l'un ou l'autre cas suffit à expliquer cette distinction.

L'engagiste a la jouissance de l'immeuble ; une clause expresse, qui devint de style et put être sous-entendue, la lui accorde. Il était en effet difficile qu'il en fût autrement puisqu'il était en possession. Un terme était fixé pour le remboursement, passé lequel la propriété appartenait au créancier sans aucune formalité. Mais ce dernier n'avait pas d'autre droit que celui de garder la chose : il ne pouvait s'attaquer personnellement au débiteur, pour lequel le paiement restait facultatif (2).

On appelle cet engagement un engagement de propriété puisque éventuellement la propriété passera au créancier gagiste. Il n'offre pas de différences essentielles avec la vente à réméré et la terminologie des chartes est assez

(1) Andegavenses 22 (Rozière, I, n° 375). Turonenses, Roz. I, 376. Marculf. 50. Roz. I, 374.

(2) Cf. Glasson, *Histoire des institutions de la France*, VII, p. 663 sqq. et III, 143 sqq. ; Peltier, *Du gage immobilier dans le très ancien droit français*, Paris, thèse 1893.

indécise pour que l'on ne puisse souvent savoir si leur rédacteur a conçu l'opération comme une vente à réméré ou comme un engagement (1).

A l'époque féodale cet engagement de propriété disparaît, enseigne-t-on généralement, pour faire place à un engagement de jouissance. Ici la propriété ne passera jamais au créancier, qui n'aura que le droit de jouir de l'immeuble jusqu'au paiement : et pour ce paiement aucun terme fatal n'est fixé (2).

Les deux sortes d'engagement, de propriété à l'époque franque et de jouissance à l'époque féodale, auraient d'ailleurs ce caractère commun qu'ils ne constituent pas comme le gage romain un contrat accessoire, garantie d'une obligation principale indépendante. L'engagement est un contrat synallagmatique d'une nature particulière.

Cherchons si ces conceptions s'appliquent au mort gage normand. A coup sûr on ne saurait y voir un pur gage d'usage.

Dans le gage d'usage le vassal, après avoir engagé sa

____

(1) Courson, cartulaire de l'abbaye de Redon (Collection des documents inédits sur l'histoire de France, n°35, n° 135).

(2) La cause de cette transformation serait, suivant certains auteurs (Peltier, *L'engagement immobilier*, p. 144), dans le régime féodal lui-même, les droits du seigneur s'opposant à une aliénation complète par le vassal. Mais il est certain que ces mêmes droits font tout aussi bien obstacle à l'aliénation de la seule jouissance. Avec le consentement du seigneur la vente et l'engagement sont également possibles et sont également impossibles sans lui. « Seul le seigneur de fief aurait pu trouver à redire à cette combinaison, dit M. Esmein, lorsqu'elle privait pendant longtemps son vassal des revenus qui assuraient le service féodal ; mais s'il donnait son consentement tous les droits étaient respectés » (Esmein, *Les contrats dans le très ancien droit français*, p. 162). Il faut donc chercher à cette évolution une autre cause ; c'est, à notre avis, une cause d'ordre purement économique comme nous le dirons dans le chapitre suivant (Cf. p. 73).

terre, resterait tenu des devoirs féodaux vis-à-vis de son seigneur (1). Or nous avons vu que l'engagiste en Normandie paie les redevances et fait les services dus au *dominus*, et que l'engageant perd son droit de faire foi et hommage (2). Ce sont bien tous les droits de l'engageant qui passent à l'engagiste qui est au fond dans la situation d'un acheteur à réméré : mais au fond seulement et non point dans la forme : le retrait lignager n'est pas admis, les solennités du transfert de propriété n'ont pas lieu ; et quand par exception on y a recours l'opération prend l'aspect d'une aliénation sous condition suspensive et non sous condition résolutoire de remboursement (3).

Le mort gage normand se rapprocherait davantage du gage de propriété. Il lui manque seulement ce terme fatal passé lequel l'engagiste est propriétaire et peut refuser le remboursement. Mais ce que les parties n'ont point fait, la coutume le fait en ôtant toute action à l'engageant au bout d'un certain délai. Et cette prescription est quelque chose d'absolument contradictoire de la notion du gage d'usage, comme le remarque justement M. Peltier (4).

D'ailleurs les exemples que nous avons cités d'aliénation conditionnelle avec formes symboliques ne sont-ils pas de purs engagements de propriété ?

La Normandie du moyen âge connaît donc deux sortes d'engagement, l'un de propriété pratiqué par ceux qui

(1) Peltier, *L'engagement immobilier.* p. 147.
(2) Cf. *supra*, p. 33.
(3) Cf. *supra*, p. 28 sqq.
(4) Peltier, *op. cit.*, p. 163. Beaumanoir n'admet pas en effet de prescription de l'action de l'engageant, *Coutumes de Beauvaisis*, I, p. 348) ch. XXIV, n° 687.

quittent le pays sans certitude de retour, un autre, plus fréquent, gage de jouissance avec prescription de la propriété.

Est-il possible de donner à ce contrat une nature juridique particulière le distinguant essentiellement du prêt sur gage du mode romain? L'engagement immobilier, dit-on, est un contrat synallagmatique indépendant ne s'appuyant sur aucune autre obligation. L'engagiste, en effet, n'a jamais, faute de paiement, que le droit de conserver l'immeuble et non celui de poursuivre le débiteur.

En fait, cela est vrai, le créancier gagiste ne poursuit pas. Mais n'aurait-il pas le droit de poursuivre? Ceci est une autre question, qui n'a pas d'intérêt pratique, mais dont la réponse préjuge de la nature juridique de l'engagement. Le Mont-de-piété aujourd'hui ne poursuit pas ses débiteurs, parce qu'il a soin de prêter toujours une somme inférieure à la valeur vénale de l'objet engagé ; et cependant, dit-on que ses opérations ne constituent pas des prêts sur gage? De même si l'engagiste ne poursuit pas, c'est qu'il n'y a pas d'intérêt ; il préfère continuer sa jouissance — qu'il cherche, avons-nous vu, à rendre la plus longue possible — ou même acquérir par prescription la propriété. Cela ne préjuge rien sur la nature de l'opération.

Juridiquement, il ne nous semble pas possible d'analyser notre engagement autrement qu'en un prêt sur gage.

Ce n'est pas une vente à réméré comme l'est, dit-on, l'engagement de l'époque franque (1). Nous avons vu que

(1) Franken, *Das französische Pfandrecht im Mittelalter*, Berlin, 1879. « ...als eines nicht combinirten, · der durch Nebenbestimmungen absonderlich gestalteten, sondern einfachen. in Leistung und Gegenleistung bestehenden Tausch » (p. 99).

les droits du lignager, les formes de l'aliénation, et probablement les sanctions des droits de l'engagiste, ne sont pas les mêmes que dans la vente à réméré. L'engagiste ne devient propriétaire que par la prescription.

Ce n'est pas non plus une simple vente de l'usufruit. Le gage d'usage ne serait, suivant Franken (1), que l'échange d'un capital contre les fruits d'un fonds. Beaumanoir appelle cette opération *vendre les despuelles* (2), et l'on trouve des expressions analogues dans d'autres coutumiers (3). Mais Beaumanoir et ces autres coutumes ne parlent que du vif gage. C'est le vif gage seul qui peut s'analyser en une vente de jouissance. Il est impossible d'adapter cette conception au mort gage : M. Peltier veut y voir l'échange des fruits d'un fonds contre les intérêts d'un capital (4) ; cette explication est un anachronisme : les intérêts d'un capital sont une chose inconnue de l'ancien droit. Dira-t-on qu'il y a vente à réméré de la jouissance d'un fonds? Comment, s'il y a vente de jouissance, y a-t-il prescription de la propriété? Franken, pour expliquer le mort gage anglais qui lui aussi se termine par une acquisition en propriété, est obligé d'admettre une combinaison du gage d'usage avec le transfert conditionnel de la propriété (5).

Il est plus simple, à notre avis, d'admettre que juridiquement le mort gage est un véritable prêt sur gage.

(1) Franken, *Das französische Pfandrecht im Mittelalter. Das Engagement*, Berlin, 1879, p. 98.

(2) Beaumanoir, *Coutumes de Beauvaisis*, ch. XLIV, n° 1414.

(3) *Coutumes d'Anjou et du Maine selon les rubriches de Code*, n° 63 2 (Ed. Beautemps-Beaupré, II, p. 233). *Le droit et les coutumes de Champaigne et de Brie*, ch. 4 (Richebourg, III, p. 210).

(4) Peltier, *op. cit.*, p. 157 ; Franken, *op. cit.*, p. 140.

(5) Franken, *op. cit.*, p. 163.

Cela est plus simple et cela est aussi plus conforme aux textes.

D'abord le mort gage est fort bien employé comme garantie d'obligations antérieures : par exemple dans une charte de l'abbaye de Montmorel (1) pour une dette de 33 livres 14 sous : *super triginta quatuor libris turonensium, sex solidis minus... quos denarios dictus Johannes pro decima de parrochia Sancti Albini debebat abbati et conventui supradictis* ; dans une charte de la commanderie des Templiers de Renneville : *pro XVI libris et IX solidis turonensium quos eis debebamus* (2).

Enfin dans bien d'autres actes l'engagiste est présenté comme un prêteur et l'engageant comme un emprunteur :

Monachi Savigneii commodaverunt predictis forestariis XVI libras andegavensium hoc pacto ut... (3).

Ego Willelmus de Belencombre mutuo accepi ab abbate de Pratellis decem libras andegavensium... (4).

Disons donc que notre mort gage normand est bien toujours, juridiquement parlant, un prêt sur gage ; mais qui dans la pratique s'est déformé parce que, s'appliquant à la terre il suppose le droit de jouissance du créancier et que ce créancier, ayant prêté une somme inférieure à la valeur du gage, n'a pas d'intérêt à en poursuivre le remboursement.

C'est au point de vue économique, mais à ce point de vue seul, que l'on peut dire que le mort gage constitue une opération qui se suffit à elle-même et non l'acces-

(1) Cart. de Montmorel, n° 261.
(2) Charte des Templiers de Renneville, *Arch. nat.* S. 4996, B n° 91, app. n° XIII.
(3) Cart. de Savigny, n° 326, app. n° XIV.
(4) Cart. de Saint-Pierre des Préaux, n. 120. Cf. *supra*, p. 16. Il est même remarquable qu'il s'agit ici d'un vif gage.

soire d'un contrat principal. Tant que l'on s'en tient à l'analyse juridique, on est contraint de distinguer dans l'opération ses deux éléments : un prêt et une constitution de gage.

CHAPITRE III

RÔLE ÉCONOMIQUE DU MORT GAGE.

Les avantages et les inconvénients d'un mode de crédit doivent être appréciés à deux points de vue, puisque tout contrat suppose deux parties en présence. Nous nous demanderons donc successivement, d'une part, si l'engagement fut pour l'emprunteur une façon commode et économique de se procurer temporairement la disposition d'un capital et quelle classe sociale a pu être à même de profiter du crédit ainsi offert par les abbayes ; d'autre part enfin, si les abbayes elles-mêmes y ont trouvé un bon placement de leurs capitaux mobiliers.

Mais avant de répondre à ces questions, il sera bon de donner des renseignements précis sur l'importance des sommes prêtées et, autant que faire se pourra, sur le taux des prêts.

Voici tout d'abord un tableau donnant le montant des capitaux avancés dans un certain nombre d'engagements immobiliers.

INDICATION DE LA CHARTE	DATE	SOMME en métal fin	SOMME en monnaie	NATURE de la monnaie	CONVERSION en tournois
Cart. Mont St-Michel, 114v°...............	1157	50 marcs d'argent	62 £,10 s (1)	Mançois	125 £
Cart. Trinité de Rouen, 4.	1038		40 »	?	
» St-Wandrille, 319r°.	1047-62		25 »	?	
» Mont St-Michel, 113r°.	1155	16 » »	20 »	Mançois	40
Cart. St-Wandrille, 318r°.	1137-50		20 »	Rouennais	20
» » 329r°.	1063-89		20 »	»	20
» Mont St-Michel, 91.	1134	14 » »	17 10	Mançois	35
» » 113v°.	1156		17 »	Angevins	17
» Savigny, 326......	1172		16 »	Angevins	16
» Mont St-Michel, 114r°...............	1157	12 » »	15 »	Mançois	30
Cart. Mont St-Michel, 37r°	1121	12 » »	15 »	»	30
» Montmorel, 262....	1248		13 »	Tournois	13
» St-Wandrille, 329r°.	XIIe s.		13 »	Mantes	?
» Mont St-Michel, 113v°...............	1156		12 »	Mançois	24
Cart. Trinité de Rouen, 47	1066		12 »	?	
» Savigny, 467......	1180		12 »	Mançois	24
» St-Michel du Tréport, 70.............	fin XIIe		12 »	Angevins	12
Cart. Savigny, 30.	1162		10 10	Angevins	10 10
» Mont St-Michel, 83.	1129		10 »	Mançois	20
» Savigny, 461......	1172		10 »	Mançois	20
» Préaux, 120.......	XIIe s.		10 »	Angevins	10
Arch. Calv. F. 1142 (Airan).............	fin XIe (1)		10 »	Mançois	20
Cart. Trinité de Rouen, 59.	1058		8 10	?	
» St-Georges de Boscherville.............	XIe s. (?)		8 »	?	
Cart. Mont St-Michel, 113r°.............	1155		7 »	Mançois	14
Cart. Mont St-Michel, 116r°.............	1159		6 »	»	12
» Trinité de Rouen, 36.	XIe s.		6 »	?	
Fonds St-Etienne de Caen...............	1096	4 » »	5 »	Man çs	10
Cart. St-Amand	XIIe s. ?	4 » »	5 »	»	10
» Mont St-Michel, 87.	XIe ou XIIe		5 »	»	10
» » 38.	1121		4 »	»	8
» » 47.	1030-33 (2)		4 »	»	8
» » 101.	XIe-XIIe		3 11	»	7 2

(1) L'acte (dont nous ne connaissons d'ailleurs qu'une copie aux archives du Calvados F. 1142) est de l'an 1105, mais il mentionne le rachat partiel d'un engagement fait avant le départ pour la croisade, par conséquent une dizaine d'années auparavant.

(2) L'acte est de 1030 à 1033 puisqu'il est passé sous l'abbé Theodericus, mais l'engagement auquel il fait allusion fut passé sous l'abbé Mainard II, 991-1009, cf. p. 19 n. 1.

INDICATION DE LA CHARTE	DATE	SOMME en métal fin	SOMME en monnaie		NATURE de la monnaie	CONVERSION en tournois	
Cart. Mortemer	XIIᵉ		3	»	?		
» Trinité de Rouen, 51	1063		3	»	?		
» » 53.	XIᵉ		2	10	?		
» Savigny, 533	1162		2	»	Mançois	4	
» St-Pierre des Préaux, 74..........	1155		1	10	Chartres	?	
Cart. Mont St-Michel, 38.	1121	1 marc d'argent	1 £,	5 §	Mançois	2	10
» Trinité de Rouen, 87.	XIᵉ		1	4	?		
» » 34.	1062		1	»	?		
» St-Pierre des Préaux, 326..........	1142		1	»	Rouennais	1	
Cart. St-Wandrille, 314rᵒ.	XIᵉ		1	»	Mançois	2	
» St-Martin de Sées. 195..........	1109		0	19	»	1	16
Cart. St-Martin de Sées, 247..........	XIᵉ-XIIᵉ ?		0	14	?		
Cart. Mont St-Michel, 116vᵒ	1159		0	11	Mançois	1	6
Cart. Trinité de Rouen, 58	1063		0	12	?		
» Mont St-Michel, 116vᵒ	1159		0	11	Mançois	1	2
Cart. Mont St-Michel, 115vᵒ	1157		0	7	»	0	14

Un coup d'œil jeté sur ce tableau peut faire voir que les prêts de sommes supérieures à 10 livres sont au moins pour la moitié, tandis que les prêts de petites sommes inférieures à 1 livre sont relativement rares. Sans doute il est impossible de déterminer exactement le pouvoir d'achat de ces sommes ; disons seulement, à titre d'exemple, que toute la dîme de l'alleu d'un *vir illustris* au XIᵉ siècle est engagée pour 50 sous (1), que, d'après les chartes du cartulaire de la Trinité du Mont de Rouen (XIᵉ siècle), l'acre de terre vaut de 1 à 5 sous (2).

(1) Cart. de la Trinité du Mont de Rouen, nᵒ 53, p. 450.

(2) *Id.*, nᵒ 59, p. 452. 70 acres de terre valent 19 l. 10 sous, soit 8 l. 10 sous payées lors de l'engagement des 46 acres et 11 l. ajouté e postérieurement pour avoir la propriété de ces 46 acres plus 24 autres. *Id.*,

Mais s'il est aisé de connaître le montant des capitaux prêtés, il est au contraire presque impossible de déterminer le taux des prêts. C'est en effet le revenu de l'immeuble engagé qui constitue la rémunération du prêt et l'on ne peut justement savoir ce qu'était ce revenu. Il est impossible ici de songer à utiliser le résultat des recherches faites sur le revenu du sol pour des périodes et des territoires beaucoup plus étendus que n'est le champ de la présente étude. Ce n'est pas sur des moyennes que l'on peut se baser pour estimer les conditions d'un contrat particulier. Le revenu d'un fonds est une chose très variable, suivant les pays, suivant les cultures, suivant les terres.

Les seuls renseignements dont nous puissions faire état sont donc ceux que nous fournissent nos chartes elles-mêmes quand par hasard elles mentionnent le revenu de la terre engagée. Cela arrive parfois lorsqu'un *dominus* met en gage la terre qui est entre les mains de son tenant : mais une pareille précision dans les actes est exceptionnelle.

Une charte du Mont Saint-Michel énumère avec soin des redevances dues par les terres engagées (1). Seulement il est difficile de savoir s'il s'agit d'un vif gage ou d'un mort gage. En effet le capital prêté est de 6 livres, le total des redevances se monte annuellement à 1 £ 11 s. 9 deniers et l'engagement est fait pour 6 ans ; ce qui fait qu'au bout des 6 années l'abbaye aura perçu une somme de 6 livres 7 sous. S'il s'agit d'un mort gage, ce que nous croirions plutôt puisque le vif gage est une

n° 34, p. 439. 20 acres de terre arable sont vendues 32 sous, soit 1 sou 7 deniers l'acre.

(1) Cart. du Mont Saint-Michel, f° 116 v°.

exception (1), le taux de l'intérêt serait de 26, 45 0/0, ce qui ne serait pas exagéré pour l'époque (2).

Si l'on connaissait le prix du blé dans la région du Mont Saint-Michel à une date donnée, on pourrait tirer une autre indication d'une autre pièce du cartulaire de cette abbaye (3). Mais la valeur du quartier de froment et la contenance même du quartier de cette région ne pouvant être déterminées avec exactitude (4), aucune hypothèse n'est possible.

Force nous est donc de chercher un autre moyen de mesurer le bénéfice du prêteur et le sacrifice imposé à l'emprunteur.

Le capital prêté par l'engagiste est, cela se comprend, inférieur à la valeur vénale de la terre engagée ; sans quoi le prêteur, plutôt que d'acquérir par engagement une terre qui peut lui être reprise d'un moment à l'autre, préférerait se procurer par l'achat d'un fonds un revenu durable. C'est donc la différence entre le montant du capital prêté et la valeur vénale de la terre qui est le gain du capitaliste.

Or cette différence nous sommes en état de la mesurer puisque pour un certain nombre de terres nous connaissons à la fois le prix d'engagement et le prix de vente.

(1) Le Mont Saint-Michel nous a fourni justement un nombre relativement important de morts gages absolument certains, cf. p. 13, n. 2.

(2) Voyez par exemple cet e coutume de Saint-Marcouf qui fut abolie en 1221 par le seigneur de ce lieu Guillaume des Barres sur le conseil de l'évêque de Coutances. Tous les ans une certaine somme prise sur les revenus de la seigneurie était distribuée entre les tenants *anno revoluto reddenda cum incremento tertiæ partis*. C'est un intérêt de 33 0/0. Cartulaire de l'abbaye de Montebourg, fo 115. La pièce a été publiée par M. Delisle dans son *Etude sur les classes agricoles*, p. 213, n. 72.

(3) Cart. du Mont Saint-Michel, fo 91 ro.

(4) Delisle, *Etudes sur la condition des classes agricoles*, p. 539.

Beaucoup de gages, en effet, ne nous sont connus que par
une vente faite postérieurement par l'engageant du droit
qu'il a conservé sur l'immeuble. Le prix que ce droit lui
est payé, ajouté à la somme qu'il a touchée lors de l'engagement, doit donner à peu près la valeur marchande
de l'immeuble. Nous disons à peu près, car il est possible et même probable qu'une vente faite dans ces conditions défavorables par un débiteur malheureux se fera au-
dessous du prix normal. Mais faute d'éléments de calcul
il nous est impossible de tenir compte de cette minora-
tion : l'erreur qui en résultera ne sera pas très considérable.

En 1062 un chevalier du nom de Guillaume engage à
l'abbaye de la Sainte-Trinité du Mont de Rouen 20 acres
de terre pour une somme de 20 sous, peu après il en
abandonne la propriété entière moyennant 12 sous (1).
Donc les 20 acres de terre, qui sont vendues 32 sous, ne
peuvent être engagées pour plus de 20. C'est-à-dire que
l'abbaye donne lors de l'engagement 62,50 0/0 de la valeur du sol, moins encore même sans doute, s'il est vrai
que dans ces conditions la terre doit être vendue au-
dessous de sa valeur réelle.

Erchembaud, fils du vicomte du même nom, avait engagé une chapelle et les terres y attenantes pour 12
livres à Hugues l'échanson d'Ivry. Partant en 1066 pour
l'Angleterre à la suite de Guillaume le Conquérant, il vend
à l'abbaye pour 6 l. son droit de propriété sur ces biens,
et celle-ci remboursant les 12 livres acquiert ainsi
les terres *in liberrimam et perpetuam hereditatem* (2). La

----

(1) Cart. de la Trinité du Mont de Rouen, n° 34, p. 439.
(2) Cart. de la Trinité du Mont de Rouen, n° 47, p. 446.

valeur vénale des biens engagés étant de 18 livres et le prix de l'engagement de 12, on voit que Hugues l'échanson n'a donné à Erchembaud que 66,66 0/0 de la valeur réelle.

Robert de Maincres vend en 1063 à la même abbaye de la Trinité de Rouen 4 manses à Chevreville pour 7 livres. De ces 4 manses un certain Ansfred en avait en gage 3 pour une somme de 3 livres, il les donne à ce prix à l'abbaye, et celle-ci donne à Robert 4 livres ce qui fait les 7 livres indiquées (1). Donc 4 manses valent 7 livres et on ne donne cependant en les prenant en gage qu'une livre par manse ; soit pour une valeur réelle de 100 livres un capital de 57, 14.

Huelin de Francavilla avait engagé à l'abbaye pour 8 l. 10 sous 46 acres de terre, il les abandonne en toute propriété (*in alodio*), en y ajoutant 24 acres, pour 11 livres (2). Les 70 acres en toute propriété sont donc payées 19 l. 10 sous ; et les 46 acres qui à ce prix valent 12 l. 16 sous ont été engagées pour 8 l. 10 sous soit à 66,33 0/0 de leur valeur réelle.

Robert, abbé de Saint-Wandrille, prend en gage de Nicolas, fils de Baudry, un domaine nommé Lebecors pour 25 livres. Plus tard en ajoutant 12 livres il en acquiert la propriété (3). Ce qui vaut 37 livres est donc engagé pour 25, c'est-à-dire pour 67, 56 0/0 de sa valeur.

Il ressort de ces exemples que le prix de l'engagement est à peu près des deux tiers du prix marchand de la terre, plutôt inférieur que supérieur à ce taux surtout si la valeur véritable était, comme cela est vraisemblable, supé-

(1) *Id.*, n° 51, p. 448.
(2) Cart. de la Trinité de Rouen, n° 59, p. 452.
(3) Cart. de Saint-Wandrille, f° 319 r°, app n° XX.

rieure au prix d'une vente faite dans ces conditions. Le bénéfice de l'abbaye engagiste consiste donc dans un tiers au moins des revenus, puisque si elle avait employé ses capitaux en achats de terre elle n'eût pu acheter qu'une terre d'un tiers plus petite.

Cette notion suffit déjà à donner une idée de la cherté du crédit. Traduisons-la dans les modes de notation qui nous sont habituels. Une terre ayant une valeur vénale de 100 rapporte à peu près 10 (1) ; le créancier qui la prend en gage n'en donnant que 66, 66 place donc son argent à 10 pour 66, 66 soit à 15 0/0 environ. Tel serait le taux d'un prêt fait aujourd'hui dans des conditions analogues ; il serait considéré comme fort onéreux. Nous ne dirons pas que nos abbayes prêtaient à 15 0/0 mais nous pouvons dire qu'un prêt est onéreux quand il comporte comme intérêt le tiers en plus du revenu ordinaire du capital.

Ces premiers renseignements généraux étant donnés sur les conditions du prêt, il faut se demander quels services cette institution de l'engagement a rendus aux emprunteurs et aux prêteurs.

SECTION I. — **Emprunteurs.**

Le mort gage présente deux caractères essentiels qui le distinguent des autres modes de crédit et en particulier de la vente de rente de la période suivante. Il suppose :

1° que celui qui engage a l'intention de rembourser

(1) Le revenu moyen de la terre est aujourd'hui d'environ 9 0/0.

avant 30 ans, sans quoi il vendrait et n'engagerait pas :

2° que l'emprunteur a d'autres moyens d'existence que les revenus de la terre engagée, puisqu'il peut momentanément s'en priver.

Ces deux caractères déterminent la classe sociale à laquelle s'adresse notre mode de crédit.

Puisque l'engageant suppose pouvoir dégager avant 30 ans, c'est que le besoin d'argent qui le fait agir est momentané ; cet emprunt est dans sa vie un accident. Il n'emprunte pas, en effet, pour faire fructifier le capital et le restituer dans quelques années. Il serait absurde d'emprunter dans ces conditions pour employer le capital ainsi obtenu en achats de terre : on ne pourrait acheter, en effet, qu'un immeuble moindre d'un tiers que l'immeuble engagé et ne rapportant, par conséquent, selon toute vraisemblance, que les deux tiers du revenu temporairement transmis à l'abbaye. Donc tous ceux qui vivent du revenu de leurs terres, soit qu'ils les cultivent eux-mêmes, soit qu'ils les aient accensées, ne peuvent songer à faire par ce moyen un emprunt productif.

Or à cette époque quelle autre source de revenus que la terre ? Le mouvement de renaissance commerciale a bien commencé en Normandie au XIIe siècle, mais peut-on le supposer assez florissant pour que les marchands puissent avoir recours à des emprunts aussi onéreux ? Même aujourd'hui une société commerciale qui se monte n'emprunte pas avec clause de remboursement à brève échéance. Supposons donc un marchand du XIe ou XIIe siècle qui possède des terres et n'a pas pour son courant d'affaires un capital mobilier suffisant ; ne fera-t-il pas mieux de vendre ses immeubles ? Il aura ainsi la disposition d'un capital sans avoir à se préoccuper de restitution et il évitera ce danger de voir sa terre devenir sans augmentation de prix la propriété du créancier, au cas où il serait dans l'impossibilité de rendre.

Au contraire tous : marchands, seigneurs fonciers, cultivateurs, pourront avoir recours au gage s'ils ne désirent que se procurer des ressources en attendant l'échéance qui doit remplir leurs coffres, passer une mauvaise saison, couvrir une perte momentanée qui sera bientôt compensée par des gains prévus.

Ces déductions sont, croyons-nous, vérifiées par les textes, bien que les actes soient malheureusement trop souvent muets sur les motifs qui poussent un propriétaire à engager son bien. Dans les quelques chartes qui sont plus explicites les motifs indiqués sont de deux sortes: la situation embarrassée de l'engageant ou son départ pour une lointaine expédition.

Le cas le plus général semble être celui d'une détresse pécuniaire. C'est la cause que les textes eux-mêmes considèrent comme la plus habituelle des engagements.

Robert, fils Haimon, accordant comme une faveur à l'abbaye du Mont Saint-Michel que ses tenants de la *villa de Scai* pourront lui engager leurs terres, librement et sans consentement préalable, s'exprime ainsi :

Assentio ut si quisquam meorum hominum eandem villam incolentium necessitate aliqua coactus de terra vel possessione sua ejusdem loci abbati aliquid invadimoniare voluerit, licet hoc agat (1).

En 1056 Ascelinus de Calgeio *necessitate nimia constrictus* engage une partie de sa terre à un de ses amis (2).

L'exemple le plus frappant est celui d'un certain Ran-

(1) Cart. du Mont Saint-Michel, f° 79 r°.
(2) Cart. du Mont Saint-Michel, f° 76 v°.

nulfe de Colleville : ayant un pressant besoin d'argent (*urgente prenimia necessitate*) il avait supplié (*multimodis precibus*) l'abbé du Mont Saint-Michel, Bernard, de lui prendre en gage une part de moulins qu'il avait à Chanteloup, et qui lui rapportait 12 quartiers de froment par an. L'abbé lui avait avancé pour cela 4 marcs d'argent. Mais cette somme ne lui suffit pas. *Cum majori necessitate urgeretur*, il lui faut de nouveau recourir à l'abbaye qui prend de lui en gage moyennant 10 marcs une quantité de terre suffisante pour rapporter 38 quartiers de froment (1).

Ceux qui partent pour de longues expéditions sont aussi naturellement portés à engager leurs biens. Plusieurs raisons les y poussent : il leur faut des ressources pour l e voyage, en engageant leurs terres ils se délivrent des soucis d'administration pendant leur absence ; ils pourraient, il est vrai, les vendre, mais s'ils reviennent, ils veulent pouvoir rentrer dans leur bien et d'ailleurs ils espèrent bien rapporter de leurs expéditions la somme nécessaire.

C'est ainsi que dans deux chartes déjà citées, Turstin, prévôt de Luc (2), près de Caen, et un certain Richard (3), font donation conditionnelle de leurs biens pour le cas où ils ne reviendraient pas, se réservant, au contraire, de les reprendre s'ils rentrent au pays, en remboursant le capital avancé. Quel était le but de ces voyages ? C'étaient assurément de lointaines expéditions — puisque Turstin se donne un délai de 6 ans et Richard de 10 ans — la

____

(1) Cart. du Mont Saint-Michel, f° 68 v°, app. n° V.
(2) Fonds de Saint-Etienne de Caen, app. n° I.
(3) Cart. de Saint-Pierre des Préaux. n° 326, app. n° XII.

croisade peut-être ; un des actes est de 1096, l'autre de 1142.

Tel était, d'une manière certaine, le but du prêtre Niel qui engageait sa vigne à un certain Thomas pour 1 marc d'argent avant de partir pour Jérusalem (*habiens Ierosolimam*) (1).

C'est aussi en partant pour Jérusalem que Lancelinus de Airan, fils du prêtre Osmand, a engagé pour 10 livres une dîme. A son retour, vers 1105, il en rachète la moitié pour 100 sous, l'abbaye gardant l'autre *donec reliquos centum solidos nobis redderet* (2).

La Terre sainte n'était pas d'ailleurs l'unique but des lointaines expéditions : en 1121, Raoul Malregart engage des terres pour douze marcs d'argent *dum Appuliam ivit* (3).

En dehors de ces deux motifs : nécessité pressante et expédition lointaine, ni le raisonnement, ni les textes, ne permettent de découvrir une cause autre aux engagements. Il nous semble donc bien prouvé que l'engagement n'a jamais servi qu'à l'emprunt de consommation et non à l'emprunt de production.

Comme tous les emprunts de ce genre il est extrêmement dangereux pour celui qui le contracte. Ne touchant qu'une partie de la valeur de la terre dont il se prive, il s'expose à perdre cette terre d'une manière définitive si ses calculs sont erronés, si les rentrées sur lesquelles il comptait ne s'effectuent pas. Il doit alors regretter de ne pas avoir purement et simplement vendu son bien.

Cependant il pourra encore en s'y prenant assez tôt

---

(1) Cart. du Mont St-Michel, fº 38 vº, ao 1121.
(2) *Archives du Calvados*, F 1142, cf. *supra*, p. 13, n. 2.
(3) Cart. du Mont Saint-Michel, fº 37 vº.

limiter sa perte. Nous savons qu'un certain droit reste entre ses mains, le droit de racheter, dont la valeur devrait être exactement égale à la différence entre la valeur réelle de l'immeuble et le capital prêté. Il pourra, en aliénant cette valeur, compléter la vente de son bien. Nous avons de très nombreux exemples de débiteurs qui, désespérant de pouvoir payer, aliènent soit au profit du créancier gagiste lui-même, soit au profit d'un tiers l'entière propriété.

En 1068 Maurice fils de Corbuzon, *multimoda afflictus necessitate*, ne peut racheter la terre qu'il a engagée. Il abandonne à l'abbaye la propriété d'une partie pour recouvrer le reste (1).

Ayant engagé une terre pour 12 livres et n'ayant pu la racheter, Erchembaud vend à l'abbaye son droit de rachat pour 6 livres (2).

Mais cette opération ne sera pas toujours possible. Supposons un débiteur de l'abbaye qui, désespérant de réunir les fonds nécessaires au rachat de son gage, propose à cette même abbaye de le lui vendre en toute propriété. Si ce débiteur est vraiment dans l'impossibilité absolue de racheter, si surtout les délais de prescription ne sont pas loin d'être écoulés, quel intérêt l'abbaye aurait-elle à payer, pour acquérir une propriété que lui donnera le seul effet du temps?

Pour qu'une proposition de ce genre soit écoutée, la réunion de certaines conditions est nécessaire. Il faut d'abord supposer que l'abbaye désire acquérir des immeubles en propriété, nous reviendrons tout à l'heure sur ce point. Etant donné ce désir il faut encore que le

(1) Cart. de la Trinité du Mont de Rouen, n° 75.
(2) *Id.*, n° 47.

débiteur malheureux puisse trouver chez d'autres à emprunter, à un taux raisonnable, la somme nécessaire au rachat, quitte même à donner en gage pour cette somme à son nouveau créancier l'immeuble qu'il aura dégagé ; et en répétant cette opération il peut reculer indéfiniment le terme de la prescription. Alors seulement l'abbaye pourra lui offrir le complément du prix, afin de conserver l'immeuble.

Ces conditions ne seront pas toujours remplies. Elles supposent une certaine concurrence des capitalistes qui ne sera certainement pas toujours le cas à cette époque.

En mettant les choses au mieux, en supposant que le débiteur trouve ailleurs les fonds nécessaires ou que le délai qui le sépare de la prescription est encore assez long pour qu'il puisse espérer revenir à meilleure fortune, une terre aliénée dans ces conditions par un propriétaire à court d'argent, le sera pour un prix inférieur à la valeur réelle. L'emprunteur aura donc souvent à regretter de n'avoir pas fait tout d'abord la vente de sa terre. En résumé comme tout emprunt de consommation l'engagement devait être pour beaucoup de personnes dans une situation embarrassée un moyen efficace de précipiter la ruine.

Il est évident que ce Rannulfe de Colleville, dont nous avons parlé et qui par deux fois vient engager à l'abbaye du Mont Saint-Michel une partie de plus en plus considérable de ses biens, court à sa ruine (1). Que dire de cet *Acelinus de Calgeio*, qui ayant fait un engagement, *necessitate nimia constrictus*, et se voyant dans l'impossi-

---

(1) Cart. du Mont Saint-Michel, f° 68 v°, app. n° V.

bilité de rembourser, se fait moine en aba.\donnant ses
droits à l'abbaye (1)?

Le second trait caractéristique de l'engagement est
qu'il comporte le dessaisissement de l'emprunteur. Ce
caractère empêche de profiter du crédit toute une classe
sociale qui en aurait peut-être besoin ; le petit propriétaire, ou le petit tenancier, qui cultive quelques acres de
terre, est dans l'impossibilité de se priver, fût-ce pour
quelques mois, du champ qui le nourrit. Donc le mort
gage est un mode de crédit fermé aux petits, aux tra-
vailleurs, ouvert seulement à ceux qui ont des revenus
assez considérables pour pouvoir se priver temporairement d'un de leurs immeubles, à ceux qui par conséquent
ne travaillent pas eux-mêmes mais ont accensé leurs terres : c'est pourquoi nous avons dit que l'engagement des
terres accensées devait être le plus fréquent (2).

Pour une certaine catégorie d'emprunteurs le dessaisissement est, il est vrai, sans inconvénients, pour ceux
qui, quittant le pays pour un certain temps, mettent leurs
terres en gage avant de partir. Mais il est bien certain
que ce ne sont pas les petits cultivateurs qui partent pour
la Terre Sainte. La conclusion reste donc la même.

Nous voudrions pouvoir confirmer ces inductions par
des preuves directes ; mais peu d'actes fournissent des
renseignements sur la personnalité de l'emprunteur. Il y
en a cependant. Le cartulaire de la Trinité de Rouen en
contient un certain nombre : nous y voyons figurer comme
engageants des chevaliers (3), le fils d'un vicomte (4), le

(1) *Id.*, f⁰ 76 v⁰, ao. 1056.
(2) Cf. *supra*, p. 32.
(3) Cart. de la **Trinité** du Mont de Rouen, n⁰ 34.
(4) *Id.* n⁰ 47.

fils du *camerarius* du comte (1). Mais les autres cartulaires sont généralement muets sur ce point.

On peut suppléer à ce silence dans une certaine mesure. D'abord nous avons dit qu'il faut classer parmi les gens occupant une situation sociale élevée ceux qui engagent leurs bien pour partir en expédition.

Il est également certain qu'un petit tenancier ne pourrait jamais engager qu'une petite parcelle de terre ; ce n'est pas lui qui engagerait un moulin (2), un tonlieu (3), une prébende (4), une église (5), une dîme (6). Ce n'est pas lui non plus qui engagerait, comme *dominus*, des terres accensées à un tiers (7).

Enfin si l'on se reporte au tableau des sommes avancées par les engagistes on remarquera que les prêts supérieurs à 5 l. sont fort nombreux ; que, d'autre part, le prêt le plus minime, 7 sous de mançois, représente encore la valeur vénale de plusieurs acres de terre et l'engagement d'une quantité un peu plus considérable encore.

Il ne faut pas d'ailleurs s'étonner que de grands seigneurs fonciers soient obligés de contracter des emprunts. « Sous le roi Jean, dit M. Delisle, presque tous les principaux seigneurs normands durent recourir aux usuriers pour se procurer quelque argent. Comme ils eussent été bien embarrassés de s'acquitter, comme, d'un autre côté,

---

(1) *Id.*, n° 75.

(2) Cart. de Saint-Wandrille, f⁰⁵ 314 r⁰, 318 r⁰, Cart. du Mont Saint-Michel, f⁰ 91, 114 v⁰.

(3) Cart. de Saint-Wandrille, f⁰ 319 v⁰.

(4) *Id.*, f⁰ 329 r⁰.

(5) *Id.*, f⁰ 329 v⁰. Cart. de la Trinité de Rouen, n°⁵ 4, 34, 47. Cart. du Mont Saint-Michel, f⁰ 47, 68, 101.

(6) Cart. de Saint-Martin de Sées (livre blanc), n°⁵ 87, 247. Cart. de la Trinité de Rouen, n°⁵ 53, 88.

(7) Cf. *supra*, p. 31 et 32.

leur souverain, à bout d'expédients, ne savait plus comment payer leurs services, Jean sans Terre prit une mesure trop ordinaire dans les siècles où les chrétiens ne se croyaient tenus en quelque sorte à remplir aucun devoir vis-à-vis des Juifs. Ce prince se substitua aux droits de ces derniers, et récompensa ses fidèles serviteurs en leur remettant tout ou partie des dettes usuraires que les Juifs leur avaient fait contracter » (1). Les rôles de l'échiquier nous ont conservé les noms de ces seigneurs.

La conclusion de ces quelques observations est que l'engagement n'a servi qu'aux riches et seulement pour faire des emprunts de consommation.

SECTION II. — **Prêteurs.**

L'engagement a-t-il été par contre pour les abbayes un placement commode et avantageux? Il semble posséder les qualités essentielles d'un bon placement : il rapporte un bénéfice suffisant, et surtout c'est un placement absolument sûr. Quelle que soit l'insolvabilité du débiteur, le créancier gagiste ne court aucun risque (2). Aussi voit-on qu'un père peut placer l'argent qu'il donne en *maritagium* à sa fille, en rentes ou en engagements (3).

Il y a cependant entre les deux placements ainsi rapprochés une différence essentielle. La rente est un revenu perpétuel (nous verrons que primitivement elle n'est

(1) Delisle, *Etudes sur la condition des classes agricoles*, p. 196.

(2) Il aurait un autre avantage, celui d'être une créance facilement transmissible (Cf. *supra*, p. 37). Mais cet avantage ne compte pas pour les établissements religieux qui ne doivent pas aliéner leurs immeubles.

(3) Delisle, *Etudes sur la condition des classes agricoles*, p. 210.

pas rachetable) tandis que l'engagement est de sa nature temporaire. A chaque instant l'engagiste est exposé à une expropriation, son capital lui revient entre les mains, de nouveau improductif.

Contre cette éventualité le capitaliste prend des précautions ; il fixe des termes dans l'intervalle desquels le rachat ne pourra avoir lieu, afin d'éviter d'être frustré de la récolte de l'année ; il fixe même une date avant laquelle le remboursement sera refusé par lui.

Ce terme d'une nature spéciale inséré dans les actes non pour hâter mais pour retarder le remboursement et sur lequel nous avons assez longuement insisté plus haut, constitue le trait essentiel du gage considéré comme placement. L'engagement avec pacte commissoire qui prend fin rapidement, soit par un paiement soit par une acquisition en propriété, n'est pas ce que le langage familier appelle d'une expression heureuse, un placement de père de famille. C'est une opération qui ne comporte pas, il est vrai, de risques de perte, mais dans laquelle le prêteur s'expose à ne pas gagner, pour avoir trop pressé son débiteur qui se hâtera de le rembourser. Comme garantie d'une dette antérieure c'est une sûreté parfaite, comme placement c'est une opération trop rapide.

Un homme d'affaires qui s'occupe activement de faire fructifier ses capitaux pourra préférer ces prêts à court terme qui lui rendent à chaque moment son argent pour une utilisation nouvelle. Pour l'abbaye c'est un inconvénient. Les moines ne tiennent pas à avoir à s'occuper continuellement de chercher de nouveaux placements ; ce qu'il leur faut c'est un placement durable. On le comprendra mieux quand pour la période suivante le registre d'Eude Rigaud nous permettra de pénétrer dans l'administration des finances du monastère.

Telle est sans doute la raison qui a fait disparaître de l'engagement le pacte commissoire : on a voulu allonger autant que possible la durée de la jouissance de l'engagiste. Et il ne faut pas croire que c'est seulement au XI⁰ siècle que cette tendance se fait sentir. Quand au IX⁰ siècle l'abbaye de Redon fait des prêts sur gage, elle obéit déjà aux mêmes préoccupations. Sans doute il y a encore dans ces engagements un pacte commissoire, mais le terme en est reculé à une date généralement très lointaine et le débiteur ne peut d'ailleurs, pas plus que dans la plupart de nos gages normands, rembourser quand il le veut.

Il est dit généralement que la propriété n'appartiendra à l'engagiste qu'au bout d'une période de 9 ans, plus souvent 15 ou 18, plus souve: ' encore 21. Cette longue période est elle-même divisée en plusieurs délais égaux, généralement trois. Par exemple au bout de 7 ans le débiteur aura la faculté de rembourser ; s'il ne le fait pas, une nouvelle période de 7 ans commence pendant laquelle la jouissance de l'engagiste ne peut pas être interrompue par un paiement, et ainsi de suite. C'est seulement si le remboursement n'a pas lieu à l'issue de la troisième période que l'engageant perd sa propriété (1).

Ainsi pratiqué, le prêt sur gage devient pour une abbaye un placement durable et commode. Les moines de Redon du IX⁰ siècle, comme les moines normands des XI⁰ et XII⁰ siècles, désirent non pas être remboursés, mais faire durer leur jouissance le plus longtemps pos-

(1) Coursou, *Cartulaire de l'abbaye de Redon*, nᵒˢ 31, 68, 73, 135, 169, 170, 193, 207, 265. Tous ces actes sont du IX⁰ siècle.

sible. Y a-t-il une différence essentielle de nature entre ce gage avec pacte commissoire au bout de 21 ans et le mort gage normand avec prescription de la propriété par 30 ans ? Il nous semble qu'on suit ici très bien l'évolution de l'engagement. Nous ne sommes pas éloigné de croire que c'est la pratique des abbayes qui, pour en faire un mode de placement adapté à leurs besoins, a ainsi transformé petit à petit l'ancien gage franc jusqu'à disparition complète du pacte commissoire. C'est une évolution purement économique et dans laquelle les principes féodaux n'ont rien à voir.

Il est donc établi que l'engagement, pour répondre aux désirs de l'engagiste, doit durer le plus longtemps possible. Or nous savons d'autre part que, tant que le remboursement n'est pas effectué, l'engagiste jouit de tous les droits du propriétaire. *A priori*, on peut dire, par conséquent, que, malgré cette absence du pacte commissoire, son but sera toujours de consolider ses droits, de transformer sa possession en propriété. Il sera facile de vérifier sur les textes cette assertion que l'engagement n'est, au fond, pour les abbayes, qu'un moyen d'acquérir des immeubles à bon compte (1).

Mécaniquement d'abord, les monastères qui ont l'habitude de placer en engagements leurs capitaux mobiliers, doivent arriver à la propriété immobilière. Faute de paiement, en effet, le bien engagé devient par la prescription la propriété de l'abbaye. Or sur une quantité quelconque de gages, il en est toujours un certain nombre qui ne pourront pas être rachetés et qui resteront, d'une manière définitive, dans le patrimoine de l'enga-

---

(1) C'est ce qui a été d'ailleurs fort bien vu par Lamprecht. Cf. Lamprecht, *traduction Marignan*, p. 293.

giste. Quant au capital mobilier qui, par le remboursement des autres, rentrera dans la caisse du créancier, il
ne peut être employé par lui qu'en acquisition d'immeubles ou en engagements nouveaux, et les mêmes résultats se reproduisant, il est inévitable que chaque série
d'engagements transforme en immeubles une certaine
partie des ressources mobilières de l'engagiste.

Mais, en dehors même de cet effet mécanique, il est
visible que l'engagement est regardé par les abbayes qui
l'emploient, moins comme un placement mobilier que
comme un moyen de faire dans de bonnes conditions
des acquisitions d'immeubles.

On pourrait être tenté d'en donner comme preuve le
grand nombre des actes dans lesquels nous voyons l'abbaye engagiste acheter la propriété entière de l'immeuble
engagé. Sans doute par eux-mêmes ces actes font preuve
de l'existence des opérations dont nous parlons. Mais il
ne faudrait pas tirer argument pour la fréquence de ces
achats, de la proportion des engagements qui sont venus
à notre connaissance par des actes de cette nature. C'est
parce que, avons-nous dit en effet, le gage aboutit à une
aliénation en toute propriété et quand il y aboutit qu'il
devient intéressant pour l'abbaye d'en conserver le souvenir ; au contraire, le gage qui est terminé par un remboursement n'offre plus, une fois l'opération terminée,
aucun intérêt (1).

Mais d'autres chartes montrent directement les efforts
faits par les abbayes pour acquérir la propriété des biens
engagés.

Un mari ayant engagé, sans le consentement de sa

(1) Cf. *supra*, p. 18.

femme, une part d'église qu'il lui avait antérieurement assignée en douaire, cette dernière devenue veuve avait réclamé son bien à l'engagiste, l'abbaye du Mont Saint-Michel. Les moines, voyant leur échapper un bien auquel ils tenaient et qu'ils avaient bien espéré retenir un jour en toute propriété, font des offres d'achat au fils de l'engageant défunt (cela après la mort de sa mère). Et celui-ci finit par consentir à la vente (*victus pretio atque orationibus quas pro meo antecessore assidue faciunt, quas, si aliter facerem, ei auferem*) (1).

Il est visible dans ce cas que l'abbaye du Mont Saint-Michel, en prenant l'immeuble en gage, avait pour but d'en acquérir un jour la propriété. Ce désir s'explique d'ailleurs ici très bien étant donnée la nature du bien engagé : une église.

Raoul et Roger de Martrei engagent à l'abbaye de Saint-Wandrille pour 20 livres de Rouen la moitié d'une église pour une durée de 20 années. Au bout de ces 20 ans seulement le rachat pourra avoir lieu, encore devra-t-il être effectué par les engageants eux-mêmes de leurs propres fonds et non par un parent (2) ; ce qui signifie sans doute qu'on leur ôte la possibilité d'emprunter pour dégager, c'est-à-dire de changer de créanciers pour augmenter la durée de la prescription. Cette clause a évidemment pour but de faire obstacle au rachat. Ici encore l'abbaye en engageant se propose bien d'acquérir la propriété de l'église engagée.

Maurice, fils de Corbuzzon, avait engagé à l'abbaye de la Sainte-Trinité du Mont de Rouen un ensemble de biens de la villa de Gruceth. Etant dans l'impossibilité de rem-

---

(1) Cart. du Mont Saint-Michel. f° 68 v°.
(2) Cart. de Saint-Wandrille, f° 329 v°.

bourser, il abandonne à l'abbaye une part en toute propriété pour recouvrer l'autre. Mais les moines comptent bien cependant que la portion qu'ils lui rendent leur reviendra quelque jour et, pour se l'assurer, ils stipulent que ces terres ne pourront être vendues ni engagées à d'autres qu'à eux. *Ea igitur ratione haec ei largitus est abbas, ut nulli ex his quæ sibi dimisit neque vendere neque invadiare habeat potestatem nisi monachis Sanctæ Trinitatis* (1).

Enfin même les gages consentis à des tiers deviennent pour les monastères une occasion d'acquérir des immeubles. Nous les voyons se faire céder soit par le créancier, soit par le débiteur les biens engagés et, désintéressant l'autre partie, les conserver en toute propriété (2). Quelquefois même le débiteur engageant sa terre à un particulier, stipule que l'abbaye pourra les racheter (3).

Tout concourait à faire du mort gage un moyen d'acquisition pour les moines. Qu'un débiteur ayant engagé un immeuble soit à l'abbaye elle même, soit à un tiers, se vît dans l'impossibilité de le racheter, que valait pour lui ce droit de rachat? Pour l'exercer, il lui fallait trouver un autre créancier et changer sa terre de mains sans voir croître son espérance de la jamais recouvrer. N'était-ce pas là une excellente occasion de faire à bon compte une libéralité *pro remedio animæ*? On engageait sa terre sans indication de terme et on ne se préoccupait plus de la

(1) Cart. de la Trinité du Mont de Rouen, n° 75.

(2) *Id.*, n°ˢ 53, 59, 36, 47, 51. Cart. de Saint-Pierre des Préaux, n°ˢ 74, 81.— Arch. Eure, H 1032 (prieuré de Sausseuse, fin XIIᵉ s.).— Livre blanc, de Saint-Martin de Sées, n°ˢ 193, 247. Cart du Mont Saint-Michel, fᵒ 76, 83, 101, 113 vᵒ, 114 vᵒ, 115 vᵒ, 116 vᵒ. Cart. de Saint-Wandrille, fᵒ 314 rᵒ, 324 vᵒ.

(3) Cart. du Mont Saint-Michel, fᵒ 38 rᵒ

racheter ; vienne une maladie grave on avait là l'objet
tout indiqué de ces libéralités obligatoires à un établissement religieux, à défaut desquelles les *catalla* de l'intestat étaient à la disposition de l'évêque (1).

Rainaldus, fils de Hugo, avait engagé pour 100 sous de
mançois une terre à l'abbaye du Mont Saint-Michel, *sed
cum non post multum tempus isdem Rainuldus infirmaretur et ingravescente incommodo ad extrema duceretur*, il
donne la toute propriété de cette terre aux religieux (2).

De toutes façons donc l'engagement est moins un placement mobilier qu'une acquisition d'immeubles. L'achat
de terres est en effet à cette époque, et malgré les per-
fectionnements apportés au gage par la suppression du
pacte commissoire, le seul placement durable et c'est un
placement durable que recherchent avant tout les religieux. Leur règle d'administration n'est-elle pas l'inaliénabilité de leurs biens ? ce qui est entré une fois dans le
patrimoine de l'abbaye n'en doit pas sortir.

(1) *Histoire du testament en droit canonique* (Cours professé par M. Esmein à l'Ecole des Hautes études, année 1899-1900).
(2) Abb. du Mont Saint-Michel, app. nᵒ III.

CHAPITRE IV

DISPARITION DU MORT GAGE DE LA PRATIQUE DES ABBAYES.

Nous avons assigné comme terme final à la période des
prêts sur gage faits par les abbayes normandes les premières années du XIIIᵉ siècle. On a pu se convaincre en
effet par les exemples que nous avons recueillis qu'après
la fin du XIIᵉ siècle les engagements se font bien rares.
Nous avons une charte de 1207 pour la commanderie des
Templiers de Renneville (1), M. Delisle indique un autre
exemple de 1250 (2), enfin le cartulaire de l'abbaye de
Montmorel en contient deux du milieu du XIIIᵉ siècle (3).
C'est l'histoire de cette désuétude et de ses causes qui
doit être étudiée maintenant en quelques mots.

On a vu ce qu'était le mort gage pour le débiteur : un
moyen de crédit très onéreux et très dangereux, se terminant souvent par la perte de l'immeuble engagé.
C'est surtout un prêt de pure consommation, or l'Église
a toujours poursuivi cette espèce de prêts de ses malé-
dictions (4), se montrant au contraire moins sévère pour
ce que les canonistes postérieurs appelleront le prêt de

(1) *Archives Nat.*, S. 4996, B., nᵒ 91 (ancien classement série 32, nᵒ 35).
(2) Delisle, *Etudes sur la condition des classes agricoles*, p. 209.
(3) Cart. de Montmorel, nᵒˢ 261, 262 (1247 et 1248).
(4) Saint Ambroise, *De Tobia*, ch. 4, 6 et 11. Saint Basile, *Contra fœne-
ratores*, ch. 4. Cf. *La prohibition du prêt à intérêt en droit canonique*
(cours professé par M. Esmein à l'Ecole des Hautes Etudes, année 1900-
1901).

commerce (1). On ne s'étonnera donc pas que l'église soit intervenue pour prohiber le mort gage (2).

Dans la seconde moitié du XIIe siècle, le pape Alexandre III (1159-1181) dans un concile tenu à Tours interdisait le mort gage comme entaché d'usure. Cette décrétale s'adresse aux seuls clercs et particulièrement aux religieux :

Plures clericorum et, quod mœrentes dicimus, eorum quoque qui præsens sæculum professione vocis et habitu reliquerunt, dum communes usuras quasi manifestius damnatas exhorrent, commodantes pecuniam egentibus, possessiones eorum in pignus accipiunt et provenientes fructus percipiunt ultra sortem, idcirco, etc. (3).

Elle menace les contrevenants de la peine de la déposition et ordonne que dans tous les cas les fruits perçus soient déduits du capital.

La décrétale suivante au même titre ordonne également que pour les gages consentis à des laïcs la même

(1) Cardinal de la Luzerne, *Dissertations sur le prêt de commerce.*

(2) Déjà avant la prohibition du Saint-Siège dont nous allons parler et dans les monastères mêmes l'opinion d'une élite était défavorable à cette pratique du mort gage. Orderic Vital raconte qu'en 1091 un prêtre de Saint-Aubin de Bonneval étant appelé la nuit à administrer un malade rencontra dans la campagne une troupe de damnés. L'un d'eux lui dit : *Ego sum Guillelmus de Glotis, filius Baronis, qui famosus fui quondam dapifer Guillelmi Bretoliensis et patris ejus Guillelmi Herfordensis comitis. Præjudiciis et rapinis inter mortales anhelavi multisque facinoribus plus quam referri potest, peccavi : cæterum super omnia me cruciat usura. Nam indigenti cuidam pecuniam meam erogavi et quoddam molendinum ejus pro pignore recepi ipsoque censum reddere non valente, tota vita mea pignus retinui et, legitimo herede exheredato, heredibus meis reliqui. Ecce candens ferrum molendini gesto in ore, quod sine dubio mihi videtur ad ferendum gravius Rotomagensi arce. Dic ergo Beatrici uxori meæ et Rogerio filio meo ut mihi subveniant et vadimonium unde mutlo plus receperunt quam dedi velociter heredi restituant.* Orderic Vital, livre VIII, ch. 17 : ce livre VIII a été écrit en 1133 ou 34.

(3) C. 1, X, *De usuris,* V, XIX.

déduction soit effectuée (1). L'autorité ecclésiastique doit
y tenir la main : *Ad eadem pignora restituenda sine usurarum exactione ecclesiastica districtione compellas.*

Un peu plus tard des exceptions étaient apportées au
principe : la première pour le cas où le bien engagé à
l'abbaye ou à l'église appartient à celle-ci et est injuste-
ment détenu par l'engageant (2) ; la seconde au cas où le
bien engagé relève de l'abbaye car si pendant l'engagement l'abbaye perçoit les fruits en revanche elle ne touche
pas les redevances dues par la terre auparavant et qui
constituaient le prix de la jouissance du tenant (3).

Cette intervention du Saint-Siège date d'une époque
où, comme nous l'avons vu, la pratique du mort gage était
générale au moins dans nos abbayes de Normandie.
Pouvait-elle avoir le résultat attendu ? Dans beaucoup
de pays on essayera de tourner la prohibition et cela par
deux moyens.

Le premier consiste à changer la conception juridique
de l'acte, à analyser en une vente à réméré ce trans-
port à temps des droits du propriétaire : ce qui ne chan-
geait que la forme. La vente à réméré en effet n'est pas
une opération usuraire. Elle est seulement présumée cacher un véritable contrat usuraire de mort gage quand
par exemple le prix de vente est manifestement inférieur
à la valeur réelle du bien (4).

Mais nous n'avons pas à insister sur cette fraude car

---

(1) C. 2, *Decretales*, V, XIX.
(2) C. 1, *De usuris, in fine*, glose sur le mot *beneficium*.
(3) C. 8, *Decretales*, V, XIX. C. 1, III, XX, *De feudis*. Il y a une troisième exception au cas où un père donne en attendant le paiement de la
dot un immeuble à sa fille. C. 16, *De usuris*, Olim I, 449. Cf. Glasson, *Histoire des institutions de la France*, VII, p. 667.
(4) C. 5, *Decretales*, III, XVII, *De emptione et venditione.*

elle ne fut pas, à notre connaissance, pratiquée en Normandie.

Un autre moyen plus simple et plus naïf d'échapper à la prohibition fut employé par certains monastères. L'abbaye de Saint-Victor de Marseille fait renoncer le débiteur au bénéfice de la décrétale qui lui permettait de faire imputer les fruits sur le capital (1). Mais c'est là un cas exceptionnel et d'ailleurs la Normandie ne nous a rien montré de semblable.

En réalité il ne semble pas que dans notre province on se soit occupé de tourner la loi canonique : elle est observée par les uns, franchement violée par les autres.

Le caractère usuraire et par suite illicite du mort gage est reconnu et proclamé dans le chapitre *de usuris* de la *Summa de legibus* au milieu du XIII° siècle (2).

Tercius autem modus est de mortuo vadio... si quis terram suam in vadium pro XX libris tradiderit alicui, quod de ejus proventibus percipit commodator ultra dictam pecuniam, que integre reddenda est, pro usura reputatur (3).

Mais quelle est la sanction de la prohibition ? Est-elle seulement dans les peines qui frappent l'usurier à sa mort : confiscation de ses meubles au profit du duc, refus d'inhumation en Terre Sainte etc. ? Ou bien y a-t-il une sanction civile, comme le veut la décrétale du pape Alexandre, c'est-à-dire le débiteur peut-il devant les tri-

----

(1) Cart. de Saint-Victor de Marseille, n° 1117. *Fructus tibi in sortem vel in pagam non computabo et specialiter renuncio illis legibus et decretis et decretalibus quæ dicunt sortem per perceptos fructus ex pignore relevari.* Cf. Glasson, *Histoire des institutions de la France*, VII, p. 667.

(2) Il n'en est pas encore question dans le très ancien coutumier, mais on ne peut tirer argument de son silence.

(3) *Summa de legibus*, ch. XIX, § 4.

G. — 6

bunaux en réclamant son bien par le bref de fief et de gage faire déduire du capital à rembourser le total des fruits perçus ?

Il est évident que si cette dernière sanction est appliquée, c'en est fait du mort gage, car les débiteurs ne manqueront pas de se servir de ce moyen pour diminuer leurs charges. Tel était l'état du droit dans les pays voisins du nôtre. Beaumanoir dit dans les termes les plus clairs : *se cil qui ainsi preste* (1) *à mort gage veut pledier de l'usure, toutes les despueilles que li useriers leva sont rabatues de sa dette* (2).

Cependant le système de l'unique sanction pénale, par les peines générales de l'usure, peut aussi être admis. En Angleterre au témoignage de Glanville les tribunaux séculiers reconnaissaient la validité du mort gage (3). C'est aussi ce qui nous semble probable pour la Normandie.

D'abord et bien que la *Summa* déclare le mort gage usuraire — et il ne faut pas oublier que l'auteur de ce coutumier est, selon toute vraisemblance, un clerc — il n'est en aucun endroit déclaré, comme cela est fait par exemple dans Beaumanoir, que le débiteur pourra réclamer la déduction des fruits perçus.

De plus si nous considérons les termes mêmes des formules pour le bref de fief et de gage et les explications qu'en donne le coutumier, nous voyons qu'on n'y fait allusion qu'au mort gage et que rien dans les questions posées aux jurés ne se rapporte à la durée de la jouissance de l'engagiste et à la somme des fruits qu'il a perçus.

---

(1) Il faut lire : emprunte.

(2) Coutumes de Beauvaisis, Ed. Salmon, ch. LXVIII, n° 1931, II, p. 474 et 175.

(3) Glanville, X, ch. VIII, § 6. Ed. Philips, II, p. 130.

Ces formules sont, il est vrai et nous l'avons dit, plus anciennes que le coutumier qui nous les fait connaître ; mais elles étaient usitées de son temps puisqu'elles y figurent et elles sont inapplicables au vif gage (1).

Passant des formules aux cas concrets on peut voir dans le recueil de M. Delisle des jugements de l'échiquier du XIIIe siècle admettant le mort gage :

En 1213 Robert Bonvallet réclame à Geoffroi de Mcherenc une terre qu'il prétend lui avoir engagée, ce dernier soutenant au contraire qu'il en est propriétaire. On applique la procédure ordinaire du bref de fief et de gage et la *recognitio* a lieu par les douze jurés du voisinage dont voici la déclaration : *dicunt quod est vadium invadiatum pro XXIX libris cenomannensium.* En conséquence l'échiquier donnant gain de cause au demandeur juge que *Robertus habeat terram... et reddat domino regi predictos denarios* (2). Comme on le voit, la somme qui est confisquée au profit du roi, celle qui était due par le débiteur au créancier gagiste, est exactement celle pour laquelle le bien avait été engagé.

En 1248 Raoul de Montigny tenait en gage du comte Robert un moulin sur lequel, prétendait-il, 140 livres lui étaient dues. Le débiteur affirmait au contraire avoir déjà payé la moitié de cette somme : *finem fecerat (avait fait fin,* dit le texte français) (3), ce qui fait allusion à un paiement en argent comptant mais ne saurait, sans forcer le sens naturel des mots, être interprété en ce sens que

---

(1) Cf. *supra*, p. 10 sqq.

(2) Delisle, *Recueil de jugements de l'échiquier de Normandie*, n° 122, p. 32.

(3) Marnier, *Arrêts de l'échiquier* (dans *Etablissements et coutumes, assises et arrêts de l'échiquier de Normandie*, p. 115).

le créancier avait touché déjà en fruits, en revenus du moulin une somme de 70 livres (1).

Tout nous porte donc à penser que, faute d'une sanction civile efficace, le mort gage fut encore usité après la prohibition pontificale : mais seulement, avons-nous dit, parmi les laïcs (2).

Les traces du mort gage dans les archives des abbayes font en effet presque totalement défaut au XIIIᵉ siècle alors qu'avec cette période commence précisément l'abondance des chartes. Il semble donc bien que les monastères se sont plus tôt que les laïcs conformés aux prescriptions du Saint-Siège ; et cela n'a rien que de fort naturel. Il ne faudrait pas, il est vrai, accorder une importance trop grande à cet argument tiré du silence des textes. Les religieux pourraient bien avoir persisté dans leur pratique antérieure tout en prenant pour dissimuler leurs opérations usuraires quelques faciles précautions. La première et la plus élémentaire serait de cacher les contrats ainsi passés, donc de détruire les chartes une fois les opérations liquidées, en tous cas de ne pas les recopier dans leurs cartulaires. Il est remarquable justement que les seuls exemples de mort gage que nous pos-

---

(1) Delisle, *Recueil de jugements*, nº 719, p. 163.

(2) Il ne faut oublier d'ailleurs que le prêt à intérêt a continué d'être en usage, malgré les prohibitions répétées, pendant toute la durée du moyen âge. Nous avons cité l'exemple de cette coutume usuraire de Saint-Marcouf qui se maintint jusque dans le premier quart du XIIIᵉ siècle (cf. *supra*, p. 58, n. 2). Nous voyons dans le registre d'Eude Rigaud que l'abbaye de Saint-Pierre des Préaux devant 400 livres à titre d'intérêts ne sait pas si elle sera ou non obligée de les payer. *Item debent cuidam Judeo 400 libras de usura pura et nesciunt utrum immunes erunt a debito eodem vel persolvent.* Les religieux ne sont donc pas certains de pouvoir faire admettre la nullité de leur dette.

sédions pour le XIII° siècle nous soient connus non par les cartulaires, mais par des originaux (1).

Cependant il y a de bonnes raisons de croire que le mort gage ne s'est pas seulement dissimulé, mais a réellement disparu. D'abord nous ne voyons pas qu'on ait recours à des fraudes comme celle de la vente à réméré par exemple. En second lieu si les monastères avaient voulu continuer à pratiquer le mort gage, ils auraient pu le faire ouvertement dans une certaine mesure, tout en respectant les ordres du pape : il est en effet permis par le même Alexandre III qui interdit le mort gage d'une manière générale, de le pratiquer pour les terres qui sont *de feudo monasterii* (2).

Il est donc certain que les religieux ont bien abandonné la pratique des engagements. Il est certain également, puisqu'ils ont renoncé aux engagements même aux cas où l'opération continuait d'être licite, que d'autres raisons les y ont poussés que l'obéissance aux ordres de la papauté.

C'est qu'à cette époque et depuis le début du XIII° siècle existe un nouveau mode de placement pour les capitaux mobiliers des monastères, la rente, qui a sur l'ancien engagement de nombreux avantages et que nous allons maintenant étudier.

Sans doute le mort gage se maintint encore : il était nécessaire dans certains cas, comme le fut toujours le prêt à intérêt pur et simple qui ne disparut non plus jamais complètement, pour des emprunts remboursables

(1) La compilation que l'on connaît sous le nom de cartulaire de Montmorel est un recueil d'originaux fait par un archiviste du département de la Manche, M. Dubosc.

(2) Cf. *supra*, p. 80.

à court terme et comme garantie d'obligations antérieures. Mais il sort de la pratique des monastères parce qu'il est remplacé par un placement aussi sûr et qui offre l'avantage essentiel aux yeux des moines : la perpétuité.

DEUXIÈME PARTIE

LA RENTE

CHAPITRE PREMIER

DÉFINITIONS ET CLASSIFICATIONS.

La deuxième période que nous avons distinguée dans
l'histoire du crédit fait par les monastères normands est
marquée par l'emploi de ce mode nouveau : la vente de
la rente perpétuelle. Nous évitons à dessein d'employer
le mot plus moderne de constitution de rente, car, comme
on le verra, il y a des ventes de rentes déjà constituées,
déjà existantes, et qui n'en sont pas moins des modes de
crédit. D'ailleurs les actes auxquels on pourrait donner
le nom de constitutions de rente se présentent toujours
sous la forme de ventes. C'est ainsi que l'opération est
analysée par le droit canonique (1) et par le droit séculier (2) jusqu'au Code civil, qui le premier fit de la

---

(1) Durand de Maillane, *Dictionnaire de droit canonique*, V° *Usure*, II,
p. 890 ; J. Devoti. *Institutionum canonicarum libri IV* (L. IV, titre XVI,
n° 19) : *Sunt etiam usurarum expertes census, per quos emitur jus percipiendi fructus ex certo fundo.*

(2) Pothier, *Traité du contrat de constitution de rente*, Article préliminaire : « Ces constitutions de rente soit perpétuelle, soit viagère, qui se
font pour le prix d'une somme d'argent, sont des espèces de contrat de

constitution de rente une variété du prêt à intérêt (1).

Quand on parle de rentes dans le droit français de la fin de l'ancien régime une classification s'impose en rente foncière et rente constituée: la première est la contre-prestation fournie en échange de la propriété d'une terre : le bailleur est censé s'être réservé sur l'immeuble un droit réel à une portion de revenus (*census reservativus*); la seconde est la contre-prestation fournie en échange d'un capital mobilier, c'est un droit personnel garanti par un immeuble dont le revenu est spécialement affecté au paiement des arrérages, sur lequel la rente est assignée (*census consignativus*). Il y a donc entre les deux rentes une double différence, l'une tenant à son mode de formation, l'autre au caractère du droit du crédi-rentier. De ces deux différences la première est aussi ancienne que la rente elle-même, la seconde au contraire n'existe pas avant le XVI° siècle (2) (bien que dès le XIII°, comme nous le verrons, on arrive à donner à l'acheteur de rente, mais seulement par des détours et des clauses accessoires· une créance sur la personne du vendeur).

A la distinction résultant du mode de création de la rente répond une distinction dans le rôle économique de l'une et l'autre variété.

La rente foncière est pour le crédi-rentier une mise en valeur d'un immeuble, quelque chose comme un bail à ferme perpétuel, pour le débi-rentier un moyen de se

vente : c'est pourquoi ces contrats doivent être placés à la suite du contrat de vente. »

(1) Code civil, art. 1909 : « On peut stipuler un intérêt moyennant un capital que le prêteur s'interdit d'exiger. Dans ce cas le prêt prend le nom de constitution de rente. »

(2) Viollet. *Histoire du droit civil français*. p. 682.

procurer des terres à cultiver pour un long temps et sans avoir à débourser un capital pour l'acquisition. La rente constituée est pour le crédi-rentier un placement de capitaux mobiliers et pour le débi-rentier un emprunt à terme indéfini.

On concevrait donc que la seconde pût nous intéresser à titre de mode de crédit, et que nous n'eussions pas à nous préoccuper de la première. La question n'est cependant pas aussi simple que cela.

Supposons une rente déjà créée, par l'un ou l'autre mode d'ailleurs, mais ayant déjà une existence certaine. Cette rente pourra comme tout autre immeuble faire l'objet d'une donation, d'une vente, d'un échange. Or qu'est-ce que la vente d'une telle rente, sinon l'échange d'un capital immédiatement versé contre le droit à la *pensio annua* payable par le tenant d'une terre, droit qui faisait jusqu'alors partie du patrimoine du vendeur? C'est l'échange d'une richesse actuelle contre une richesse future, donc une opération de crédit. Il n'y a pas lieu de distinguer entre la rente antérieurement existante et celle qui est nouvellement créée pour être vendue. Qu'importe au créancier que la rente qu'on lui vendait 10, 15, 20 années d'existence ou qu'elle prenne naissance au moment même du contrat? Il en résulte que nous devons étudier à la fois toutes les ventes de rente sans distinguer entre la foncière et la constituée.

Mais s'il importe peu au créancier qu'on lui donne en échange de son capital une rente ancienne ou une rente nouvelle, il n'en est pas de même du débiteur : seul pourra vendre une rente ancienne celui à qui il en est dû, celui qui est *dominus* de certaines terres. Au contraire, la rente nouvelle peut être vendue par celui qui n'a que le champ qu'il cultive.

Donc, si nous ne devons point nous servir de la classification d'usage en rentes foncières et rentes constituées,
mais seulement parler des ventes de rentes, nous distin-
guerons dans ces opérations les ventes de rente *ancienne*
et les ventes de rente *nouvelle*.

Nous n'avons pas eu d'ailleurs à inventer cette distinction. Elle est déjà employée par les canonistes qui, se
plaçant à un point de vue voisin du nôtre, discutent aux
XIIIe et XIVe siècles sur le caractère usuraire ou non
usuraire de la vente de rente. En droit canonique en
effet, la légitimité du bail à rente foncière, du *census reservativus* ne fait aucun doute, mais certains docteurs
avaient soutenu que le fait de grever sa terre d'une rente
perpétuelle en échange d'un capital constituait une opération usuraire (1). Cette doctrine fut rapidement abandonnée, cependant un des premiers commentateurs des
Décrétales, Sinibaldus Fliscus, qui fut pape sous le nom
d'Innocent IV, conseillait encore aux chrétiens de s'abste-
nir de cette opération suspecte ; mais il considère comme
parfaitement légitime au contraire de vendre et d'acheter des rentes déjà existantes : *sed certe ante consulen-
dum est omnibus fidelibus quod ab hujusmodi contractu
abstineant, scilicet quod de novo propter hoc constitutum
reditum... emant* (2).

D'autres canonistes postérieurs s'appuieront sur la similitude des deux opérations, dont l'une est sans aucune
hésitation permise, pour prouver la légitimité de l'autre.
C'est ce que dit Panormitanus : *sicut ergo potest quis...*

---

(1) Notamment Henri de Gand au XIIe siècle.
(2) Innocent IV, *Apparatus in V libros Decretalium*, in *c. in civitate*
V, XIX, *De usuris.*

emere annuum reditum jam constitutum ab antiquo, ita licitum est de novo constituere et emere 1).

Nous ferons donc rentrer dans le cadre de cette étude, tout en les distinguant, l'une et l'autre vente de rentes.

Ce sont deux opérations analogues, dont l'une a été, croyons-nous, copiée sur l'autre et qu'il faut étudier ensemble.

Les textes d'ailleurs les rapprochent à chaque instant. On voit le même individu donner à l'abbaye en échange de son capital tantôt des rentes anciennes et tantôt des rentes nouvelles; parfois même dans un seul et même acte.

Guillaume le Paumier ayant besoin d'argent vend à l'abbaye de Silly en mai 1257 six sous tournois de rente *super omne tenementum quod teneo de predictis canonicis in parrochia de Auberico le Pantoul* (2) ; c'est une rente nouvelle ; en 1260 il vend aux mêmes chanoines six sous tournois de rente *quos michi faciebat Nicholaus Paumier frater meus super unam peciam terre quam de me tenebat in parrochia Sancti Germani de Auberico le Pantoul* ; voilà une rente ancienne (3).

Jean Caillouel vend à l'abbaye de St-Amand de Rouen pour 100 sous tournois dix sous de rente, dont la moitié sur un tenement *quod habebam in parrochia Sancti Hylarii*, et l'autre moitié *in illo tenemento quod Iohannes predictus frater meus de me hereditarie tenebat*. La première est une rente nouvelle, la seconde une rente ancienne (4).

(1) Panormitanus, *Commentaria in V libros Decretalium in eod. cap.*, n° 7.

(2) *Archives de l'Orne*, H 1400.

(3) *Id.*

(4) Cart. de Saint-Amand de Rouen, n° 102, f° 33 v°, ao 1216. App. n° I.

Quant à l'application de notre distinction aux actes concrets, elle ne fait en général aucune difficulté. Les chartes indiquent presque toujours avec précision la personne chargée du paiement des arrérages, c'est-à-dire la personne qui, au moment de la vente de rente, tient le fonds. Si la rente est dite payable par le vendeur lui-même et ses héritiers, c'est qu'il est tenant de la terre grevée et que la rente est par conséquent une rente nouvelle (*percipiendos et habendos super* (tel ou tel fonds) *d iclos tot solidos dictis abbati et monachis a me et heredibus meis*). Si au contraire la rente doit être payée par un tiers, c'est une rente ancienne.

Quelques chartes cependant sont moins précises. Par exemple il est dit simplement que la rente doit être payée par celui qui tiendra la terre. Roger Torel, chevalier, donne aux chanoines de Sausseuse dix sous de rente sur ses prés de Merderel, *ita quod quicumque dicta prata tenebit dictos decem solidos ad dictum terminum annis singulis apud Salicosam persolvere tenebitur canonicis antedictis*. La terre était-elle déjà accensée moyennant une redevance égale ou supérieure à la rente vendue, ou était-elle encore aux mains du vendeur qui veut seulement par ces expressions prévoir le cas d'une aliénation future? Il est impossible de le dire avec certitude (1). Nous croirions plutôt qu'il s'agit d'une rente nouvelle, car si les prés en question avaient été tenus par un tiers, quelle raison y avait-il de ne pas le nommer comme on le fait habituellement?

(1) Archives de l'Eure, H 1023, ao 1237. *Id.* H 91. — Fragments de cartulaire de l'abbaye du Bec, f° 12 v°: *Stephanus dictus Recuchon miles* donne à l'abbaye 5 sous de rente *percipiendos singulis annis apud Beccum in festo beati Remigii de feodo meo de Seches Fontaines per manum illius qui pro tempore terram meam tenebit et possidebit*, 1238.

Dans d'autres chartes cette indication générale elle-même fait parfois défaut ; seul le nom de la terre grevée de la rente est indiqué (1). Dans ce cas il n'y a pas de raison de se décider dans un sens ou dans l'autre.

On peut d'ailleurs se consoler aisément de ces quelques incertitudes. Elles sont assez rares et nous avons conservé dans les archives et dans les cartulaires imprimés assez d'exemples de ventes de rentes et suffisamment précis pour que le manque de clarté de quelques-uns d'entre eux ne puisse éveiller aucun regret.

Si nous avons tenu à indiquer ces confusions possibles entre les deux rentes, c'est pour mieux faire sentir quelle parenté il y a entre elles. Nous voulions donner dès le début l'impression de cette similitude presque absolue entre les deux opérations, impression qui se dégage si nette quand on feuillette un cartulaire où l'on voit les achats de l'une et l'autre rente faits indifféremment et dans les mêmes formes par les abbayes. On comprendra mieux ainsi l'idée toute naturelle qui amène à faire sortir l'une de l'autre ces deux opérations semblables.

Nous étudierons donc concurremment la vente de rente ancienne et la vente de rente nouvelle, en recherchant dans trois chapitres :

Quelle est l'origine de l'une et de l'autre opération ;

Quelles en sont les clauses, et quels droits sont transférés au crédi-rentier, quels laissés au débiteur ;

Enfin quelle fut l'importance économique de ce mode de crédit.

(1) Andrieu, *Cartulaire de l'abbaye de N.-D. de Bon Port*, n°⁵ 245 et 280.

CHAPITRE II

La vente du droit à une redevance annuelle n'est pas au XIIIe siècle une nouveauté. Tout droit perpétuel rapportant des revenus périodiques est un immeuble et peut être l'objet de contrats divers. Nous avons vu précédemment que l'on pouvait engager, et par conséquent aussi vendre une dîme, ou une portion de dîme, des droits de moûte, etc. (1).

Mais il existe une classe particulière de redevances qui ne fait pas l'objet de contrats distincts avant le XIIe siècle et qui au contraire à partir de cette époque et surtout au siècle suivant prend un développement considérable ; c'est le cens ou rente payée par le tenant d'une terre au *dominus* en reconnaissance de ce qu'on commence dès lors à appeler la propriété directe ou éminente de celui-ci.

Antérieurement la rente ne fait pas l'objet de contrats distincts. Quand un *dominus* veut tirer parti de ses droits pour se procurer un capital, il ne vend pas séparément la rente qu'il a le droit de percevoir, il vend la terre elle-même ou, ce qui revient au même, le tenant de la terre qui paie la redevance ; c'est-à-dire qu'en même temps que la vente ou cens il vend tous les autres droits annuels ou casuels, toutes les prestations et corvées qui lui sont dues

____

(1) Cf. *supra*, p. 22.

par la terre, en un mot sa qualité même de *dominus* et tous les droits pécuniaires ou honorifiques qui y sont attachés (1). L'acheteur devient *dominus* du fonds vendu, c'est à lui qu'est rendu l'hommage (2).

On n'a donc pas encore eu l'idée de détacher du faisceau des droits du *dominus* le droit au cens pour l'aliéner en tant que valeur distincte. Le fait est certain. Quelle en peut être la raison ? Ce n'est pas qu'on ignore la possibilité de transmettre le droit à un revenu périodique, mais on ne donne, on ne vend que des droits ayant une

(1) *Donatio Wigerii de Torduit et uxoris ejus Osmodis de omni terra quam de illis tenebat Ebroinas de Pormort in Warcliva* (Cart. de la Trinité de Rouen, n° 72). Hugue de Flamenville vend *dimidiam terræ masuram quam tunc temporis quidam rusticus nomine Ulricus de illo tenebat*, 1060 (*Id.*, n° 31). Cf. *Id.*, n°ˢ 25, 46. Il faut se garder pourtant de confondre des donations de ce genre avec des confirmations par le seigneur de la donation faite par le tenant, et qui se présentent à peu près sous la même forme (Cart. de la Trinité de Rouen, n° 50).

La même opération peut se présenter sous une forme un peu différente: la vente ou donation du tenant, de la personne même qui doit les redevances : Roger Fresnel chevalier donne à l'abbaye de Saint-Evroul, *Balduinum Charuel cum omni tenemento quod de me tenebat. XIII videlicet acris terre et herbergagio habendum eisdem monachis in liberam et quietam elemosinam ab omnibus rebus ad me vel ad heredes meos pertinentibus, Pagano Fresnel domino meo hoc ipsum concedente et carta sua confirmante. Pro hoc siquidem tenemento tenentur predictus Balduinus et heredes sui solvere annuatim predictis abbati et monachis XX solidos turonensium vel monete currentis, X videlicet in festo sancti Remigii et X in festo sancti Ebrulfi* (sans date) (Cartulaire de Saint-Evroul (11055) n° 72).

(2) La prestation de l'hommage est mentionnée fréquemment dans ces ventes de terres, on sait en effet qu'en Normandie les terres roturières sauf les bordages étaient tenues par hommage (*Summa de legibus*, ch.26, *De teneuris*, cf. Coutume de Normandie de 1583, art. 101) : Fulko Mansel de Comendal chevalier vend à l'abbaye de Sainte-Marie de Cherbourg, *novem virgatas terre apud sanctum Vedastum... de quibus Rogerius Vavasor michi reddebat singulis annis tria quarteria frumenti ad mensuram sancti Vedasti quas de me feodaliter tenebat. Et inde hominagium ejusdem Rogeri prefati canonici, nichilo michi in illis retento, receperunt*, fin XII° siècle (Arch. Manche, H. 3423).

valeur pécuniaire importante, dîmes, tonlieux, droit de percevoir le *census* d'une localité entière (1) ; au contraire on n'aliène pas les quelques deniers de cens que paie une terre déterminée et qui sont une marque de la seigneurie plutôt qu'un réel profit. Le cens n'est qu'un des multiples droits, et non le plus important, que le tenant doit au *dominus* : il est trop minime pour que l'on pense à en faire l'objet d'une transaction distincte.

La modicité du cens est une chose certaine et indiscutable, quelles que soient les explications diverses qu'on en puisse fournir (2). Pour se rendre compte de son importance relative parmi les autres droits du seigneur, il suffit de jeter un coup d'œil sur quelques documents que M. Delisle a publiés dans son étude sur la condition des classes agricoles et en particulier sur le fameux conte des Vilains de Verson (3).

Ils doivent amener la pierre chaque fois qu'on en a besoin, servir au four et au moulin, aider les maçons quand on bâtit, à la Saint Jean ils ont à faucher les prés

(1) Dîmes, Cart. de la Trinité de Rouen, nᵒˢ 42, 43, 44, 57, 89. Cens, Cart. de Beaumont le Roger, nᵒ 1, B. fᵒ 12 vᵒ XIIᵉ siècle. *Notum sit omnibus matris ecclesie filiis tam presentibus quam futuris quod ego Willelmus filius Roberti Anchitilli in perpetuum. do et concedo et sigillo meo confirmo ecclesie Sancti Martini de Valle juxta Bellomontem de renta mea de Bellomonte viginti solidos Rothomagensis monete unoquoque anno. Testes... etc.* — Abbaye de Sausseuse (Arch. Eure, H. 1034) fin XIIᵉ s., *Notum sit... quod ego Hugo de Rupe dedi et concessi... in perpetuam elemosinam XX sol. par. apud Moncellos in censibus meis recipiendos a canonicis Salicose annuatim... ita quod si XX illi sol. non poterunt inveniri in censibus de Moncellis, de paagio meo ibidem suppleantur...*

(2) Pour les origines diverses que l'on peut assigner aux cens, cf. Viollet, *Histoire du droit civil français*, p. 074 (Impôt romain, redevances des colons ou des serfs, redevances foncières pour des concessions de terres).

(3) Delisle, *Etude sur la condition de la classe agricole en Normandie.* Appendice. p. 668.

et à rentrer les foins (1), ils curent le bief, en août ils font la moisson, sur leur propre récolte l'abbaye prélève le champart, à la foire du Pré et à Notre-Dame de septembre ils paient le porcage (2), à la Saint-Denis, ils doivent le *cens*, pour avoir droit de se clôturer ils ont à payer la porpresture, ils sèment et hersent les champs du seigneur deux fois l'an, ils doivent encore le bresage, le motonage, des corvées pour charrier le bois, etc.

On voit quelle place minime tient le cens au milieu de tous les autres droits. On conçoit que le seigneur n'ait pas eu l'idée de le vendre séparément, encore moins de le fractionner pour en aliéner une partie.

Cela ne pouvait se faire que si le cens prenait une importance plus grande et augmentant de valeur devenait la prestation la plus considérable des tenants au lieu d'être comme noyé au milieu des autres redevances et corvées. C'est ce qui se produit par les progrès de la culture et l'augmentation de valeur de la terre d'une part, de l'autre par l'introduction de la monnaie dans l'économie rurale et dans les rapports de *dominus* à tenant. Qu'on se rappelle l'état lamentable de la France entière aux Xe et XIe siècles et en particulier de la Normandie au lendemain de l'installation définitive des Normands. Les témoignages abondent dans les anciens chroniqueurs des efforts faits par les premiers ducs pour repeupler un pays

(1) Delisle, *loc. cit.*

    La pierre deivent amener
    Toz les jorz qu'il en est mestier, etc.

(2) *Id*.

    Se le vilein a huit porceaus
    Il en prendra les II plus beaus
    Et l'autre apres est au seignor...
    Del sorplus de queun 1 denier
    Il lor convient tot ce paier.

ravagé (1) : circonstances éminemment favorables à des concessions de terre moyennant des redevances insignifiantes à des hôtes ou immigrants (2) ; d'une part, les bras manquent et la terre abonde, de l'autre, la terre qu'il faut défricher, produit peu. C'est cet état économique qui favorise l'abolition du servage (3) en faisant appel aux serfs fugitifs devenus des hôtes ; c'est à lui que vraisemblablement il faut rapporter l'institution de cette tenure privilégiée, le bourgage.

Mais l'ordre ayant été rétabli, le pays repeuplé, les cultures successives ayant amélioré le rendement du sol, celui-ci acquiert une valeur plus considérable. Les villes se reformant, les seigneuries rurales commencent à expédier aux environs leurs produits, l'argent par suite commence à pénétrer dans les campagnes. Alors les seigneurs peuvent accenser de nouvelles portions de leurs domaines ; si quelque terre revient entre leurs mains par confiscation, déshérence ou autrement, ils en profitent, pour en élever le cens lors d'une nouvelle concession ; leurs tenants eux-mêmes sous-accensent une partie des terres qu'ils cultivaient et deviennent *domini* intermédiaires. Toutes ces concessions se font moyennant un cens plus élevé, souvent en argent, qui devient le plus important des profits du *dominus*. On peut alors songer à faire de la rente une valeur distincte, à la donner, à la

(1) Par la sécurité qu'il fit régner dans ses états, Rollon, disent les chroniqueurs, y attira les étrangers. Dudon de Saint-Quentin, liv. II. Duchesne, *Historiæ Normannorum scriptores*, p. 85.

(2) Voyez sur les hôtes. Lamprecht, *Etudes sur l'état économique de la France pendant la première partie du moyen âge*, traduction Marignan. Sée, *Les hôtes et les progrès des classes rurales en France au moyen âge*, *Nouvelle revue historique de droit français et étranger*, 1898, p. 116.

(3) Delisle, *Etudes sur la condition de la classe agricole*, p. 18.

vendre totalement ou en partie, en conservant le droit à tous les autres profits de la tenure.

Est-ce à dire que l'on va voir disparaître l'opération dont nous parlions précédemment, l'aliénation par le *dominus* de la terre elle-même, c'est-à-dire de l'ensemble de ses droits sur elle. Non certainement; les aliénations de ce genre sont encore fréquentes au XIII° siècle. Mais sous l'influence de cette transformation du cens elles prennent dans certains cas une forme nouvelle. Au lieu de vendre la terre *quam N tenuit de me* ou *hominem meum N*, comme cela se faisait auparavant, on vend la rente avec l'hommage, caractéristique des droits du *dominus* (1). Cela revient au même, mais on sent bien que parmi tous les profits que procure la terre la rente est devenue le plus important.

Quoi qu'il en soit, la vente de la rente ou de partie de la rente, séparée du fonds qui la doit, apparaît dans la seconde moitié du XII° siècle.

En 1185 Guillaume de St-Jean et sa femme confirment une donation de rente ancienne faite à l'abbaye de Savigny par Petronilla, veuve de Robert : *donationem unius*

(1) Abbaye d'Aunay, mars 1269 (Arch. Calvados, H 948) ; Raoul d'Oufières vend une rente ancienne de 7 quartiers d'orge, 1 pain et 1 poule *cum homagio*. Cartulaire de Saint-Sauveur-le-Vicomte, n° 409 : Nicole Renard de Torlaville vend à l'abbaye « diz souz tourneis d'anuel rente sur « Drouart du Hommet o l'ommage diceli qu'il devoit audit Nicole par la « reson d'un prei... qu'il tenoit dudit Nicole... ovecques toutes les autres « rentes et droitures et les appartenances que ledit Nicole avoit, povoit et « devoit aveir eudit Drouart par la reson du prei dessus dit » (1293). Cartulaire de Montebourg, n° 221 : Guillaume Bacon vend 14 boisseaux de froment, une poule et 10 œufs « una cum homagio Iohannis Hure de Man-« ner, que idem I. michi debebat annuatim pro tenemento, quod de me « tenebat... per homagium suum pro reddilu supradicto » (janvier 1262, n. s.). Cf. encore Cartulaire de la Luzerne, n°ˢ 121, 125, 135, 154.

modii frumenti annuatim reddendi in XII acras terre in tenemento Gisleberti de Londa apud Crisselou (1).

Ansellus d'Eu, chanoine de Rouen, donne à l'abbaye de Saint-Michel du Tréport pour un obit 40 sous de rente annuelle *de quibus percipient XX solidos a Willelmo filio Ouberti, a Borone de Barra quatuor solidos a R. de Miarana V solidos et duos capones, a Willelmo le Paumier VI solidos* (2).

Felicianus de Alpenes donne à l'abbaye 9 sous et des poissons en carême *quos michi debebat annuatim Willelmus Joisbert* (3).

Dans les premières années du XIIIe siècle ces donations ou ventes deviennent très fréquentes (4).

On pourrait peut-être objecter que les actes que nous donnons comme des ventes de rentes sont tout simplement sous cette forme nouvelle que nous indiquions plus haut des ventes de terres accensées ; la mention du droit le plus important, la rente, doit faire sous-entendre les autres, et il n'est pas vraisemblable, dira-t-on, que le *dominus* aliène sa rente sans abandonner en même temps les autres droits.

Sans doute à cette époque, où la terminologie juridique est peu précise, on ne peut affirmer que dans aucun cas la vente de la rente ne soit l'équivalent de la vente de la terre et de l'abandon de tous les droits du *dominus*. Nous avons des chartes qui prouvent le contraire (5).

(1) Cartulaire de Savigny, f° 30 r°, n° 107.

(2) Cartulaire de Saint-Michel du Tréport, n° 51, p. 87, sans date, fin XIIe siècle.

(3) *Id.*, n° 80, p. 70, fin du XIIe siècle.

(4) Cart. de Jumièges, n° 440, vente de 12 deniers (juillet 1212), n° 447, vente de 15 sous (1217), n° 454, vente de 12 deniers (1219), n° 457, 3 sous 6 deniers (1219), n° 458, 5 sous (1219) etc.

(5) Abbaye d'Aunay (Arch. Calvados, H. 781). Donation de 4 chapons,

Mais tel n'est pas certainement toujours le cas. Il arrive en effet que par un seul et même acte une personne vend à la fois une terre accensée et une rente ancienne due par une autre terre. Pourquoi cette différence de terminologie dans la même charte si lesdeux opérations sont absolument équivalentes (1) ?

D'autres chartes enfin nous prouvent clairement qu'un seigneur a pu vouloir vendre quelques-uns de ses droits tout en conservant les autres attachés à son titre de *dominus* : par exemple le droit de garde (2). Ou bien vendant la rente le *dominus* dira expressément qu'il entend conserver le *dominium* et la *justicia* (3). Nous voyons encore que le vendeur de la rente ancienne est demeuré le seigneur de la terre grevée puisqu'il est appelé peu après à confirmer la vente que son acheteur fait de cette même rente (4) ; or s'il y avait eu transfert de tous droits lors

4 pains et 40 œufs *in tenemento Willelmi... ita quod nichil retineo in eodem tenemento dicti Willelmi sed totum erit monachorum* (1239). *Id.* H. 935. Donation de 6 cen. quos Willelmus... *reddebat michi annuatim... pro dimidia acra terre et hanc... acram terre debet tenere de monachis... sicut de me antea tenebat* (s. d.).

(1) Cart. de l'abb. de N. Dame de Bon Port. n° 36 (1204). Abbaye de Barbery (Arch. Calvados, H. 1530). Hugo de Logis donne à l'abbaye *totum tenementum quod Robertus filius Roberti Werel tenebat de me, vavassoriam quam Fulco Rollebois tenuit de me apud Aumaisnil et reddilus et servicia de eadem vavassoria cum omnibus pertinentiis ; et servicia de tenemento quod tenebat Willelmus... Et preter hoc unum quarterium ordei, quem Roscelinus debebat michi annuatim* (1210).

(2) Abbaye de Lire (Arch. Eure, H. 506). Girardus de Auvernaio donne à l'abbaye *quicquid habebam et habere debebam in toto feodo quod Alexander de Valle tenebat de me, ita quod nichil retineo in dicto feodo nec in dicto Alexandro preter duos denarios de garda quando contigerit qui michi solventur per manum dictorum monachorum* (août 1234).

(3) Chartes de la Noë, IV, n° 100. Roger de Minières donne 5 sous de rente ancienne. *Sciendum est tamen quod ego in eadem vavassoria michi et heredibus mei retinui dominium meum et justitiam meam faciendam sicut de jure facere debebo* (1218).

(4) Abbaye de la Noë (Archives Eure, II. 683). 1212. *Ego Johannes de*

de la première vente de rente l'acheteur substitué aux droits du vendeur aurait tenu directement du *dominus* supérieur.

Et si malgré tout il semble difficile de supposer que celui qui vend toute la rente à laquelle il a droit reste *dominus* pour les autres prestations et les droits casuels, il est fort possible qu'il ait été d'usage de conserver à titre purement récognitif de la seigneurie une parcelle de la rente vendue. Nous avons des exemples de cette pratique : Guillaume d'Auquinville vend au prieuré de St-Cyr de Friardel huit sous et 4 deniers de rente sur huit sous et 6 deniers que la terre en question lui rendait annuellement (1). Ces deux deniers qu'il garde ne sont assurément qu'un cens récognitif de droit (2).

On pourrait ainsi s'expliquer comment il se fait que la *Summa de legibus* ne semble connaître d'autre opération que la vente de partie de rente ancienne : c'est par ce moyen que se crée ce qu'elle appelle la *teneura voluntaria*. Après avoir énuméré et défini dans son chapitre XXVI les diverses tenures le coutumier ajoute : *tenentur eciam quedam libera tenementa sine homagio et paragio in feodo laïcali.* Si quelqu'un ayant droit de percevoir 20 sous de rente *in feodo quod de ipso tenetur* en

Monteforti et Aaliz uxor mea gratam habemus et ratam donationem quam fecit Hugo Blanchard quondam castellanus ebroicensis abbatie de Noa de annuo reddilu quem ei vendideram apud Ebroicas, videlicet IIII sol. et dimidium turonensium quos michi reddebat Gislebertus Textor, etc.

(1) Cart. du prieuré de Saint-Cyr de Friardel, nᵒ 43.

(2) Cf. encore Cart. de Saint-Amand de Rouen, nᵒ 112, fᵒ 38 rᵒ Donation de 10 sous de rente ancienne *in feodo cuiusdam vavasorii mei videlicet Radulfi filii Elirandi de Sancto Jacobo et in suis heredibus, salvis aliis redditibus meis ex jure de eodem feodo michi pertinenti* (s. d. XIIIᵉ s.). Abbaye du Trésor (Arch. Eure, H. 1392). Raoul de Bofranc donne à l'abbaye 6 deniers par. et vend deux sous. 6 deniers par. de rente

vend 10, tout en conservant les 10 autres avec l'hommage (*sibi alios X solidos cum homagio retinendo*), le possesseur de la terre grevée la tient à la fois des deux personnes qui se sont partagé la rente, mais c'est le vendeur qui reste *dominus* et c'est à lui seul que sera fait l'hommage, la terre est tenue de l'autre pour moitié en *tenure volontaire* (1).

On voit que la *Summa* ne semble pas connaître l'hypothèse d'une vente portant sur la totalité de la rente. Sans doute n'était-elle pas pratique et conservait-on toujours une redevance, au moins récognitive de seigneurie.

Quel intérêt avait donc le vendeur de la rente à rester le *dominus* de la terre grevée? L'intérêt est évident quand il y a des droits casuels à toucher, le treizième et le relief entre autres, quand d'autres prestations, des corvées étaient dues par le tenant de la terre. Mais n'existait-il pas au XIII⁰ siècle en Normandie des *domini* n'ayant droit qu'à une rente et pour qui vendre la rente ou vendre la terre eût été une seule et même opération. C'est se demander si l'on distingue à cette époque comme on le fit plus tard une rente foncière et une rente seigneuriale (2).

Il est certain que dans d'autres régions la distinction est faite. Celui qui a baillé à surcens ou cens costier, dit

ancienne *assignatas super novem solidis annui redditus quos Guillermus dictus Baron de Furnis nobis debebat* (1247 juin).

(1) *Summa de legibus Normannie in curia laïcali*, ch. 26. *De teneuris*, § 8.

(2) Pothier, *Traité des cens*, chapitre préliminaire. C'est au XIII⁰ siècle précisément que s'établit la règle « cens sur cens ne vaut », qui est basée sur la distinction d'un cens, qui est féodal et d'une rente, qui ne l'est pas. « Un principe s'introduisit assez naturellement dans la féodalité pleinement hiérarchisée : c'est que celui-là seul qui tenait une terre noble ou libre pouvait conquérir par une concession de cette terre la qualité de seigneur féodal. C'est une idée qui apparaît au XIII⁰ siècle (Livre de Jostice et de Plet, XII, 15, § 10 : « Nus ne se doit fere sire de ce dont il doit estre sogiez ». Esmein, *Manuel d'histoire du droit*, p. 214 et 215.

Beaumanoir, la terre qu'il tenait lui-même à cens n'a pas
droit de lever l'amende de cens non payé ni d'opérer lui-
même saisie ; il doit se plaindre au seigneur du tresfons
qui seul peut agir (1).

Mais nous croyons qu'il n'en est pas de même en Normandie. D'abord, — ce qui s'oppose nettement au droit
du Beauvaisis, — celui qui a baillé sa terre à surcens
exerce lui-même la *justiciatio* et a droit à l'amende s'il
n'est pas payé au terme (2). En outre on peut faire remarquer que le droit normand, même à un stade postérieur,
ne connaît pour les deux opérations du bail à cens et du
bail à rente qu'un seul et même nom, la *fieffe* : ce qui
donne à supposer qu'à une époque ancienne il n'y aurait
eu qu'une seule et même opération. Quelques textes des
anciens coutumiers nous confirment dans cette opinion :
tout homme peut donner son tenement *in feodum* (3), le
nom de *dominus* est donné formellement par le très ancien coutumier à l'*homo de populo* qui a donné des terres à cens (4) ; si ce bailleur est astreint à payer le relief
pour les terres qu'il a gardées *in propria manu*, il aura le
droit de demander à son tenant l'aide de relief (5).

La *Summa de legibus* ne connaît qu'une seule tenure

(1) *Coutumes de Beauvaisis*, ch. 24, n° 704. Ed. Salmon. I, p. 359.
(2) Cart. de la Luzerne, n° 120, Jean Morin vend à l'abbaye 1 boisseau
de froment de rente *percipiendum... per manum Iohannis Morin cognati
mei... super duabus virgatis terre de feodo meo, quod teneo de predictis
religiosis... quas eidem J. Morin cognato meo in feodum et hereditatem
perpetuam tradidi et concessi. Et sciendum est quod predicti religiosi...
poterunt... in duobus virgatis terre supradictis... suam plenariam justiciam exercere pro predicto boissello frumenti habendo una cum antiquo reddilu suo* (1278, n. s.). Pour que Morin puisse transmettre à l'abbaye le droit de *justiciam exercere*, il faut qu'il le possède lui même.
(3) *Très ancien coutumier*, ch. 91, p. 101.
(4) *Id.*, ch. 47 § 3, p. 39.
(5) *Très ancien coutumier*, ch. 47 § 3, p. 39.

qui pourrait ressembler au bail à rente foncière ; c'est la *teneura voluntaria*. Or, nous l'avons vu, il n'y a qu'un moyen de créer une *teneura voluntaria*, c'est de vendre une partie de la rente payée par un tenant (1).

Enfin certaines chartes nous prouvent directement qu'un tenant ayant sous-accensé a droit à l'hommage de celui que nous appellerons le sous-tenant (2).

Nous sommes donc portés à croire qu'au XIII° siècle, ce que l'on a appelé plus tard le bail à rente foncière n'existait pas encore. Il se développera plus tard ; c'est un stade postérieur de cette évolution de la rente que nous esquissons : la rente devient non seulement le plus important des droits payés par le tenant, mais elle finit par supplanter les autres qui disparaissent dans les plus récents contrats de fieffe (3).

(1) *Summa de legibus*, ch. 26, § 8.

(2) Cart. de la Luzerne, n° 121. Jean Lemonnier vend à l'abbaye un boisseau de froment de rente ancienne à lui dû pour une terre tenue de lui *una cum homagio et omni alio jure et dominio*. Cf. *Id.*, n° 135.

(3) Terrien (1576) fait la distinction : « En deux manières le fons ou he-
« ritage est fieffé en Normandie : l'une est faite par le seigneur tenant fief
« en chef..... La seconde manière de fieffe est quand un heritage est prins
« à fieffe d'autre que du seigneur de fief par certaine rente à charge de
« payer la rente seigneuriale..... Et est telle rente simplement appelée
« foncière comme créée à cause de fons » (Commentaire du droit civil tant public que privé observé au pays et duché de Normandie. Chapitre *De fieffe de fons à rente*). Cette distinction est déjà connue au début du XV° siècle par la glose du grand coutumier en français qui, ne comprenant plus le texte, voit dans la *teneure de fons* une mention de la rente foncière alors que le coutumier oppose seulement d'une manière absolument générale la tenure de fonds à la tenure de rente (glose sur le ch. 28 de teneures). Nous avions cru un instant trouver le bail à rente foncière dans la *firma feodalis* ou *fiefferme* qui s'oppose dans la *Summa* à la *firma mobilis* ou bail à ferme (*Summa*, ch. 23 § 3 *bis*, et ch. 24 § 1). Mais la fiefferme doit l'hommage (Du Cange, V° *Feudofirma*, III, 264) et le relief (*Id.*, V° *Relevamentum*). Nous avons rencontré des exemples de fiefferme avec hommage en Normandie même (Abb. de Saint-Etienne de Fontenay. Arch. Calvados. H. 178).

Si la rente purement foncière n'existe pas on comprend dès lors l'utilité qu'il y avait à créer la vente de rente distincte de la vente du fonds. Le vendeur peut se procurer le capital dont il a besoin en conservant sa qualité de *dominus* et une partie des droits honorifiques et utiles qui y sont attachés. Il y a là déjà échange d'un capital contre des prestations futures donc une opération de crédit, mais beaucoup moins importante que la vente de rente nouvelle qui en est une imitation et à laquelle nous arrivons maintenant.

En vendant une rente ancienne, un *dominus* peut se procurer un capital, un *dominus* c'est-à-dire un homme d'une situation sociale relativement élevée, possédant en dehors de la terre ou du métier qui le fait vivre, des terres accensées à des agriculteurs ou des terrains bâtis accensés à des bourgeois dans une ville, en un mot, comme l'on dirait aujourd'hui, un rentier.

Comment donc pourra se procurer l'argent dont il a besoin, l'agriculteur qui n'a d'autre terre que celle qu'il cultive, qui doit des rentes, mais à qui nul n'en doit ?

Si son terrain a depuis la concession primitive augmenté de valeur, s'il rapporte notablement plus que les redevances dont il est chargé, le cultivateur ne pourra-t-il tirer parti de cette augmentation que par une aliénation totale ? Celui qui a sous-accensé une partie de ses terres a pu par la vente des redevances ainsi acquises se procurer un capital et cela sans abandonner tout droit sur le fonds accensé. C'est l'essentiel de la vente de rente ancienne. Ne sera-t-il pas possible de vendre une redevance sans un sous-accensement préalable, en conservant sur la terre non plus seulement les droits d'un *dominus*, mais tout droit de disposition et de jouissance ? Tel est le problème que résout la création de la vente de rente nouvelle.

Cette opération présente une difficulté, purement formelle d'ailleurs : comment peut-on vendre une rente qui n'existe pas encore, car c'est à cela que se ramène la vente de rente nouvelle ou constitution de rente. Aussi s'est-on demandé s'il n'avait pas été nécessaire de chercher un détour, pour donner par une opération préalable l'existence à la rente dont le vendeur veut grever sa terre, et si la vente de rente nouvelle, telle que les chartes du XIII\ :sup:`e` siècle nous la présentent, n'était pas la forme simplifiée d'une opération plus complexe.

Nous ne le croyons pas. A notre avis, il n'y a aucune raison de supposer que la vente de rente nouvelle ne soit pas la forme primitive de l'opération.

Nous allons le montrer en passant rapidement en revue les divers moyens détournés auxquels on eût pu avoir recours pour donner l'existence à la rente. A notre connaissance on peut logiquement en imaginer trois :

1° Accenser une partie de la terre et vendre la redevance ainsi obtenue.

2° Vendre la terre au seigneur, ou avec le consentement de celui-ci à un tiers, et la reprendre par un bail à cens.

3° Faire moyennant finance un faux titre récognitif d'une rente dont on suppose inexactement l'existence antérieure.

Or de ces trois moyens les deux premiers produisent des résultats différents de ceux que l'on attend d'une constitution de rente, le troisième seul atteint le but proposé, mais en fait il ne fut usité que d'une manière exceptionnelle.

A. Le premier moyen indiqué ramène la vente de rente nouvelle à une vente de rente ancienne. Ce fut d'ailleurs, nous l'avons dit, un cas fréquent que celui du tenant qui sous-accense une portion de sa tenure et qui plus tard, ayant besoin d'argent, vend la rente ainsi obtenue. Mais il y a là deux opérations distinctes et dont chacune se suffit à elle-même. En baillant sa tenure à surcens le tenant ne songeait pas à vendre la redevance, mais bien à en profiter personnellement. C'est sous l'influence de circonstances nouvelles que la vente de la rente est décidée. Aucun des exemples que nous avons eus sous les yeux ne nous autorise à voir dans le sous-accensement à un tiers suivi de la vente de la rente un détour pour arriver à une vente de rente nouvelle. Et ce détour aurait en effet pour résultat de priver le cultivateur d'une partie de la terre qui le fait vivre. La vente de rente nouvelle, au contraire, a précisément pour utilité principale de permettre au cultivateur de conserver sa terre en aliénant seulement une part des revenus. Il est donc inutile d'insister sur ce premier point.

B. Le second mode de création d'une rente exigera un peu plus de développements pour deux raisons: d'abord on ne peut lui faire le même reproche qu'au précédent, car il permet au cultivateur de conserver sa terre, en second lieu c'est dans ce moyen qu'une opinion généralement admise voit l'origine du contrat de constitution de rente : par une sorte de contraction au lieu de la vente d'une terre suivie d'une reprise à cens on aurait admis l'opération *brevi manu* consistant dans la vente du cens.

Il est certain que cette opération plus compliquée de la vente de terre avec accensement a été connue et pratiquée ; Arnold a pu en citer un certain nombre d'exemples.

C'est, d'après cet auteur, dans les villes que le nouveau contrat prit naissance (1). Là en effet le tenant a donné à sa terre une valeur considérable en bâtissant sur elle une maison dont il est le propriétaire (2). Il lui est donc possible en donnant le tout à cens — c'est-à-dire à cens pour la maison et à surcens pour le terrain, l'*area* — de profiter de cet accroissement de valeur. Mais s'il veut en tirer parti en conservant la jouissance, il vendra terre et bâtiments à un tiers qui se trouvera propriétaire de la maison et tenant de la terre à la place du vendeur et qui immédiatement lui remettra la terre à surcens et la maison à cens. L'opération se fait par l'intermédiaire du *dominus* qui comme dans toute vente procède à l'ensaisinement de l'acheteur. Elle consiste, on le voit, à introduire entre le *dominus* et le tenant un *dominus* intermédiaire, à moins que le capitaliste à qui le bien est vendu ne soit le *dominus* lui-même, auquel cas il acquerra la propriété de la maison qu'il n'avait pas auparavant et que le vendeur tiendra désormais de lui.

C'est de cette opération complexe que l'on serait insensiblement passé à la vente de rente, par une évolution dont Arnold essaye de reconstituer les stades divers. Il en compte trois qui d'ailleurs chronologiquement chevauchent les uns sur les autres comme nous le verrons (3).

Ce système, sauf variantes dans la détermination des différents stades de l'évolution, a été généralement adopté (4). Il semble en effet assez logique et d'ailleurs

(1) W. Arnold, *Zur Geschichte des Eigenthums in den deutschen Städten*, Bâle, 1861, p. 91 sqq.

(2) Cf. avec Arnold, Heusler. *Institutionen des deutschen Privatrechts*, Leipzig, 1886, I, p. 554. Schrœder, *Lehrbuch der deutschen Rechtsgeschichte*, Leipzig, 1889, p. 677.

(3) Arnold, *op. cit.*, p. 106.

(4) Cependant Brunner élève des doutes « Ob man deshalb ausnehmen

on a fait remarquer qu'il n'y a là que la suite naturelle de la pratique des précaires de l'époque franque. Un propriétaire transmettant ses terres à une abbaye les recevait d'elle immédiatement à cens augmentées d'une certaine quantité de terres de ladite abbaye (1).

Nos études n'ayant pas porté sur les pays mêmes dont se sont occupés les auteurs précédemment cités, nous nous garderons de nous inscrire en faux contre leurs conclusions. Cependant on nous permettra de présenter deux observations qui nous semblent autoriser au moins un doute et nous montrerons ensuite que certainement cette origine de la vente de rente est fausse pour la Normandie.

a) Une vente de terre et une reprise à cens de cette même terre ne produit pas le même résultat que la simple vente de rente. Le premier procédé crée entre le capitaliste et l'emprunteur tous les rapports de tenant à *dominus* ; c'est-à-dire tels qu'Arnold les énumère lui-même : l'*Ehrschatz* et la *Weisung* (2), ce qui peut se traduire en droit normand par le *treizième* et les *gages plèges* (3). Le second oblige seulement le vendeur au paiement d'une rente. Il serait donc nécessaire de montrer par quelle évolution le capitaliste a été dépouillé d'une partie de ses droits et réduit à l'état de simple créancier d'une rente.

kœnne, dass der Rentenkauf überhaupt aus dem Institute der Erbleihes hervorgegangen sei, ist eine noch nicht abgeschlossene Frage ». *Encyclopédie d'Holtzendorff*, V° *Rentenkauf*.

(1) Viollet. *Histoire du droit civil français*, p. 736.

(2) Arnold, *op. cit.*, p. 96 ; Albrecht, Gewere, p. 158 sqq.

(3) Le gage-plège se tenait une fois l'an et tous les tenants de la seigneurie étaient obligés d'y venir reconnaître les redevances auxquelles ils étaient astreints (Coutume de Normandie, art. 185). Le treizième est le droit de mutation perçu en cas de vente.

b) L'évolution de l'opération complexe à l'opération *brevi manu* qui peut sembler vraisemblable tant qu'on s'en tient aux considérations spéculatives n'apparaît pas aussi claire dans le rapprochement des dates des actes concrets. Nous voyons au contraire tous les modes, qui devraient former les stades de l'évolution, employés concurremment : ce ne sont donc pas des formes successives d'une même opération mais des moyens divers d'aboutir à des résultats variés (1).

Si en dehors du champ particulier de nos études nous évitons de nous prononcer d'une manière formelle, nous n'hésiterons pas à affirmer que la théorie précédente est inapplicable à la Normandie.

Tout d'abord nous n'avons rencontré que quelques rares exemples de ces donations ou ventes de terres suivies de sous-accensement (2) ; tandis que les actes de vente de rente se rencontrent à chaque pas. Cette rareté des actes qui dans l'opinion commune devraient être

(1) Voici les dates des actes les plus anciens qui semblent à Arnold caractériser les deux premiers stades de l'évolution : 1er stade 1270, 1302, 1315 : 2e stade 1301, 1314, 1316. Ce défaut est plus sensible encore dans Gobbers (Die Erbleihe und ihr Verhaeltniss zum Rentenkauf in mittelalterlischen Kœln des XIII und XIV Iahrhunderts. *Zeitschrift der Savigny Stiftung*, 1883) qui a tenté de déterminer autrement les divers stades de l'évolution présumée. Voici les dates indiquées par lui 1er stade 1299, 1317, 2e stade 1288.

(2) Voici la liste complète des exemples à nous connus : Cart. de la Luzerne, nos 81 et 90 ; Cart. de Saint-André en Gouffern, no 551, app. no II ; Abbaye d'Aunay (Arch. Calvados, H. 868) ; Abbaye de Barbery (Arch. Calvados, H. 1574). Le cartulaire de Saint-Evroul (*Bib. nat.*, 11055), no 497 nous présente en 1219 une donation suivie d'un accensement : mais cet accensement est fait simplement à titre viager et l'on conçoit alors l'intérêt d'une telle opération : après la mort du concessionnaire la terre restera en toute propriété à l'abbaye. C'est une affaire d'un genre tout à fait différent et qui se rapproche singulièrement des anciennes précaires dites recuperatoriæ (Cf. Wiart, *Essai sur la precaria*, Paris, 1894, thèse, p. 237, sqq.)

considérés comme la forme originale de notre contrat jointe à l'absence dans le contrat de vente de rente du XIII⁰ siècle de toute trace de l'opération plus compliquée dont il serait la simplification est déjà une raison de considérer cette théorie comme suspecte.

Elle le sera encore davantage si l'on applique aux actes normands l'argumentation présentée ci-dessus.

a) La vente de rente nouvelle n'aboutit pas au même résultat que la vente de terre avec reprise à cens.

Le rapport de *dominus* à tenant que doit créer cette dernière opération entre l'emprunteur et le capitaliste devrait, dans la grande majorité des cas, se marquer par l'hommage, puisque toute tenure doit l'hommage sauf les tenures des bordiers. C'est d'ailleurs ce que l'on peut prouver par des exemples formels.

Robert le Gros vend à Robert du Bois 6 vergées de terre pour 100 sous et les reprend ensuite du dit Robert du Bois *in feodo et hereditate* à charge de 5 boisseaux de froment par an, d'une poule à Noël et *hominagium faciendo*. Peu après Robert du Bois donne à l'abbaye de la Luzerne la terre en question. S'il n'avait acheté que la rente il ne pourrait donner qu'elle ; mais il donne la terre c'est-à-dire qu'il transfère à l'abbaye la qualité de *dominus*, avec tous les droits y attachés, et que l'opération précédente lui a fait acquérir (1).

Si la vente de rente nouvelle n'était autre chose que cette double opération simplifiée, faite *brevi manu*, elle devrait produire les mêmes résultats : le vendeur deviendrait le tenant de l'acheteur et lui ferait dans la plupart des cas hommage.

____

(1) Cart. de la Luzerne, n° 81.

Or il ne nous a été possible de retrouver dans les ventes de rentes pourtant si nombreuses qui nous ont été conservées pour le XIII° siècle qu'un exemple unique d'un vendeur s'obligeant à l'hommage envers l'acheteur. Et cet acte est de l'année 1260 (1), alors que, depuis bien longtemps comme on va le voir, existe la vente de rente nouvelle dans sa forme simple et directe. Il est possible que, dans ce cas, les parties aient voulu obtenir le même résultat que celui produit par la vente de la terre suivie d'un accensement (2), mais c'est là un cas exceptionnel.

Jamais, en effet, on ne considère le vendeur comme le tenant de l'acheteur de rente. C'est la conception directement contraire qui nous est fournie par la *Summa de legibus* au milieu du XIII° siècle. Le chapitre 26 après avoir énuméré les diverses espèces de tenures que connaît la coutume normande, — y compris la *teneura voluntaria* créée par la vente de rente ancienne — passe à la vente de rente nouvelle et établit à cet effet une opposition entre la *teneura de terra* et la *teneura de reddilibus*. Il y a tenure de terre *quando aliquis tenet de alio fundum terre alicujus*, ce qui comprend toutes les espèces de tenures énumérées dans le chapitre, et il y a au contraire tenure de rente *quando aliquis tenet redditum sibi assignatum, terra possessori remanente*, ce qui est bien le cas de la

(1) Cart. de l'abb. du Plessis-Grimoud, n° 373 : *Sciant omnes... quod ego Willermus dictus Maloisel... vendidi... quatuor sol. tur. annui redditus liberos et quietos ad festum Sancti Dionysii super duas pecias terre de feodo Harel, quarum prima pecia terre sita est... etc... Et ego faciam dictis priori et canonicis hominagium pro redditu supradicto.* (avril 1260).

(2) Cela est possible, disons-nous, mais non pas certain ; cette vente de rente nouvelle avec hommage n'est-elle pas plutôt une imitation des ventes de rente ancienne avec hommage dont nous avons parlé ci-dessus, p. 99.

G. — 8

rente nouvelle (1). Donc pour le jurisconsulte du XIIIe siè-cle, ce n'est pas le vendeur de la rente qui tient la terre de son acheteur, mais bien l'acheteur de la rente qui tient celle-ci de son vendeur.

On retrouve d'ailleurs une trace de cette conception dans la formule habituelle de la vente de rente nouvelle. Après avoir spécifié le montant et la nature de la rente due et la terre sur laquelle elle est assignée, le vendeur ajoute généralement : *tenendos et habendos dictis religiosis dictos denarios annui redditus de me et heredibus meis*, etc. (2).

On peut donc tenir pour certain que la vente de rente nouvelle n'a pas pour résultat d'interposer entre le vendeur et son propre *dominus* un *dominus* intermédiaire qui serait l'acheteur. Si toutefois tel était le but des contractants, ce qui dût être rare, ils recouraient à l'opération double de la vente de terre avec accensement. Et c'est ainsi qu'il faut expliquer les quelques exemples de cette convention que nous avons pu citer.

A ces arguments tirés des textes on peut d'ailleurs ajouter quelques arguments de pure raison : nous ver-

(1) *Summa de legibus Normannie*, ch. 26 § 9, p. 93.

(2) Il semblerait même à la lecture de certains actes que le tenant (acheteur) de la rente dût au débiteur de celle-ci, de qui il la tenait, des droits de relief, treizième, etc., comme il en était dû au *dominus* par le tenant d'une terre. Abbaye d'Aunay (*Arch. Calvados*, H. 1426) ao 1252 : vente d'un setier de froment de rente nouvelle *liberam omnino et quietam ab omnibus relevagiis, costumis, auxiliis et exactione seculari*. Cf. cart. de Saint-André en Gouffern, n°s 253, 275, *ab omnibus secularibus actionibus penitus absolutam*, 279, *ab omnibus serviliis, redevantiis et exactionibus secularibus absolutos*. Nous ne croyons pas cependant qu'il faille adopter cette interprétation. Il faudrait plutôt rapprocher ces formules de celle de la garantie, dont nous parlerons plus loin, qui oblige le vendeur à *acquietare et deservire*. Cela signifierait alors que celui-ci devra acquitter tous les droits dus au seigneur par la terre grevée, la rente vendue ne devant pas s'en trouver diminuée.

rons plus loin que de fort bonne heure, au milieu du XIIIe siècle, on trouve des ventes de rente assignée d'une manière générale sur tous les immeubles du débiteur (1). Est-il admissible que pour tous ses immeubles le vendeur ait interposé un *dominus* entre lui-même et son seigneur ?

Que l'on songe encore à l'inextricable complication qu'auraient produite dans ce système les ventes successives de rentes sur la même terre à des acheteurs différents.

On est bien obligé d'admettre que l'opération simple et l'opération complexe ne produisent pas le même résultat et par conséquent ne dérivent vraisemblablement pas l'une de l'autre.

b) D'ailleurs pour que l'on fût autorisé à supposer cette filiation il ne suffirait pas d'un lien logique — qui d'ailleurs n'existe pas — il faudrait encore que chronologiquement l'opération compliquée apparût nettement antérieure à l'opération prétendue simplifiée. Or rien de semblable ne peut être établi pour la Normandie.

Nous reproduisons la liste des ventes de terre avec accensement que nous avons rencontrées :

Abbaye de Saint-André en Gouffern. . . .	1218
Abbaye d'Aunay . . . . . . :	1232
Abbaye de Barbery	1239
Abbaye de la Luzerne n° 81	1246
« n° 90	1248 (2)

Il suffira de rapprocher ces dates de celles des pre-

----

(1) Cf. *infra*, ch. III, § 5.
(2) Cf. *supra*, p. 111, n. 2.

miers exemples de rente nouvelle pour voir que l'une ne
peut être dérivée de l'autre :

Abbaye de Saint-Amand n° 127.	. . . . . .	1202 (1)
« d'Ardenne.	. . . .	1203 (2)
« de la Noë .	. . . .	1204 (3)
« de Jumièges.	. . . .	1211 (4)
« de Saint-Amand n° 102.	. . . . .	1216 (5)
« » n° 108.	. . . . .	1216
« de Mortemer.	. . . .	1220 (6)
« de Jumièges.	. . . .	1229 (7)

Nous concluons qu'entre ces deux opérations différentes dans leur forme et dans leur résultat, contemporaines dans leurs premières manifestations et coexistant
pendant toute la durée du XIII⁰ siècle il n'y a aucune
raison de supposer un rapport de filiation.

C. Au contraire les parties ont fort bien pu arriver au
même résultat que produit la vente de rente par la création d'un faux titre récognitif. Pour créer une rente au
profit de quelqu'un, il suffit en effet au tenant d'une
terre, d'accord avec l'autre partie, d'en reconnaître faussement l'existence. Ainsi sera rédigé un titre récognitif
qui suffira, le cas échéant, à prouver contre le débiteur
l'existence de la rente et par conséquent à l'obliger au

---

(1) Johannes de Sancto Candido et ses frères donnent à l'abbaye 20 sous
de rente *percipiendos in domo nostra de magno Bute scilicet in omni
tenemento lapideo et ligneo quod est inter terram...* etc.

(2) Arch. Orne, II. 12. App. n° III.

(3) Chartes de la Noë (*Bib. nat.*), III, n° 42. App. n° XX.

(4) Cart. n° 433. App. n° XVI.

(5) App. n° I. Les n°ˢ 102 et 108 de ce cartulaire donnent des ventes de
rente moitié ancienne et moitié nouvelle.

(6) Arch. Eure, H. 645.

(7) Cart. n° 378.

paicment des arrérages. Mais ce titre ne l'obligera pas à plus que ce qu'il contient expressément, c'est-à-dire que le paiement de la rente ; il ne créera pas, il ne fera pas présumer entre les parties de rapports de *dominus* à tenant. Il constitue par conséquent un moyen très efficace et très pratique d'arriver à la constitution d'une rente. Ce moyen a été employé en effet, bien qu'assez rarement, au début du XIIIᵉ siècle.

Les exemples en sont rares, disons-nous ; il faut cependant remarquer que bien des chartes du même genre auraient pu passer sous nos yeux sans qu'il nous fût possible de les reconnaître. Si en effet nous pouvons quelquefois être certains que tel acte récognitif de rente est un acte fictif, nous ne pouvons jamais affirmer que les autres sont sincères. Nous reconnaissons d'une manière certaine le caractère fictif, quand son rédacteur, celui qui se déclare obligé au paiement de la rente, avoue dans l'acte même qu'il a touché une somme d'argent pour faire cette reconnaissance. Mais là où ce prix n'existe pas soit que le constituant crée la rente dans une intention de pieuse libéralité, soit tout simplement que, le prix ayant été payé, on n'en a pas fait mention, rien ne nous permettra de découvrir l'acte fictif.

La reconnaissance de rente peut en effet être dans bien des cas un acte sincère. Par exemple à côté du contrat de fieffe dans lequel le fieffant, parlant à la première personne, énumère les obligations du preneur sans que celui-ci prenne la parole, le preneur lui-même pouvait dans un acte distinct se déclarer obligé à telles et telles prestations (1). Un acte récognitif pourra encore être

(1) Cartulaire de Saint-André en Gouffern, nᵒ 178 (Arch. Calvados). *Notum sit... quod ego Hamericus des Logis et heredes mei tenemur an-*

rédigé lorsqu'un *dominus* ayant vendu une rente ancienne, le débiteur de cette rente se reconnaît obligé envers son nouveau créancier (1).

Il nous semble néanmoins étant donnée l'extrême rareté de nos actes que ce fut un moyen peu répandu de créer des rentes. Nous n'en avons rencontré d'exemples que dans le cartulaire de l'abbaye de Jumièges : ils sont tous de la même année 1224 (2).

Sans doute ce moyen, employé au début du XIII° siècle, disparut de bonne heure devant le procédé plus simple et plus franc de la vente de rente nouvelle à laquelle nous arrivons maintenant.

Puisqu'il est impossible, en effet, de trouver à la vente de rente un antécédent dans une autre opération, il faut bien admettre que tel fut le procédé primitif pour créer au profit d'un tiers une rente sur un fonds. Et l'idée de vendre ainsi une rente qui n'a pas encore d'existence nous semble avoir dû venir tout naturellement de l'imitation de la vente de rente ancienne. C'est parce que tel était à la fin du XII° siècle le seul moyen de se procurer avec sa terre un capital, sans toutefois la vendre, que le cultivateur qui tient à conserver la jouissance de son fonds, l'a employé. Lui aussi a voulu vendre des rentes ;

nuatim reddere abbati... octo sol. cen... pro prato suo... quod michi et heredibus meis tradiderunt tenendum feodaliter ab eisdem, 1236.

(1) Cartulaire de la Trinité de Caen (Arch. Calvados), f° 106 v°. *Noverint universi... quod ego J... et heredes mei tenemur annuatim reddere presbitero de altare Sancti Laurencii in ecclesia Sancte Trinitatis de Cadomo constituto... viginti sol. tur. quos dominus Phylipus de Columberiis miles eidem in puram et perpetuam elemosinam dedit annui redditus in tenemento quod de predicto Phylipo de Columberiis milite teneo...* (1251).

(2) Cartulaire de l'abbaye de Jumièges, n°° 180 (app. n° XIII), 181 (app. n° XIV). 311.

seulement personne ne lui en devait, il ne pouvait charger personne du paiement des arrérages ; qu'importe, c'est lui-même qui les acquittera. Pour le capitaliste qui, en échange de la rente, fournit une somme d'argent, il est absolument indifférent que la rente soit payée par tel ou tel, par le vendeur lui-même ou par un tiers. Il n'y avait donc aucun obstacle à la validité de l'opération.

Dans toute vente de rente d'ailleurs c'est celui qui possède la terre grevée qui est chargé du paiement des arrérages ; il a pu arriver, même au temps où l'on ne connaissait que la vente de rente ancienne, que le vendeur lui-même ou ses héritiers vinssent en possession de la terre grevée de la rente vendue, soit par l'effet du retrait censuel, soit par vente ou donation ; c'était alors le vendeur qui se trouvait obligé au paiement de la rente et la chose n'avait rien d'anormal. Nous l'avons indiqué en commençant, il n'y a d'autre critère pour reconnaître la rente nouvelle de la rente ancienne que l'indication de la personne qui en doit payer les arrérages. L'analyse qui va suivre, des clauses et conditions de la vente de rente permettra de suivre par le détail cette analogie.

Vente de rente nouvelle et vente de rente ancienne sont donc deux opérations de tous points semblables, conduisant au même résultat ; d'autre part elles apparaissent successivement, la vente de rente ancienne dans la seconde moitié du XIIe siècle, la vente de rente nouvelle dans les premières années du XIIIe. Tout nous autorise à supposer que la seconde n'est qu'une imitation, n'est qu'une application nouvelle de la première.

CHAPITRE III

ANALYSE DU CONTRAT DE VENTE DE RENTE. — SA FORMATION.
— LES OBLIGATIONS DES DEUX PARTIES.

Connaissant les origines de notre contrat et dans le but de déterminer le rôle économique qu'il a pu jouer dans les finances des abbayes normandes au XIIIe siècle, il est indispensable de savoir par le détail à quelles conditions il peut être conclu valablement, quelles sont les obligations de l'une et l'autre partie. Nous étudierons donc successivement dans ce chapitre :

§ 1. L'intervention du seigneur,

§ 2. et celle des parents à la conclusion de l'acte,

§ 3. les obligations de l'acheteur,

§ 4. les obligations plus importantes du vendeur :

a) Paiement des arrérages et sanction du défaut de paiement.

b) Clauses de garantie.

c) Clauses portant interdiction de vendre la terre grevée ou de la charger d'une rente nouvelle.

§ 5. En dernier lieu nous montrerons comment la rente qui a commencé par être une charge réelle pesant sur un fonds déterminé et, à cause de lui seulement, sur le possesseur de ce fonds, prend un caractère de plus en plus marqué d'obligation personnelle.

§ 1. — Consentement du seigneur.

Le consentement du seigneur d'une terre est-il nécessaire à la vente d'une rente qui grève cette terre, ou, en termes plus modernes, la vente d'une rente donne-t-elle lieu à la perception par le seigneur d'un droit de mutation ? Dans le dernier état de notre ancien droit il faut répondre par une distinction entre la constitution de rente et la vente d'une rente foncière.

Il n'est point dû de droits de mutation pour une constitution de rente; la question fut tranchée par un arrêt célèbre du 10 mai 1557 modifiant en ce sens, à la suite de la controverse bien connue de Dumoulin, l'article 62 de la coutume de Paris (1). Il en est de même en Normandie (2).

Quant aux ventes de rentes anciennes, elles donnent lieu à un droit ; dans notre province le seigneur percevra comme en toute vente, le treizième. « Quoique les articles 171 et 173, dit Flaust, semblent n'assujettir au treizième que le fief vendu ou la terre vendue à prix d'argent, on y assujettit dans la jurisprudence les rentes foncières et irracquittables qui ont été vendues à prix d'argent: on a regardé ces rentes comme représentatives des fonds et l'on a jugé que quand elles seront vendues, le treizième en est dû au seigneur de qui le fonds relève » (3).

Mais ces distinctions entre rente foncière et rente constituée sont, comme on le sait, chose récente et l'on ne

(1) Viollet, *Histoire du droit civil français*, p. 682.
(2) Basnage, sur l'article 171 de la Coutume de Normandie.
(3) Flaust, *Explication de la coutume et de la jurisprudence de Normandie* (titre XVIII, ch. 5. § 2. T. II, p. 393).

s'étonnera pas que dans l'ancien état du droit les deux
sortes de ventes de rente soit ancienne, soit nouvelle
soient traitées de même à ce point de vue du consentement du seigneur. Il est au XIIIe siècle nécessaire dans
l'un et l'autre cas (1).

Nous avons déjà eu l'occasion de montrer, en nous
occupant du gage. que, dès le XIIIe siècle, le consentement du seigneur bien qu'encore formellement exigé,
comme le montrent plusieurs passages de la *Summa de
legibus*, est déjà tarifé par la coutume : le droit de mutation, le treizième existe déjà (2).

Dans nos contrats de vente de rente il est en effet question tantôt du treizième, tantôt, et plus fréquemment, du
consentement préalable ou concomitant du seigneur.

Un grand nombre de chartes, il est vrai, ne font mention d'aucun consentement. Mais le silence en cette matière ne saurait être une preuve, car le consentement
pouvait être donné par acte séparé sans qu'il en fût fait
mention dans l'acte principal. D'ailleurs la rente étant
dans bien des cas vendue au seigneur même de la terre,
il était naturel que le consentement de celui-ci fût alors
considéré comme tacitement accordé.

Il est aisé néanmoins de citer un certain nombre d'exemples de ventes de rente soit ancienne, soit nouvelle faites
du consentement du seigneur.

Raoul des Daucereles donne à l'abbaye de Montebourg
plusieurs rentes anciennes (*omnes redditus quos debebant*

---

(1) La sanction primitive du défaut de consentement est la commise.
Plus tard quand la nécessité du consentement réel eut disparu et que le
seigneur dut se contenter d'un droit de mutation, son droit se bornait à
choisir entre le paiement du treizième et l'exercice du retrait censuel,
l'un excluant l'autre.

(2) *Supra*, p. 22 et 23.

mihi annualim homines inferius annotati) ; il est mentionné que le seigneur y a consenti (*de voluntate et accensu dicti domini mei*) (1).

Germanus de Valle vend à l'abbaye d'Aunay pour 4 livres 14 sous tournois un setier de froment de rente nouvelle (*annualim percipiendum in mense septembri in masura mea*). L'acte est confirmé par le seigneur qui y appose son sceau (*et ad majorem confirmationem Radulfus Pelleve dominus capitalis similiter sigilli mei munimine confirmavi*) (2).

En 1274 Richard de Alleyo vend à l'abbaye de Silly trois sous tournois de rente nouvelle (*tres solidos turonensium annui redditus ad festum Sci Remigii super totum herbergamentum meum situm in parrochia de Neaufe*). La terre grevée est située dans le fief de Robert Pipart (3). Par acte distinct Robert Pipart *armiger* confirme la vente (4).

Dans quelques actes plus rares il est question du *treizième*.

Jeanne vend à l'abbaye de la Luzerne 7 sous et demi et une poule de rente ancienne (*quos habebam in parrochia beate Marie de Lucerna in feodo de la Moriniere*) : comme la terre grevée de rente est tenue de l'abbaye, celle-ci eût eu le droit de percevoir le treizième de la vente, mais elle en fait abandon ce qui augmente d'autant le prix d'achat de la rente fixé à 70 sous (*Pro hac autem vendilione... dederunt et integre persolverunt 70 solidos turonensium de quibus me teneo pro pagata et insu-*

<hr>

(1) Cart. de Montebourg, n° 165 (juin 1265).
(2) Abbaye d'Aunay, Arch. Calvados, H. 1246 (1252).
(3) Cart. de l'abbaye de Silly, f° 207 v° avril 1274. App. n° XXIII.
(4) *Id.*, f° 208 v° 1274, App. n° XXIV.

per tricesimum hujus venditionis michi eisdem pertinens quitaverunt (1).

L'intervention du seigneur prend enfin quelquefois un caractère plus actif que celui du simple assentiment donné à l'acte. De même que dans la vente de terre, il peut se manifester par l'ensaisinement de l'acheteur par le seigneur. Nous avons eu occasion de dire plus haut que cet usage de demander la saisine au seigneur ne semble pas avoir été aussi général en Normandie que dans d'autres provinces. Il est certain en tous cas que cet ensaisinement est susceptible de s'appliquer à la vente d'une rente. Nous en citerons un exemple de la fin du XIII° siècle. C'est une donation au prieuré de Sausseuse de 12 sous de rente sur une terre tenue de l'archevêque de Rouen. L'acte est passé par le seigneur : il y a transmission de la rente à ce seigneur et par lui ensuite au bénéficiaire, le tout avec des formes solennelles. L'acte est de 1182 (2).

---

(1) Cart. de la Luzerne, n° 145. *Id.*, n° 156. Cart. de Montmorel, n° 164.

(2) Abbaye de Sausseuse. Arch. Eure H 1036, ao 1182, app. n° XXII. Il ne faudrait pas d'ailleurs confondre avec cet ensaisinement par le seigneur, le transfert de propriété fait avec des formes solennelles par le vendeur lui-même, comme nous l'avons vu en parlant du gage (*supra*, p. 29) et comme on peut en citer de rares exemples pour les ventes de rentes. Abbaye de Saint-Etienne de Fontenay, n° 14. Vente de rente ancienne : *et abjuravi super altare sancti Stephani* : Abbaye de Bon Port (Arch. Eure H 196). Donation de rente ancienne : *hanc donationem idem Ricardus coram fratribus super altare obtulit.* Cart. de Montebourg, n° 179. *Noverit... quod ego constituo Thomam Morin presbiterum generalem procuratorem meum et do ei plenariam potestatem ponendi in perpetuam saisinam viros religiosos abbatem et conventum beate Marie Montisburgi de sex libris tur...* (1275).

§ 2. — Consentement des parents.

Ce n'est pas seulement dans les droits du seigneur sur la terre, mais aussi dans les droits de la famille que pouvait se trouver un obstacle à la vente d'une rente. Le consentement du seigneur est nécessaire, avons-nous vu, celui des parents l'est aussi, en ce sens du moins que, s'ils n'ont pas formellement donné leur consentement à l'acte, ils pourront dans l'an et jour de l'aliénation exercer le retrait lignager. De là l'utilité d'obtenir, au besoin moyennant finance, leur assentiment préalable.

Les commentateurs du droit normand des derniers siècles nous enseignent cependant qu'il faut au point de vue du retrait lignager, comme à celui du consentement du seigneur, distinguer entre la rente foncière et la rente constituée (1). Mais cette distinction n'est même pas indiquée dans les termes de la coutume réformée, qui parle de la façon la plus compréhensive des rentes, et certainement elle ne peut s'appliquer au XIII° siècle où l'on ne différencie pas la rente foncière et la constituée. Le consentement sera donc nécessaire dans l'un et l'autre cas.

En 1278 nous voyons l'abbaye de Lire acheter une rente que le vendeur avait acquise par l'exercice du retrait lignager en faisant rescinder à son profit la vente faite à un tiers par son frère (2).

---

(1) Basnage, sur l'article 454 de la coutume de Normandie. « Bien que cet article porte en termes généraux que l'on peut retirer les héritages et les rentes vendues, ce mot de rente ne s'entend que des rentes foncières et non point des rentes constituées qui ne sont point sujettes à retrait. »

(2) Arch. Eure, H. 506, *quem redditum Ricardus de Rylle frater meus aliquando vendiderat Rogero Fourmentin de Bello monte et quem redditum ego retraxi per bursam de predicto Rogero.*

Nous ne savons pas dans ce cas s'il s'agit d'une rente ancienne ou d'une nouvelle, mais nous avons des exemples plus précis.

Guillaume des Cheminées vendant à l'abbaye de Saint-Taurin d'Evreux 20 sous tournois de rente nouvelle sur sa vigne, craint que ses parents n'exercent leur droit de retrait et fait tous ses efforts pour en paralyser l'effet. Il stipule que, si le retrait est exercé, il sera cependant possible aux moines de percevoir sinon les 20 sous, du moins leur valeur en vin (1). Une telle convention était-elle valable, on peut en douter ; mais elle prouve au moins d'une manière certaine l'existence du retrait lignager en cas de vente de rente.

Dans ces conditions il n'est pas étonnant de voir à chaque instant intervenir à l'acte de vente le fils ou le frère ou d'une manière générale les héritiers du vendeur. Ce consentement donné par avance garantit l'abbaye contre l'exercice du retrait lignager.

Guillaume Farsi vend à l'abbaye de Jumièges 8 sous de rente nouvelle sur sa terre de Vieuxport. A la fin de l'acte son fils Richard Baudoin intervient pour approuver et confirmer la vente par l'apposition de son sceau (2).

Matthieu Maillart vend à l'abbaye de Saint-Evroul douze sous de rente nouvelle sur tous ses immeubles ; l'acte est passé du consentement de son fils et de tous ses héritiers (3).

(1) Grand cartulaire de Saint-Taurin, f° 141 v°. App. n° XXVI.
(2) Cart. de Jumièges, n° 183. *Ego Ricardus Baldoin predicti Willelmi filius predictam venditionem benigniter concessi et sigilli mei munimine confirmavi* (1225).
(3) Cart. de Saint-Evroul (*Bib. nat.*, 11057). *Notum sit... quod ego Matheus Maillardi de assensu et voluntate Marie uxoris mee et Roberti primogeniti et omnium heredum meorum vendidi.... duodecim sol.*

§ 3. — Obligations de l'acheteur.

Quand les parties ont ainsi pris toutes leurs précautions pour paralyser l'exercice des droits du seigneur et de ceux de la famille, l'acte est définitivement valable. Il faut maintenant exposer quels droits il confère et quelles obligations il impose à l'une et à l'autre des parties.

Il y a peu de choses à dire des obligations de l'acheteur. Il paie le prix et c'est tout. Ce paiement est d'ailleurs toujours effectué au comptant, ce qui supprime toute difficulté : nous n'avons pas rencontré de vente de rente à terme, ce qui se comprend aisément : celui qui vend une rente le fait pour se procurer, en échange d'arrérages futurs, un capital actuel, il demande du crédit, il n'en fait pas (1).

Aussi les parties ont-elles toujours soin de mentionner dans l'acte que le paiement a été réellement effectué aux mains du vendeur *in pecunia numerata* (2). Le but évident

---

annui redditus... (1243, n. s.). Cf. encore, *Id.*, n° 42, *consensu uxoris mee et heredum meorum.* Cart. de Saint-Amand de Rouen, f° 10 v° *concessione filiorum nostrorum.* C'est là une clause qui revient dans la moitié au moins des ventes des rentes, comme d'ailleurs en général dans les autres contrats.

Une autre personne intervient d'ailleurs aussi souvent à la vente, c'est la femme comme quelques-uns des exemples précédents le montrent. Elle pourrait en effet après la mort du mari élever des réclamations si le bien grevé de rente faisait partie de son *maritagium* ou simplement si elle voulait sur cet immeuble faire valoir ses droits de douaire (lesquels portent sur tous les immeubles possédés par le mari lors de la célébration du mariage). Son consentement rend irrecevables ces réclamations.

(1) Le droit canonique fit plus tard du paiement du prix *in pecunia numerata* une condition de validité de la vente de rente nouvelle. Pie V, constitution *Cum onus* (1568).

(2) Abbaye de Lire (Arch. Eure, H. 516), mars 1276. *Id.*, H. 487, mai 1278. *Id.*, H. 474, mars 1293. Cartulaire de Saint-Pierre des Préaux, 508 (mai 12.. . Grand cartulaire de Saint-Taurin, f° 392 r°. Cartulaire

de cette précaution est de prévenir toute réclamation ultérieure du vendeur qui prétendrait n'avoir pas touché le prix. Cette réclamation éventuelle est parfois plus formellement écartée par une renonciation à l'*exceptio non numeratæ pecuniæ* (1). On ne saurait donner un autre sens à cette clause, d'ailleurs superflue et insérée dans la charte plutôt pour faire montre de la science juridique du rédacteur que dans un but bien défini d'utilité pratique.

Notons d'ailleurs que tandis que nous parlons toujours d'une vente et d'un prix, bien des actes se présentent sous le nom de donation et le prix comme une libéralité gratuite de la part de l'abbaye. Mais ces dénominations ne changent rien à la nature de l'opération, et montrent seulement l'incertitude de la terminologie juridique à cette époque en même temps qu'un naïf désir des rédacteurs de se parer de nobles sentiments (2).

de Montebourg, 730. Cartulaire de Saint-Evroul (11055), 503. Les formules varient à l'infini, mais le sens est toujours le même : *de quibus se tenuerunt pro pagatis* (Bon Port, nᵒˢ 228, 240, 241, 245, 280), *quos integre persolverunt*, Saint-Evroul (11057), nᵒ 16, *in bona pecunia et legali* (Beaumont le Roger, C. 17), etc.

(1) Cart. de Bon Port, nᵒ 188. Cart. de Beaumont le Roger, C. 25. Cart. de Saint-Amand de Rouen, fᵒ 15 vᵒ.

(2) Grand cart. de Saint-Taurin, fᵒ 329 vᵒ. *Dedi finaliter et concessi religiosis viris domino abbati. Sancti Taurini et ejusdem loci conventui... 60 sol. tur...* (et à la fin de la charte) : *Pro hac donatione et concessionne facienda finaliter et tenenda fideliter et eciam confirmanda predicti religiosi michi dederunt LX libras tur et persolverunt in pecunia munerata* (1251). *Id.*, fᵒ 158 vᵒ. *Dedi et concessi et hac presenti carta confirmavi pro salute anime mee et antecessorum meorum et successorum meorum... decem sol. monete currentis in Normannia annui redditus super totam hereditatem meam... Pro hac autem donatione et concessione dederunt michi dicti religiosi de substantia sua pre manibus centum sol. tur. de quibus habeo me pro pagato* 1255). Cart. de Montmorel, nᵒ 87. Cart. de Saint-Michel du Treport, nᵒ 176 : *Dederunt michi de caritate domus.*

Cependant cette pratique des ventes déguisées sous forme de donation d'une part, de l'autre ce souci de fournir dans une clause de l'acte la preuve d'un paiement réel en argent, pourraient peut-être faire soupçonner que tous nos actes ne sont pas sincères. Ces précautions ne dénoteraient-elles pas l'habitude de majorer dans l'acte la somme réellement versée de manière à cacher le taux véritable de la rente ? C'est une pratique courante des usuriers de faire signer des billets pour une somme plus considérable que celle qu'ils versent à l'emprunteur.

Il nous semble pourtant qu'il faut accepter comme exactes les mentions fournies par nos chartes. Quel intérêt auraient eu en effet les abbayes à dissimuler le taux véritable de la rente ? Une telle fraude se comprend aujourd'hui dans le prêt à intérêt à cause du taux maximum de l'intérêt en matière civile, elle se comprendrait encore dans les institutions de rente du XV⁰ siècle et des époques postérieures après que des décrétales eurent fixé le taux maximum ou, comme l'on disait, le prix minimum de la rente (1). Mais rien de semblable n'existant au XIIIᵉ siècle, il n'y a, croyons-nous, aucune raison de suspecter la sincérité des documents.

Payer le prix au comptant, telle est donc l'unique obligation de l'acheteur. Mais une fois que ce prix a été payé il n'est plus au pouvoir du vendeur de revenir sur sa décision, de rendre le prix reçu et de cesser le paiement des arrérages. La rente n'est pas rachetable : il nous a été impossible de découvrir un seul acte contenant la clause de rachat. Ce n'est que plus tard qu'elle s'intro-

---

(1) La bulle de Martin V, en 1425 (Extravagantes communes, III, V. 1), fixe le taux maximum de 10 0/0.

duira sous la double influence du droit canonique et de la législation séculière (1).

Sans doute au XIIIe siècle le rachat est toujours théoriquement possible par un accord entre les deux parties. Mais dans les hypothèses qui nous préoccupent ici de rentes vendues à des monastères, cela ne pouvait guère se produire ; permettre le rachat d'une rente, c'est aliéner un bien d'église et l'on sait que de telles aliénations sont en règle générale interdites. Les rentes dont nous aurons à nous occuper seront donc toujours des rentes perpétuelles non rachetables.

§ 4. — Obligations du vendeur.

Au regard de cette unique obligation de l'acheteur : payer le prix, celles du vendeur sont multiples et demandent des explications plus détaillées. La terre grevée doit par les mains du tenant (que ce tenant soit d'ailleurs le vendeur lui-même ou un tiers) le paiement des arrérages ; en outre le vendeur doit personnellement garantir l'existence de la rente vendue ; il doit enfin assez souvent s'engager à ne pas aliéner la terre grevée ni la charger d'autres rentes sans le consentement de l'acheteur de la première. Nous étudierons l'un après l'autre ces différents points.

A. — *Paiement des arrérages.*

L'obligation principale est celle de payer sans retard

____

(1) Bulle de Martin V ; Extravag. communes, III, V, 1 ; Constitution *cum onus* de Pie V ; Ordonnances de 1441 (Isambert, IX, p. 91) et de 1553 (*Id.* XII, p. 645). Cf. Viollet, *Histoire du droit civil français*, p. 690 et 691.

au terme convenu les arrérages échus. Une sanction particulière garantit cette obligation.

La rente est généralement payable en une fois à un seul terme (1), plus rarement en deux (2). Quand il s'agit d'une rente ancienne il arrive souvent que l'acheteur ait droit outre la rente principale à des redevances accessoires ou regards, œufs à Pâques ou poules à Noël (3). Au contraire les rentes nouvelles consistent presque toujours en une seule prestation payable en argent, en grains ou en vin.

Normalement (4) c'est le tenant de la terre grevée, quel qu'il soit d'ailleurs, qui est seul obligé au paiement des arrérages. Ce seront donc après le premier obligé ses héritiers ou ses ayants cause à titre particulier. Seulement ce premier obligé ne sera pas le même suivant qu'il s'agira d'une rente nouvelle ou d'une rente ancienne.

Dans le premier cas c'est le vendeur qui s'oblige lui-même et ses héritiers sauf à se substituer plus tard son ayant cause en vendant ou donnant la terre. Cette éventualité est parfois expressément prévue dans l'acte de vente (5).

---

(1) Les termes les plus fréquents sont la Saint-Michel, 29 septembre (Cart. de la Luzerne, 114), la Saint-Remy, 1er octobre (Cart. de Saint-Cyr de Friardel, fo 214, de Silly, fo 156 vo), la Toussaint (Cart. de Saint-Amand de Rouen, 229), la Saint-André, 30 novembre (Cart. de Saint-Cyr de Friardel, f. 37 vo).

(2) Grand Cart. de Saint-Taurin, fo 158 vo (Noël et Saint-Jean Baptiste). Cart. de Jumièges, 183 (Mi-carême et Saint-André), Saint-Amand de Rouen, 72 (Saint-Michel et Purification de la Sainte Vierge).

(3) Cf. Delisle, *Etudes sur la condition de la classe agricole*, p. 56 et 57.

(4) Nous disons : normalement, pour réserver les cas de rente personnelle auxquels nous consacrons le § 5 du présent chapitre.

(5) Cart. de Bon Port, n° 263. Cart. de Saint-Evroul (11057), n° 48 : Vente de 5 sous tournois de rente sur une maison *ita videlicet quod si ego vel heredes mei vel possidentes prenominatam domum... in solu-*

Dans le second cas c'est le tenant de la terre grevée qui doit à l'acheteur la rente qu'il payait antérieurement au vendeur. Il semble donc logique qu'il intervienne à l'acte qui change son créancier. Cependant il ne paraît pas que son consentement fût requis. C'est exceptionnellement, semble-t-il, qu'il donne son assentiment soit par un acte séparé, soit dans l'acte même de vente (1).

Cette obligation de payer les arrérages peut dans certains cas être aggravée d'obligations accessoires, particulièrement lorsque la rente est payée en nature, par exemple pour une rente en vin l'obligation de prévenir l'abbaye créancière avant de commencer à presser (2).

Une sanction particulière assure, avons-nous dit, la perception des arrérages au terme fixé : c'est ce que les textes appellent la *justiciatio, justitiam facere, nemiare, prendre nams* (3).

La *Summa de legibus* reconnaît trois causes de *justiciatio*, dont la première est précisément celle qui nous occupe : la *transgressio termini prefixi*. Si une redevance n'est pas payée au terme fixé, le créancier peut *justiciare* c'est-à-dire saisir les *nams* (bestiaux) ou autres meubles ou même à défaut de meubles la terre elle-même (4).

---

tione dicti redditus defecerimus... (1258). Cart. de Montebourg, n° 730 : Vente d'un quartier de froment de rente *super totam terram meam des Marleiz... per manum meam sive per manum heredum meorum sive per manum cujuslibet qui dictam terram tenuerit* (1276).

(1) Cart. de Montmorel, n° 56 (1237).

(2) Grand. Cart. de Saint-Taurin, f° 238 v°. App. n° XXVI.

(3) *Justiciatio* (Summa de legibus, ch. 6), *potestatem justiciandi* (Tréport, n° 221), *plenam* ou *plenariam justiciam facere* (Bon Port, 66, 79, 188, la Perrine, 32, Silly, 3, 164 v°), *nemiare* (Tréport, n° 201).

(4) Summa de legibus, ch. 6, § 6. *De transgressione termini fit justiciatio, cum alicui terminus assignatur et ad eum non accedit ; et similiter de fixis terminis ad reddendos redditus, si quis eos transgressus fuerit, redditus assignatos non reddens nec offerens, justiciandus est*

Cette *justicialio* n'est pas une pure application de la saisie privée, comme cela se rencontre dans d'autres coutumes ; c'est un acte de justice foncière, c'est la saisie opérée par le *dominus* pour le paiement de ses droits sur la terre qui est tenue de lui. Cela résulte pour nous du droit concomitant de lever l'amende. Au XIII° siècle en Normandie tout individu de qui une terre est tenue est seigneur de cette terre. Cela ne signifie pas sans doute qu'il y est justicier ; mais il a du moins le droit de lever l'amende de cens non payé et de saisir, de *justiciare*. Il n'est pas nécessaire pour cela d'avoir une cour et des sergents. Tandis que l'on voit dans Beaumanoir celui qui a baillé sa terre à surcens, obligé en cas de non-paiement des arrérages de s'adresser à son propre seigneur pour faire opérer la saisie (1), en Normandie c'est le créancier de la rente qui saisit lui-même ; la *Summa* dit que le commandement qui doit précéder la saisie est fait par quelqu'un de la *familia* du créancier (2) : il n'est pas question d'un officier de justice. Nous savons encore que, dans le cas de bestiaux saisis par le propriétaire des terrains sur lesquels ils pâturent indûment, la saisie est faite de la main même de ce propriétaire et cela sous l'empire de la coutume réformée (3) ; rien ne dit qu'il en soit autrement dans les autres cas. Enfin dans le stile de procéder

quousque satisfecerit competenter vel plegios dederit super hoc standi juri : et hujusmodi transgressiones defectus nuncupantur. Et hujusmodi justiciatio per namnorum captionem vel alterius mobilis facienda est : si autem mobile in feodo nequeat inveniri, per feodum facienda est justiciatio.

(1) Coutumes de Beauvaisis, ch. 24, n° 704. Ed. Salmon. I. p. 359.

(2) *Summa de legibus*, ch. 60, § 10, p. 156. *Submoniliones autem de servicio faciendo per quemcumque de familia domini possunt fieri et similiter de reddilu reddendo.*

(3) Bérault, sur l'article 63 de la coutume de Normandie.

qui date du XVᵉ siècle *celui qui demande la rente ou charge* prend les *nams* de sa propre main. Il est vrai qu'il est à cette époque accompagné du sergent auquel il remet aussitôt les bestiaux saisis et qui fait le surplus de l'exploit. Mais cette saisie opérée par le créancier lui-même est significative (1). C'est quelque chose d'analogue qui devait se passer au XIIIᵉ siècle quand le *dominus* de la terre n'ayant pas de *parc* nécessaire pour garder les bestiaux saisis les remettait à la garde de son propre seigneur.

Un exemple pour montrer comment le sous-accensement donne droit à la *justiciatio cum emenda*. Guillaume Leroux vend à l'abbaye de Saint-Michel du Tréport une rente de 6 sous que lui doit son frère pour un journal de terre qu'il lui a baillé à cens. Guillaume transmet en même temps à l'abbaye le droit de prendre nams *pro redditu et emenda* (2). C'est donc que du fait du sous-accensement qu'il avait consenti à son frère, il avait acquis sur lui le droit de *justiciare* et de lever l'amende de rente, non payée.

En quoi consiste exactement cette *justiciatio* ? D'après la *Summa* c'est essentiellement la *prise des nams* c'est-à-dire surtout des bestiaux qui garnissent le fonds. Celui qui les a saisis doit les garder à la portée du propriétaire, lequel doit pouvoir pénétrer près d'eux une fois par jour car le saisissant qui les garde n'est pas tenu de les nour-

---

(1) Stile de procéder, ch. de justice manuelle : « Celuy qui demande « la rente ou charge doibt en la presence du sergent ordinaire aller sur « le lieu qu'il entend soustenir à luy subiect et là de sa main prendre « namps sur lesdits heritages, s'aucuns y en a, disant qu'il fait justice « manuelle pour trois années d'arrerages..., et iceux namps bailler au « sergent en luy requérant qu'il face le surplus de l'exploit » (Edition 1574, fo 284).

(2) Cart. de Saint-Michel du Tréport, n° 201.

rir (1). Il n'est dit nulle part que les nams pourront être vendus ou devenir la propriété du saisissant : ce dernier les conserve seulement jusqu'au paiement, exerçant ainsi une pression sur le débiteur. Il n'y aura d'ailleurs pas de procès à moins que le débiteur ne nie l'existence de la dette ou son étendue. L'officier du duc intervient alors pour faire restituer les nams sous caution *quousque satisfecerit competenter vel plegios dederit super hoc standi juri* (2). Mais tant que le débiteur, sans élever de contestation, se contente de ne pas payer, il n'y a pas lieu d'aller devant le tribunal.

Nous avons parlé de la saisie des bestiaux parce que c'est le cas le plus commun ; mais en l'absence de bestiaux et par exemple pour la rente due par un terrain bâti, on saisira les meubles garnissant la maison. La convention peut d'ailleurs faire varier les objets soumis à la *justiciatio* suivant la nature même de l'immeuble grevé de rente : ainsi pour un moulin la *justiciatio* pourra consister dans la *captionem ferri dicti molendini* (3). Enfin à défaut d'objets mobiliers vifs ou morts on saisit la terre elle-même (*justiciare per feodum*). Quelques-unes de nos ventes de rente accordent expressément cette voie d'exécution (4).

La saisie est faite non seulement pour le montant des arrérages, mais encore pour l'amende du retard. Quelle était exactement cette amende ? Elle est fixée plus tard dans la coutume réformée à 18 sous 1 denier (5). Dans nos

(1) *Summa de legibus*, ch. 6, § 7.
(2) *Summa de legibus*, ch. 6, § 3. Le cartulaire de Saint-Cyr de Friardel nous montre une sentence rendue précisément sur une contestation de ce genre, mais sans nous dire de quel juge elle émane, nº 196, App. nº IV.
(3) Cart. de Saint-Cyr de Friardel, nº 4.
(4) Cart. de Bon-Port, nº 101. Cf. p. 137, n. 3 in fine.
(5) Coutume de Normandie, art. 33.

charles ce montant n'est jamais indiqué, sauf de rares exceptions auxquelles nous arriverons bientôt. Mais dans la *Summa* nous retrouvons cette même somme de 18 sous 1 denier comme le montant de l'amende que le seigneur peut lever en sa cour (1). C'est vraisemblablement à cette même amende que nos actes font allusion. Le silence même des parties sur le chiffre de l'amende est en effet une preuve certaine que ce chiffre était fixé par la coutume et qu'il ne pouvait y avoir de contestation.

Cette sanction est ainsi organisée au profit du *dominus*. Mais appartiendrait-elle de plein droit à celui qui sans être devenu le *dominus* de la terre a acquis seulement le droit d'y percevoir tout ou partie de la redevance, c'est-à-dire à l'acheteur de la rente ancienne ? Il est vraisemblable que non, puisque dans le cas de *teneura voluntaria* le vendeur reste le *dominus* unique. De droit commun donc l'acheteur n'ayant pas droit de *justiciare* pour le paiement de sa rente, serait obligé de recourir à son vendeur pour vaincre la résistance du tenant qui ne paie pas les arrérages ? Pour éviter ce détour le *dominus* vendeur cède expressément, en même temps que son droit à la rente, la sanction qui le garantit. C'est une clause de style dans tous les actes de vente de rente ancienne.

Le droit transmis est exactement celui que le vendeur pouvait lui-même exercer, et l'acheteur n'acquérant le droit de *justiciare* que pour la rente qui lui est vendue, le vendeur conserve cette sanction pour la part qu'il a gardée. En un mot la *justicialio* passe à l'acheteur dans la même mesure et proportion que la rente elle-même.

(1) *Summa de legibus*, ch. 85, §11.

Raoul de Boisfranc et sa femme Mathilde vendent à l'abbaye du Trésor trois sous de rente assignés sur 9 sous *quos Guillelmus dictus Baron de furnis nobis debebat... super domum suam et appendentia dicte domui.* Pour ces trois sous l'abbaye aura le droit de faire la *justiciatio* sur la maison dudit Guillaume Baron : *eamdem jurisdictionem sive cohertionem haberent quam habe mus* ( ). Mais pour les six sous de rente que les vendeurs conservent ils auront eux aussi le droit ordinaire de saisie. Nous les voyons en effet quelques années après vendre de nouveau deux sous de rente sur la même maison et accorder de nouveau pour cette autre portion *eamdem jurisdictionem atque cohertionem... quam nos habemus* (2).

Ce qui se produit dans la vente de rente ancienne par le simple transfert à l'acheteur des droits du vendeur, se retrouve exactement dans la vente de rente nouvelle, ce qui est naturel, si, comme nous le pensons, la seconde n'est autre chose qu'une imitation de la première. C'est le même droit de saisie et la même amende, comme le prouvent surabondamment l'identité des formules employées et l'expression fréquente de *justiciare secundum usus et consuetudines* (3).

<hr>

(1) Abbaye du Trésor (Arch. Eure, H. 1392), juin 1247.

(2) *Id.* avril 1260. La clause est si bien devenue une clause de style qu'il faut, pour écarter la cession de la *justicia*, une clause contraire. Chartes de la Noë, IV, 100 (1218). Cf. *supra,* p. 101, n. 3.

(3) Il n'en est plus de même dans le droit postérieur. Cf. Basnage sur l'article 33 de la coutume de Normandie. — Quelques exemples pour notre période : *plenariam justiciam facere* (Bon Port, 237, 238, 240, 211, 278. Montebourg, 697, 730, 733. Beaumont le Roger, C. 17. La Luzerne, 88, 89, 92, 92. Silly, 192 r°), *justiciam facere pro reddito et emenda* (Bon Port, 247, 267. La Noë, IV, 104. Saint-Evroul (11055), 409, 575. Saint-Evroul (11057), 8, 23), *justiciam facere secundum usus et consuetudines* (Saint-Evroul (11057), 14, 16, 25, 39), *nemiare* (Tréport, 201, 208). Justice par la terre : Abb. de Lire (Arch. Eure, H. 516).*De quibus omnibus scilicet de prato-*

Mais ici il y a parfois quelque chose de nouveau. A côté de cette amende coutumière, imitation voulue de celle que le *dominus* a le droit de percevoir en cas de retard dans le paiement du cens, il y a dans un certain nombre de chartes des amendes purement conventionnelles, des stipulations de peine d'une autre nature. Le vendeur, qui est lui-même en cas de rente nouvelle débiteur des arrérages, s'engage à payer une amende par jour de retard.

Pierre de St-André vend à l'abbaye de St-Evroul sur tous les biens qu'il possède dans la paroisse d'Echaufour quatre sous six deniers de rente annuelle et il promet de payer *nomine pene* douze deniers par jour de retard (1).

Mais dans la *justiciatio* en matière de rente nouvelle une difficulté se présente qui n'existait pas pour la rente ancienne. Le tenant d'une terre peut-il ainsi créer sur cette terre au profit d'un tiers un droit de saisie ? Ce droit ne pourra-t-il pas éventuellement faire obstacle au droit qu'a le propre *dominus* du vendeur, de saisir pour le cens qui lui est dû ?

Il faut écarter d'abord un certain nombre d'hypothèses assez nombreuses, dans lesquelles la question ne se pose même pas. Quand l'acheteur de la rente est en même temps le *dominus* de la terre, ce qui est fréquent, comme

et herbergamento et terris poterunt dicti monachi facere voluntatem suam et in manu sua tenere donec predictus redditus plenarie persolvatur et pro defectu emenda (Déc. 1257).

. (1) Cart. de Saint-Evroul (11057), n° 68, f° 13 r°. *Si vero in solutione dicti redditus dicto termino me vel heredes meos contigerit defficere, volo et concedo quod dictis abbati et monachis seu eorum elemosinario pro qualibet die solutionis dilate duodecim denarios, si eos accipere voluerint, solvere teneamur nomine pene ex tunc commisse* (sept. 1256). *Id., n° 10 : Duos solidos turonensium nomine pene commisse quaulibet ehdomadi solutionis dilate* (oct. 1255).

nous le verrons, il exerce sa *justiciatio* pour le montant total des redevances (1) qui lui sont dues sans faire aucune distinction. Mais la rente peut aussi bien être vendue à un tiers, et cela n'empêche pas le vendeur d'accorder à ce tiers le droit de saisie *pro reddilu et emenda* (2).

Cela n'est possible évidemment que parce que le seigneur est appelé à donner son consentement à la vente de rente : ce consentement paraît même dans beaucoup de chartes avoir précisément pour but de permettre à l'acheteur de *justiciare*.

Richard *dominus de Achevilla*, chevalier, confirme une vente de rente nouvelle faite par son tenant Raoul Godefroi : *confirmo et concedo vendilionem quam fecil Radulfus Godefrei... ita quod predicli religiosi poterunt suam plenariam justiciam exercere super dimidiam acram terre... quam tenet de me in feodo absque impedimento seu contradictione aliqua mei vel heredum meorum in futurum in predictis de celero facienda, quin dicti religiosi possint, ut dictum est, super dictam terram plenariam facere justiciam* (3).

---

(1) Cart. de Saint-Evroul (1055), n° 378. *Possunt me et heredes meos justiciare tam pro dicto reddilu quam pro omnibus aliis serviciis* (janv. 1247, n. s.). Cf. App. n° V.

(2) Abb. de Lire (Arch. Eure, H. 511). Vente à l'abbaye de 12 sous de rente nouvelle *super toto tenemento quod teneo in parrochia de la Celle apud La Fouyguardière in feudo domini de Botellis... justiciam suam facere ubicumque voluerint im predictis terris et herbergamento tam pro reddilu quam pro emenda* (1276). Cart. de Saint-Pierre des Préaux, f° 86 v° n° 237 (App. n° XX).

(3) Cart. de Montebourg, n° 380 (avril 1282). Cart. de Silly, f° 208 r°. Robert Pipart confirme une donation de trois sous de rente faite par Richard de Alleyo. *Et sciendum est quod ego Robertus volo et concedo quod dicti religiosi et successores eorumdem faciant justitiam suam in dicto herbergamento, nisi dictus reddilus dictis religiosis ad dictum festum fuerit integre persolutus* (avril 1274). Cf. encore Cart. de la Luzerne, n° 94.

A tout prendre d'ailleurs le droit de l'acheteur de rente n'est pas un obstacle à celui du *dominus*. Supposons que l'acheteur ait saisi, et, en prenant les nams, privé le *dominus* de son gage, celui-ci pourra *justiciare per feodum*, saisir la terre. Si l'acheteur lui-même avait eu recours à ce moyen, il se verrait évincé par l'exercice de la *justicia* du seigneur, à moins qu'il ne le désintéressât par le paiement de ses rentes et autres devoirs. En un mot il n'y a pas là deux droits concurrents : le *dominus* reste préférable à l'acheteur, la première rente à la seconde.

Certains actes disent même expressément, bien que ce soit là, semble-t-il, une précaution superflue, que les droits du seigneur seront saufs (1).

B. — *Garantie.*

Il est de règle que, dans toute vente, le vendeur doit à son acheteur la garantie. Dans la transmission à autrui du droit à une terre, soit comme *dominus* soit comme tenant, l'acheteur doit être garanti contre les risques que peut lui faire courir le défaut de qualité chez son vendeur. Si celui qui se prétend *dominus* ou tenant, ne l'était pas, l'acheteur serait exposé à la revendication du véritable titulaire.

Aussi en vertu d'une clause spéciale de l'acte de vente, et peut-être même sans cette clause par l'effet du droit commun, l'acheteur troublé dans sa possession peut appe-

(1) Cart. de Saint-Evroul (11057), n° 160. Johannes de Brueriis vend à l'abbaye 5 sous tournois de rente nouvelle, il accorde le droit de *facere justitiam* et garantit la vente *salvis super predicta hereditate eisdem religiosis aliis redditibus quos ibidem percipere consueverint cum justi, tia et districta et serviciis aliorum capitalium dominorum* (janv. 1288 n. s.). Cart. de Saint-Cyr de Friardel, n° 217. Vente de deux sous six deniers de rente nouvelle *salvo tamen jure domini capitalis* (nov. 1293).

ler le vendeur comme garant pour défendre à l'action intentée contre lui : un délai spécial de procédure lui est accordé pour cela (1). S'il succombe et est évincé, il pourra demander au vendeur de l'indemniser du préjudice subi.

La garantie fonctionne absolument de la même manière dans une vente de rente ancienne. Le vendeur garantit l'existence réelle à son profit de ce droit à une redevance qui fait l'objet du contrat. Une clause particulière contient toujours ces obligations. Elles consistent à fairé avoir au garanti complètement, sans troubles ni dommages, les droits vendus. Si le vendeur ne peut garantir ou s'il refuse de le faire, il doit fournir au garanti un droit équivalent à celui dont il est évincé, autant que possible un droit de même nature, tout au moins une valeur pécuniaire égale. C'est cet ensemble d'obligations que l'on désigne du nom générique de *garantizare*.

Les chartes entrent d'ailleurs souvent dans le détail et précisent la signification de ce mot. Le vendeur s'engagera par exemple à faire avoir la rente à l'acheteur franche et quitte de toute obligation envers un tiers (2), à défendre en justice l'acheteur troublé dans sa possession (3), enfin au cas où il ne pourrait le défendre efficacement à remplacer dans son patrimoine la rente perdue par une autre rente de même valeur (*excambiare*) (4).

---

(1) *Summa de legibus*, ch. 49 ; ch. 95, § 6.

(2) Cart. de Saint-Evroul (11057), n° 3. Vente de rente ancienne : le vendeur s'engage à *garantizare, deffendere et deliberare bona fide contra omnes ad usus et consuetudines patrie*. Cart. de Bon Port, n° 78. Vente de rente ancienne *contra omnes garantizare et de omnibus acquietare* (fév. 1231, n. s.).

(3) Cart. de Saint-Evroul (11057), n° 3. Cf. note précédente.

(4) Cart. de Bon Port, n° 87. Vente de 10 sous de rente ancienne,

Parfois on indique d'une manière précise quelle est la rente qui en cas d'éviction sera fournie en remplacement (1). Enfin le vendeur peut s'engager expressément à indemniser le garanti de tous frais que le trouble l'aura obligé de faire (2). A vrai dire tout ce détail est inutile et ne dit rien de plus que la simple clause *garantizare tenemur* (3).

Mais une garantie plus efficace pouvait dans certains cas s'ajouter à celle du vendeur : le seigneur de la terre en même temps qu'il confirmait la vente s'engageait quelquefois à la garantir (4).

La clause de garantie a passé sans modification de la vente de rente ancienne dans la vente de rente nouvelle (5).

tenebimur guarantizare vel alibi in hereditate nostra valore ad valorem excambiare (1233).

(1) Cart. de Jumièges, n° 432, app. n° XV. Cart. du Tréport, n° 124.

(2) Abbaye du Trésor (Arch. Eure, II. 1392). Vente de 2 sous par. de rente ancienne. *Hanc autem venditionem ego predictus Radulfus de Boisfranc et heredes mei dictis monialibus contra omnes garantizare et deliberare tenemur et dampna sua si que super hoc per defectum garantie incurrerint restaurare* (fév. 1245, n. s.).

(3) Quelquefois (cela n'apparaît pas avant la seconde moitié du XIII° siècle) le vendeur oblige ses biens meubles et immeubles (Cart. du Tréport, n° 209 (1262), 221 (1270). Il faut remarquer d'ailleurs que la clause de *garantizare et excambiare* équivaut à une obligation des autres immeubles du vendeur. Sur l'obligation cf. Esmein, *Etudes sur les contrats dans le très ancien droit français*, 1883.

(4) Abbaye de Bon Port (Arch. Eure, II. 196). Confirmation par le seigneur d'une donation de rente ancienne : *Quod ut ratum sit, presens scriptum actoritate sigilli mei confirmavi et elemosinam, utpote in meo feodo assignatam, garantizare promisi.*

(5) Abbaye de Lire (Arch. Eure, H. 516). Vente de 10 sous de rente nouvelle. *Et ego heredes mei dictum redditum dictis monachis tenemur contra omnes garantizare et in omnibus indempnes conservare vel alibi competenter excambiare* (Déc. 1257), *Id.* (Arch. Eure, H. 474). Vente de 30 sous tour. de rente nouvelle. *Ego autem predictus J. et heredes mei dictis religiosis et eorum successoribus tenemur et in perpetuum tenebimur dictos viginti sol. tur. annui redditus garantizare et deffendere con-*

Mais il importe de se demander si elle a toujours ici la même signification et la même portée.

Il semble bien évident que non ; car dans la vente de rente ancienne, ce qui est garanti, c'est l'existence même de la rente vendue ; or il ne peut être question de garantir l'existence de la rente nouvelle puisqu'elle est créée par l'acte même qui la vend. Il est certain qu'elle n'existait pas antérieurement à la vente et il est non moins certain qu'elle existe depuis.

A quoi donc servira la garantie ? Dans un cas elle jouera le même rôle que dans la rente ancienne. Si le retrait lignager est exercé pour la rente vendue, le vendeur sera tenu de constituer sur d'autres biens une autre rente à l'acheteur. Le vendeur garantit également l'acheteur contre les réclamations de la femme *ratione dotis* ou *maritagii* si la rente est assignée sur un immeuble faisant partie de son *maritagium* ou sur lequel elle peut éventuellement réclamer son douaire (1). Alors les héritiers du mari seront tenus d'indemniser l'acheteur évincé.

Mais à côté de ces résultats qui sont communs aux clauses de garantie des deux espèces de rente, la garantie de rente nouvelle peut en produire d'autres et prendre une autre signification.

Le vendeur affirme par là qu'il est bien le tenant du fonds grevé et par suite qu'il a bien le droit de vendre une

---

tra omnes aut etiam alios, si necesse fuerit, excambire. Et si forte dicti religiosi vel eorum successores propter deffectum nostrum dampna aliqua seu deperdida incurrerint in premissis omnia eisdem tenebimur integre resarcire (mars 1293).

(1) Cart. du Tréport, n° 208. Vente de 5 sous de rente nouvelle : *garantizare et de dote et omnibus rebus aliis per obligationem omnium bonorum nostrorum mobilium et immobilium ubicumque fuerint deliberare* (sept. 1260).

rente assignée sur celui-ci. S'il n'avait pas cette qualité le tenant véritable de la terre refuserait naturellement de reconnaître la rente constituée par un *non dominus*, et la clause de garantie permettrait à l'acheteur de se faire indemniser par une autre rente équivalente.

La garantie nous semble avoir encore ici un autre effet beaucoup plus remarquable, au moins dans un certain nombre de cas : elle oblige personnellement le vendeur au paiement des arrérages. En un mot le vendeur garantit non seulement l'existence de la rente ou plutôt de son droit de la créer, mais l'exact paiement des arrérages aux termes indiqués.

Certaines chartes en effet obligent le vendeur de rente nouvelle a *acquietare* ou *deliberare*.

Dans une vente de rente ancienne cette obligation est aisée à comprendre. La rente ayant une existence certaine antérieure à l'acte de vente et indépendamment de lui, elle est déterminée dans son montant et ne saurait être augmentée. Si donc je vends à B une redevance de 10 sous que j'ai droit de percevoir sur le terrain de A, tenu de moi, il importe à mon acheteur que je n'aie pas déjà vendu 5 sous sur cette même redevance. La clause qui nous occupe m'obligera dans ce cas à éteindre, si elles existent, de pareilles rentes qui diminuent le droit de mon acheteur ou à l'indemniser par une rente sur un autre bien.

Mais une rente nouvelle n'est pas ainsi limitée ; je puis, au moins en théorie, créer sur le fonds que je tiens des rentes en nombre indéfini. Que signifie donc la clause qui m'oblige à *acquietare* .

On pourrait être tenté d'y voir une garantie contre les effets d'une vente de la terre postérieure à la vente de la rente. Le vendeur s'obligerait à garantir son acheteur contre les prétentions de l'acheteur de la terre grevée. Mais tel n'est pas l'office de la garantie. Le garant assiste le défendeur et non pas le demandeur. Dans l'hypothèse indiquée le vendeur sera le garant de l'acheteur de la terre, quand l'abbaye, acheteur de la rente, en réclamera les arrérages et opérera la *justiciatio*. Mais l'abbaye demanderesse n'a pas besoin de garant.

Une autre explication plus simple serait qu'il y a là une reproduction irréfléchie des clauses de la vente de rente ancienne, sans que les parties se soient aperçues que l'obligation d'*acquietare* ne présente ici aucun sens. Cela n'aurait rien d'invraisemblable, car il est facile de trouver des exemples dans lesquels la clause de garantie ne présente aucune utilité. Quand la rente est constituée sur tous les biens du débiteur, comment ce débiteur peut-il promettre en cas d'éviction de garantir et d'échanger (1) ? La clause de *garantizare, excambiare* n'est évidemment insérée dans les actes de ce genre que parce qu'elle fait partie du formulaire usuel de vente de rente.

Il semble cependant plus probable que la clause d'*acquietare et deliberare* — plus spéciale et beaucoup moins usuelle que la clause de simple garantie — prenait ici une signification précise. Elle oblige le vendeur personnellement à faire avoir la rente à l'acheteur. C'est une espèce de clause de fournir et faire valoir, qui fait de la rente une véritable rente personnelle. La vente de la terre par le débiteur de la rente ne le libérera pas de l'obligation qu'il a assumée.

Si cette explication, en tous cas, ne semblait pas de-

____

(1) Cf. *infra*, p. 53.

voir être admise pour la clause en question, on ne saurait donner un autre sens à la formule qui oblige le vendeur à *reddere* (1).

Ceci amène à penser que d'une façon générale la clause de garantie dans la vente de rente nouvelle porte dans bien des cas non plus seulement sur l'existence du droit du vendeur, mais sur le paiement des arrérages. Cela n'a rien d'étonnant : nous constaterons en effet une tendance très nette à faire de la rente une rente personnelle.

C. — *Clauses portant défense d'aliéner la terre ou de la grever de rentes nouvelles.*

Au XIII° siècle le principe de l'inaliénabilité de la tenure est déjà fortement entamé. Il semble certain, nous l'avons vu, que dans bien des cas le consentement du seigneur, théoriquement toujours nécessaire, ne pouvait être refusé à celui qui payait les droits de mutation tarifés par la coutume, ce qu'on appelle dès lors le *treizième* (2).

Dans nos actes de vente de rente il est fréquemment prévu que la terre grevée pourra changer de mains et que ce fait ne devra pas porter atteinte aux droits du crédirentier.

Beaucoup de chartes en effet après avoir nommément indiqué le débiteur actuel de la rente, c'est-à-dire le tenant actuel de la terre, ajoutent : *seu per manum cujuslibet qui*

(1) Vente de 5 sous de rente nouvelle. *Et ego et heredes mei tenemur eis et eorum successoribus jamdictum redditum contra omnes gentes garantizare et adquietare per totum et reddere, ita quod illum habeant et recipiant liberum et quietum* (juin 1230). Cart. de St-Amand de Rouen, n° 229. Cart. de Saint-Evroul (11057), n° 59, app. n° IX.

(2) Cf. *supra*, p. 23.

dictam terram tenuerit, ou autre formule analogue (1).

Donc l'acheteur de la rente, même s'il est en même temps le *dominus* de la terre grevée, ce qui arrivait souvent, *a fortiori* s'il ne l'est pas, ne peut empêcher son vendeur de transmettre la terre à autrui à titre de propriété ou de gage (c'est-à-dire de changer le débiteur de la rente) ou de charger le même sol d'autres rentes au profit de tiers.

Néanmoins ce sont là des opérations et surtout la dernière qui sont susceptibles de porter préjudice au premier acheteur

Celui-ci a intérêt à ce que la terre soit maintenue en bon état de culture ou la maison en bon état de réparations afin que le paiement des arrérages soit régulièrement effectué. Une clause spéciale oblige parfois le vendeur lui-même à ce bon entretien. Par exemple un certain André Walet, vendant en 1244 à l'abbaye de Jumièges une rente nouvelle de 10 sous sur son jardin, s'engage à le conserver en bon état. *Et tenemur ipsum gardignum conservare in statu et valore in quo nunc est, vel in meliore.* Faute de satisfaire à cette obligation Walet verra les religieux saisir le jardin (2).

On comprend que ce bon entretien de la terre grevée peut être compromis par le transfert aux mains d'un acheteur ou d'un engagiste négligent. D'où intérêt à ce que la terre ne soit pas aliénée ou du moins à ce que l'abbaye soit consultée lorsqu'il s'agira de la vendre.

(1) Cart. de Montebourg, 730 ; Cart. de Saint-Cyr de Friardel, 215, 218 ; Cart. de Saint-Evroul (11057), 48 ; Cart. de Bon Port, 263.

(2) Cart. de Jumièges, n° 299. Quand la rente porte sur une maison le vendeur peut être obligé de la reconstruire en cas de ruine ou d'incendie (abb. de Lire, arch. Eure. H. 475. App. n° XVIII, *Id.* H. 487, ao 1251. App. n° XVII.

Ce serait un danger plus redoutable encore que la terre fût par des ventes de rentes trop considérables grevée de charges supérieures ou même égales à son revenu. Son possesseur alors, n'ayant plus intérêt à cultiver, abandonnera la terre, et par là encore le créancier de la rente sera lésé. Nous aurons l'occasion de voir dans le chapitre suivant que cette crainte n'était pas chimérique (1).

C'est à tous ces risques que le créancier, que l'acheteur de la rente veut se soustraire par la clause qui défend à son vendeur de vendre ou d'engager la terre, d'une façon générale de l'aliéner, ou de la charger d'autres rentes — ce qui comprend, remarquons-le, aussi bien la défense de sous-accenser que celle de vendre des rentes nouvelles — du moins sans une autorisation préalable du créancier.

Pour reprendre l'exemple plus haut cité, André Walet vendant une rente sur son jardin ajoute : *non poterimus de cetero predictum gardignum vendere nec invadiare nec alio modo extra manum nostram ponere nec amplius onerare reddilibus sine predictorum abbatis et monachorum licentia speciali* (2).

Dans cet exemple cependant et dans beaucoup d'autres l'abbaye créancière, étant en même temps seigneur de la terre, avait sans clause spéciale un moyen de se garantir contre les risques que lui faisait encourir une aliénation : c'était le retrait censuel. Mais ce retrait l'obligeait à débourser un capital pour acquérir la propriété de l'immeuble vendu en remboursant l'acheteur, ce que peut-être elle ne veut pas faire. Notre clause lui permet,

(1) Cf. *infra*, ch. **IV**, § II.
(2) Cart. de Jumièges, n° 299.

ce qui est bien plus aisé, de s'opposer tout simplement à l'aliénation.

Cette clause se rencontre assez fréquemment (1). Il ne faudrait pas cependant confondre avec elle une clause rédigée à peu près dans les mêmes termes mais n'ayant pas à beaucoup près la même portée ; clause qui a simplement pour but d'indiquer — ce qui va de soi d'ailleurs — que l'aliénation de la terre ou la création d'autres rentes ne pourra nuire aux droits du premier acheteur, sera faite sauf ces droits (2).

Telle nous semble être par exemple la signification de la formule : *non potero vendere, distrahere seu extra manum meam ponere, quin ad solvendum et reddendum predictum bussellum frumenti... predictis religiosis teneantur* (2), ou encore de la défense d'aliéner *nisi cum honere redditus supradicti* (3).

Nous reconnaissons la défense véritable d'aliéner et grever de rente quand il est dit que pour une opération de ce genre le consentement de l'abbaye créancière de la première rente sera nécessaire.

(1) Abbaye de Lire (Arch. Eure, H. 506), 1274 et 1277. Cart. du Plessis Grimoud, n° 382. Cart. de Saint-André en Gouffern, n° 231. Vente de 4 sous de rente nouvelle. *Et sciendum quod ego vel heredes mei non poterimus predictum molendinum vendere vel impedire aliquo modo sine consensu et voluntate predictorum abbatis et monachorum quin ipsi habeant predictos 4 solidos* (1269) Abb. d'Aunay (Arch. Calvados H. 896), vente d'un quartier de froment de rente nouvelle ; *ita quod dictum tenementum ipsa vel sui heredes non poterunt extra manum suam ponere quoquomodo absque dictorum monachorum licentia speciali* (1258). Cart. de Bon Port, n°⁸ 217, 267, 280.

(2) Cart. de la Luzerne, n° 153 (1297 n. s.).

(3) Abbaye de Lire (Arch. Eure, H. 487).

§ 5. — Transformation de la rente charge réelle en une obligation personnelle.

Normalement le créancier de la rente n'a qu'un moyen de se faire payer régulièrement les arrérages, c'est la *justiciatio* faite sur le fonds grevé. Il était donc lésé si les revenus du fonds devenaient insuffisants pour les payer. Nous avons vu qu'il cherchait à prévenir cette éventualité en obligeant le vendeur à maintenir sa terre en bon état de culture, ou en se réservant d'agréer les acheteurs du fonds si le débiteur de la rente l'aliénait, enfin en empêchant la création de rentes au-dessus d'un certain chiffre. Il y avait encore un autre moyen c'était de rendre le vendeur de la rente personnellement responsable du paiement des arrérages malgré l'aliénation du fonds à un tiers. La rente devient dès le milieu du XIIIe siècle dans bien des cas une obligation personnelle garantie par un fonds, comme elle le sera toujours depuis le XVIe siècle dans la doctrine du droit français.

Cette évolution peut être pressentie tout d'abord par la forme même que prend dans certains actes la vente de la rente. Au lieu de désigner la rente comme due par telle terre déterminée, on vend sans autre spécification une rente de tant ; puis dans une phrase distincte, parfois à l'autre bout de l'acte, on accorde à l'acheteur en cas de non-paiement le droit de faire la *justicia* sur telle ou telle terre ? Ne semble-t-il pas que sous cette forme la rente soit bien près de répondre à la définition qu'on en donnera plus tard : une obligation personnelle garantie par un assignat immobilier ?

En janvier 1272 Raoul Escarbot vend à l'abbaye de Montebourg 24 boisseaux de froment de rente nouvelle *habendos et percipiendos in perpetuum ad festum Sancti Michaelis in septembri per manum meam seu heredum meorum ita quod dicti religiosi poterunt et debebunt suam plenariam justiciam exercere pro dicto frumento super octo virgatas terre quas eisdem attornavi et tradidi sitas in loco qui dicitur territorium Escarbol* (1).

Mais il n'y a jusqu'ici qu'une différence de forme qui nous fait sentir seulement comment la rente se détache de plus en plus du fonds qui la supporte. C'est encore sur un seul immeuble que l'acheteur aura le droit d'opérer la saisie, c'est un seul immeuble qui est le gage de sa créance.

La rente prend au contraire un caractère tout à fait nouveau quand l'acheteur a le droit de *justitiam facere* non plus seulement sur l'immeuble grevé de la rente, mais sur d'autres immeubles appartenant au vendeur, parfois même sur tous ses biens immobiliers.

Mathilde Goce vend à l'abbaye de Notre-Dame de Bon Port quatre sous tournois de rente *sitos super masagium meum*. Et en terminant la charte ajoute : *Et licebit dictis*

(1) Cart. de l'abbaye de Montebourg, n° 733 (janv. 1272 n. s.). Cart. de Saint-Amand de Rouen, n° 229. Raoul Amant vend à l'abbaye pour 40 sous *quinque solidatas annui redditus usualis monete in Normannia recipiendas eis et earum successoribus de me et de meis heredibus annuatim ad festum omnium Sanctorum et eas assignavi ad faciendam justiciam suam pro dicto reddilu. si ego vel heredes mei defecerimus eis de pagando statuto termino, super masagio meo quod habeo de feodo earum* (juin 1230). Cart. de Silly, f° 192 r°. Guillaume l'ermite vend à l'abbaye *IIII^or solidos cenomannensium annui redditus ad festum Sancti Remigii percipiendos per manum meam vel per manum heredum meorum sine aliqua contradictione ad terminum pretaxatum ; alioquin si ad dictum terminum dictis canonicis dicti IIII^or solidi cenomannensium non essent integre persoluti, ipsi canonici justiciam suam plenariam facere poterunt sine contradictione mei vel heredum meorum in quadam petia terre sita in parrochia Sancti Lamberti* (1251). *Id.*, f° 182. Abbaye de Silli (Arch. Orne, H. 1400). 1258.

religiosis pro dicto reddilu si necesse fueril super tolum masagium meum (c'est-à dire le fonds proprement grevé de rente) *el super totum tenementum meum ubicumque sit tam ad villam quam ad campos plenariam facere justitiam* (1).

Johan Goscelin du Mesnil vend à l'abbaye de Saint-Michel du Tréport 4 sous de rente par an *seur deus pieches de ma terre assises*, etc. Si la rente n'est pas payée au terme fixé, les moines pourront faire leur *plaine justiche seur les devant dites pieches de terre et seur le remanant de tout mon fié ensement tant pour la rente ne mie paié au terme dessus dit comme pour l'amende* (2).

Le même résultat est obtenu si la rente assignée principalement sur un fonds déterminé, l'est subsidiairement sur d'autres.

Durand Borsar vend à l'abbaye de Saint-Evroul 5 sous de rente nouvelle assignés sur sa maison *assignatos vero quinque solidos in quadam domo... vel si necesse fueril dictos quinque solidos in meo proprio hereditagio poterunt accipere* (3).

Symon de Arreyo, *armiger*, vend à l'abbaye du Plessis Grimould trois setiers de froment de rente nouvelle *super duas acras terre vel circa tam in gardino quam in terra arabili*. Il s'engage à garantir et au besoin à *valore ad valorem excambiare* : et pour plus de sûreté il indique la terre sur laquelle le cas échéant l'abbaye percevra la rente.

---

(1) Cart. du Bon Port, n° 237 (1239). Cf. *Id.*, n°⁹ 238 (1259). 240 (1259), 241 (1259).

(2) Cart. du Tréport, n° 242 (1298). Cf. encore Cart. de Jumièges, n° 299 (mai 1244). Vente de 20 sous de rente nouvelle *super gardignum meum* et droit de *facere plenariam justiciam in dicto gardigno et in toto tenemento meo ubicumque sit pro reddilu et emenda*.

(3) Cart. de Saint-Evroul (11057), n° 14 (août 1250).

Et ad majorem rei certitudinem ego pono et obligo eisdem religiosis in contraplegium quinque acras terre... ; et ces terres données en *contraplegium* ne pourront non plus que les premières être aliénées ni grevées d'autres rentes sans le consentement de l'abbaye (1).

Encore toutes ces formules différentes gardent-elles quelque chose de la rente pure charge réelle. Une terre est spécialement désignée comme chargée de la redevance, les autres ne sont obligées que subsidiairement au cas où les revenus de la première seraient insuffisants.

Nous nous rapprochons bien davantage de la pure rente personnelle avec les rentes assignées par le vendeur sur tous les immeubles tenus par lui de l'abbaye, ou sur tous ses biens situés dans telle ou telle paroisse. C'est une formule fréquente que la vente de rente *super totum feodum quod teneo de ipsis, super omne tenementum meum quod de ipsis teneo in parrochia..., super totali hereditate quam teneo ab eisdem* (2).

On rencontre enfin bien que plus rarement la véritable rente sur tous les biens du vendeur, que les canonistes condamneront p lus tard comme n'étant qu'un déguise-

---

(1) Cart. de l'abbaye du Plessis-Grimoud, 1162 (1289 mai). Cf. encore Cart. de Saint-Evroul (11055), n° 514. Vente d'un setier d'orge de rente nouvelle sur un champ : *et si predictus campus non valeat redditum supradictum, dicti abbas et conventus poterunt in cortillagio meo sito in predicta parrochia justiciam facere pro reddit u predicto et emenda quocienscumque sibi viderint expedire* (janv. 1253 n. s.).

(2) Cart. de Bon Port, n° 117, *super totum tenementum quod potest michi evenire ex parte patris mei* (1239 n. s.). Cart. de Saint-Evroul (11055), n° 379 *super totum feodum quod teneo de ipsis* (1249). Même formule dans : Cart. de Saint-Evroul (1157). n°° 7 (1259), 8 (1250), 16 (janv. 1243 n. s.), 23 (janv. 1256 n. s.), 37 (mars 1252), 39 (fév. 1243 n. s.), 49 (mars 1252), 52 (mars 1252), 57 (janv. 1269 n. s.). Cart. de Montebourg, 765 (juillet 1278), 767 (1291).

ment de la rente sur la personne, condamnée elle-même comme usuraire (1).

Raoul Theberge vend à l'abbaye de Lire 10 sous de rente nouvelle *super pratum meum... et super herbergamentum meum... et super alias terras quas possideo alibi... et super totum tenementum meum ubicunque sit* (2).

Nicolas Lepetit vend à l'abbaye de Saint-Wandrille pour 15 livres tournois 12 mines d'orge de rente nouvelle *assignatas super totum hereditagium meum ubicunque poterit inveniri* (3).

On pourrait objecter que théoriquement du moins la rente sur tous les immeubles n'est pas encore une rente personnelle, puisque le débiteur pourra en aliénant tous ses immeubles échapper à toute obligation. Il n'en est pas moins vrai que, même en admettant cette aliénation totale, le gage de l'abbaye est fort étendu puisqu'elle peut suivre tous ces immeubles entre les mains des tiers acquéreurs.

Mais il y a même des cas où la rente est assignée sur tous les biens meubles et immeubles du vendeur.

En 1257, Haimericus de Brandaucourt vend à l'abbaye de Saint-Wandrille, 20 sous de rente. *De hoc autem attornavi dictos religiosos seu eorum mandatum supra totum meum hereditagium et supra omnia bona mea mobilia et immobilia ubicunque fuerint ad campum et ad villam*

(1) La constitution *Cum onus* de Pie V exige que la rente soit constituée sur un immeuble nominalement déterminé.

(2) Abbaye de Lire (Arch. Eure, H. 516), déc. 1257.

(3) Cart. de Saint-Wandrille (Arch. Seine-Inférieure), copie 38, n° 588. Cf. encore Cart. de Saint-Wandrille (Arch. Seine-Inférieure), f° 87 r° nov. 1275). Cart. de Saint-Amand de Rouen, n° 170 (oct. 1247). Cart. de Bon Port. n° 278 (1270).

ad faciendam plenarie suam justiciam supra illa pro redditu antedicto et emenda (1).

On voit donc que la conception première de la rente est fortement entamée déjà au milieu du XIII° siècle. Qu'on se rappelle ce que nous avons dit en parlant du rôle de la clause de garantie dans la vente de rente nouvelle et l'on se rendra compte du changement profond qui s'opère déjà et qui n'aboutira pourtant à une consécration officielle dans la coutume de Paris que dans la seconde moitié du XVI° siècle.

On serait tenté de croire que cette évolution du moins fut restreinte à la vente de rente nouvelle, on ne voit pas comment on aurait personnalisé, si l'on peut dire, la rente ancienne. Et cependant même dans la vente de rente ancienne nous voyons que le vendeur peut dans une certaine mesure s'obliger personnellement au paiement des arrérages. Il sera dit par exemple que, faute de paiement par le tenant de la terre, l'acheteur aura recours sur les biens du vendeur : *recursum habeant in tota hereditate mea* (2) ; ou encore que l'acheteur pourra *justiciam facere* non seulement sur le bien grevé qui est aux mains d'un tiers, mais sur d'autres immeubles (3), sur tous les immeubles parfois (4), restés au vendeur. On peut même

(1) Cart. de Saint-Wandrille (Arch. Seine-Inf., copie 38), 588 (mars 1257). *Id.*, 592 (1293). Cart. de Saint-Wandrille (Seine-Inf.), f° 80 v° (mars 1257), f° 100 r° (juin 1261).

(2) Cartulaire de Bon-Port, n° 66 (janv. 1229 n. s.).

(3) Cart. de Saint-Evroul (1157), n° 3. App. n° VIII. Cartulaire du Tréport, n° 201 (1259).

(4) Abbaye de Silli (Archiv. Orne, H. 1400), mars 1260. Guillaume Paumier vend à l'abbaye 6 sous tourn. de rente *quos michi faciebat Nicholaus Paumier frater meus super unam petiam terre quam de me tenebat... Quod si dictus redditus ad dictum terminum non esset integre persolutum, dicti canonici pro redditu non soluto in dicta petia terre et etiam*

citer en 1297 une vente de rente ancienne dans laquelle le vendeur s'engage personnellement *à fornir et fere valer la dicte rente se déchié i avoit* (1).

A tous les points de vue par conséquent nous aurons pu constater l'analogie entre les deux espèces de ventes de rente. Dans ce dernier cas il est à croire que c'est la forme récente de la vente de rente nouvelle qui a réagi sur la première, la vente de rente ancienne. Dans tous les autres cas où nous avons pu constater l'identité dans les droits et obligations des deux parties, n'est-il pas évident que l'on doit conclure à l'imitation par le contrat nouveau du contrat ancien ?

Nous connaissons maintenant l'origine des contrats et le détail de leurs clauses. Placement durable pour les abbayes, l'achat de rentes leur offre les mêmes garanties que leur donnait le gage ; la seule infériorité de la rente résultait de ce que l'abbaye n'avait pas la terre entre les mains, le vendeur conservant par suite la possibilité de l'aliéner, de la grever d'autres charges, de la laisser en friche. Mais des clauses spéciales ont été justement inventées pour parer à ces dangers. Mieux que cela on a étendu le gage de l'abbaye créancière en le faisant porter sur d'autres immeubles que l'immeuble grevé. La rente a donc tous les avantages de l'engagement sans en avoir les inconvénients, elle est autorisée tandis que le mort gage est depuis la fin du XIIe siècle illicite. On comprend avec quel empressement les abbayes ont usé de ce mode de placement.

in omne tenementum quod de ipsis tenemus justiciam suam plenariam poterunt exercere.
(1) Cart. de la Luzerne, n° 154.

CHAPITRE IV

Il nous devient possible, maintenant que nous connaissons les origines du contrat de vente de rente, ses clauses et ses effets, d'aborder la partie proprement économique de cette étude, de rechercher le rôle que notre contrat a pu jouer comme mode de crédit depuis le début du XIIIe siècle, les avantages particuliers qu'il offrait, si nous le comparons au gage usité à l'époque précédente, d'une part aux abbayes créancières et de l'autre aux emprunteurs, aux vendeurs de rente. Cette nécessité pour apprécier les effets du contrat de nous placer successivement au point de vue de chacune des deux parties nous indique la division la plus logique de ce chapitre.

Nous dirons seulement un mot, avant de commencer, de la fréquence du contrat de vente de rente.

L'immense développement que les achats de rentes avaient pris dans l'administration financière des églises et des monastères est un fait attesté, à une époque, il est vrai, bien postérieure à celle que nous étudions, par une décrétale du pape Martin V qui en 1425 réglementa la matière et trancha la question longtemps discutée de la légitimité de la vente de rente nouvelle (1).

(1) Extravagantes communes, III, V. De emptione et venditione c. 1...
quodque etiam super hujusmodi censibus plurima beneficia ecclesiastica, collegia, canonicatus et prebendæ, dignitates, personatus et officia, vicariæ, altaria numero plus quam duo millia, de expresso consensu et

Mais pour le XIII⁰ siècle même il ne sera pas difficile de montrer quelle place prit rapidement la rente dans la pratique des abbayes. Et tout d'abord s'il nous est impossible de donner ici un chiffre approximatif des contrats de rente que renferment nos archives et même de ceux qui ont pu passer sous nos yeux, la fréquence de ces actes doit ressortir de l'ensemble même de cette étude et des exemples que nous y avons introduits et qui sont empruntés à un grand nombre d'abbayes appartenant aux régions les plus diverses du territoire normand. Il suffit de feuilleter un des cartulaires qui ont été publiés pour se rendre compte de l'usage continuel que faisaient nos aïeux du contrat de rente : achats de rentes et achats de terres, donations de rentes ou donations de terres, telle est avec les chartes de fondation et les bulles des papes contenant des privilèges spéciaux, la matière ordinaire du cartulaire d'une abbaye.

Dans quelques-unes l'abondance des rentes est encore mieux mise en évidence : on y a dressé la liste des rentes achetées pendant l'administration de tel ou tel abbé : c'est ce qu'on trouve par exemple dans le cartulaire de l'abbaye de Fécamp (1). Pour qu'une liste de ce genre puisse être dressée — et elle occupe plusieurs folios du cartulaire — il faut que ce soit là un acte d'administration fréquent, un moyen usuel de placement des capitaux de l'abbaye.

voluntate dominorum temporalium sub quorum territoriis dicta bona obligata consistunt, erecta, dotata et fundata...

(1) Cartulaire de l'abbaye de Fécamp (Archives Seine-Inférieure), f⁰ 61 v⁰ *Hii sunt redditus de emptione domini Ricardi abbatis fiscannensis ab anno octogesimo primo.*

§ 1. — Utilité de la rente pour l'acheteur.

Les cartulaires de nos abbayes sont remplis d'achats de rentes, avons-nous dit, mais parmi ces rentes les unes sont des rentes anciennes et les autres des rentes nouvelles. Y a-t-il lieu, au point de vue qui nous occupera dans ce paragraphe, c'est-à-dire au point de vue du capitaliste qui cherche un placement avantageux, de distinguer l'une et l'autre espèce ?

Que l'achat d'une rente ancienne constitue une opération de crédit et rentre à ce titre dans le cadre de notre étude, cela nous paraît certain, puisqu'il y a échange d'une richesse actuelle contre une richesse future; mais il est non moins certain que ce n'est point la même chose de vendre le droit que l'on a à une redevance payée par un tiers ou de s'engager soi-même à en payer une, en d'autres termes, qu'au point de vue du débiteur la distinction a une grande importance pratique. Seulement il n'en est pas de même pour le capitaliste à la recherche d'un placement. Peu lui importe que la rente qu'il achète ait une existence antérieure au contrat de vente ou que ce même contrat lui donne naissance, que la rente soit payée par Paul qui la doit à Pierre vendeur ou par Pierre lui-même.

Il n'y aura donc pas lieu, tant du moins que nous ne nous préoccuperons que des intérêts du créancier de la rente, de distinguer entre l'une et l'autre espèce, puisque toutes deux sont des moyens de placement absolument équivalents.

Est-ce à dire que les abbayes créancières ne retirèrent aucun avantage de la création et de la pratique de la vente des rentes nouvelles ? Nullement, car tout ce qui augmente l'usage du crédit, tout ce qui ouvre le crédit à une classe nouvelle profite aux prêteurs en augmentant leur clientèle d'emprunteurs et en facilitant par là même les placements.

Nous voulons dire seulement que dans chaque cas particulier il nous sera indifférent de savoir s'il s'agit d'une rente nouvelle ou d'une rente ancienne.

Nous allons donc rechercher successivement, et en faisant abstraction de cette distinction, d'abord quelle était au XIIIe siècle la situation financière des abbayes et comment elles ont eu à placer de si nombreux capitaux mobiliers, ensuite comment s'explique leur prédilection manifeste pour ce moyen de placement nouveau, la rente.

C'est une chose évidente et qui pourrait se passer de démonstration que les abbayes normandes ont eu de nombreux capitaux, puisqu'elles ont fait de si fréquents placements. Il ne sera pas inutile néanmoins de donner quelques notions sur leur état financier et de connaître les sources de cette richesse.

On possède par bonheur sur les établissements religieux de Normandie au milieu du XIIIe siècle des renseignements très sûrs et très précis dans un registre de notes prises au cours de ses visites pastorales dans toute l'étendue de la province ecclésiastique de Rouen — c'est-à-dire de la Normandie — par l'archevêque Eude Rigaud (1). Et ces renseignements épars ont été coordonnés avec assez de soin par M. du Méril dans un article

(1) Registrum visitationum archiepiscopi Rothomagensis. Journal des visites pastorales d'Eude Rigaud, archevêque de Rouen, 1248-1269. Edition Bonnin, 1852.

paru dans les mémoires de la Société des antiquaires de Normandie (1). Cet article nous a facilité le travail, mais nous croyons que son auteur a formulé sur l'état financier des abbayes normandes dans la période que nous étudions des conclusions trop pessimistes.

Il semble bien certain que le grand essor de la foi qui poussa les populations à la création et à la dotation de nombreux monastères nouveaux n'existe plus à notre époque. Ce sont les XIe et XIIe siècles qui ont vu naître sur le sol normand presque tous les établissements religieux qui y subsisteront jusqu'à la révolution (2). Au XIIIe siècle les abbayes existantes continuent de vivre, mais leur patrimoine ne s'augmente plus comme autrefois de dotations considérables.

Les religieux sont dans chaque établissement relativement peu nombreux. Dans 200 monastères, dont 14 de femmes, qu'Eude Rigaud visita au cours de ses tournées, on compte 2.386 religieux dont 373 femmes. L'abbaye d'hommes la plus peuplée, le Mont Saint-Michel, ne comprend pas plus de 80 moines et la moindre en compte 13 (3). Nous ne parlons pas ici des simples prieurés dont la plupart ne contiennent que 2 à 4 moines, quelquefois même un seul, malgré la règle qui défend de laisser un religieux sans compagnon, règle qu'Eude Rigaud a plus d'une fois l'occasion de rappeler à l'observation des abbés.

Mais ce n'est pas tout. Eude Rigaud nous donne des

---

(1) Du Méril, *De l'état du clergé régulier en Normandie sous le pontificat d'Eude Rigaud, 1248-1269. Mémoires de la Société des antiquaires de Normandie*, XVII, 1847.
(2) Du Méril, *op. cit.*, p. 108.
(3) *Id.*, p. 112.

renseignements directs et des plus précis sur la fortune des établissements qu'il visite. Or beaucoup devaient de l'argent, un certain nombre même à des Juifs ou à des Lombards (1), quelques-uns avaient dû avoir recours à l'engagement des vases sacrés. C'est de ces faits que M. du Méril conclut que les abbayes étaient sinon ruinées, du moins dans une situation précaire.

Et cependant il est certain d'autre part que les abbayes ont à cette même époque continué d'acheter des rentes. Elles ne peuvent donc s'être trouvées dans une situation aussi pénible que l'on pourrait croire et un examen plus détaillé des textes d'Eude Rigaud nous permettra de le comprendre.

Tout d'abord l'archevêque déclare de la façon la plus formelle pour un certain nombre d'établissements religieux que leur situation pécuniaire est satisfaisante : abbayes de Saint-Wandrille (2), de Jumièges (3), de Saint-Sauveur (4), du Mont Saint-Michel (5), de Montmorel (6), de Valmont (7), de Saint-Georges de Boscher-

---

(1) Abbaye d'Aumale (1259) *Debent 12 libras majorem partem ad usuras* (p. 229). Même abbaye (1260) *Debent 550 libras et majorem partem Longobardis* (p. 381). L'abbaye de Saint Ouen en 1261 doit 1800 livres *ad usuras* (p. 401).

(2) *Domus quantum ad debita est in bono statu* (1255). p. 224. *Debent circa 400 libras et debentur eis circa 400 libræ et habent satis vina, blada, carnes, oleum usque ad nova et vestes laneas et lineas* (1252), p. 134.

(3) *Temporalia invenimus in bono statu* (1252), p. 134.

(4) *Habent circa mille libras in redditibus, nichil debent, immo debetur eis multa que reliquit abbas defunctus* (1250), p. 88.

(5) *Habent in redditibus 5.000 libras turonensium, non debent quin multo majora debeantur eis* (1250), p. 84.

(6) *Non debent quin plus debeatur eis de bono debito* (1250), p. 83.

(7) *Habent in redditibus M libras ; bene debitur eis tantum quantum debent* (1248), p. 30.

ville (1), de Saint-Evroul (2), prieurés de Beaumont en
Auge (3) et du Plessis-Grimoud (4).

Quant aux autres le mauvais état de leurs finances était
dans la plupart des cas le résultat d'une direction négli-
gente et quelques mesures de sage administration suffisaient à les rétablir. En 1262, l'abbaye d'Eu devait 1300 livres et n'avait que quelques mauvaises créances ; cependant elle avait dès lors 30 muids de blé en plus de ce qui
était nécessaire à sa consommation et elle pouvait les
vendre (5). Deux ans après, ayant fait une vente de bois,
elle se trouve avoir 1100 livres de créances pour 800 livres
de dettes (6). La visite que fait Eude Rigaud en 1248 au
prieuré du Mont aux malades de Rouen lui montre la
maison en bon état ; le prieuré a 1200 livres de rente et en
doit environ 120, il a environ 400 livres de ressources
mobilières disponibles. L'archevêque remarque que la
situation a bien changé depuis quelques années : lorsque
le prieur actuel était entré en charge il avait trouvé le
prieuré débiteur de 400 livres (7).

Il est aisé en effet, croyons-nous, d'expliquer comment
un monastère possédant des biens suffisants, ayant même
une fortune immobilière considérable, pouvait se trouver
dans une situation momentanément embarrassée. On sait
en effet qu'un établissement religieux n'aliène pas, ne
peut pas aliéner ses immeubles ; si donc une abbaye a
fait des dépenses extraordinaires, par exemple, ce qui

(1) *Id.*, p. 56.
(2) *Id.*, p. 303.
(3) *Id.*, p. 61.
(4) *Id.*, p. 91.
(5) *Id.*, p. 453.
(6) *Id.*, p. 497.
(7) *Id.*, p. 15.

devait être le cas le plus fréquent, pour des constructions nouvelles ou des réparations, comme ces dépenses ne peuvent être couvertes que par les revenus mobiliers, il est possible que l'abbaye, d'ailleurs riche en capitaux immobiliers, soit endettée pendant quelque temps. Pour qu'il en fût autrement,elle eût dû quelques années avant d'entreprendre les travaux et en prévision de ceux-ci, économiser une somme suffisante sur ses revenus annuels. C'est précisément parce qu'elle ne le faisait pas, parce que tout capital mobilier, pour ne pas rester improductif, était aussitôt que possible placé en achats de terres ou de rentes, que toute dépense extraordinaire de quelque importance compromettait l'équilibre du budget. Mais il suffisait, nous l'avons vu, pour le rétablir, de quelques années de sage administration ; ce qui montre bien que la fortune de l'abbaye n'était pas sérieusement atteinte.

C'est par des considérations de ce genre que peut, à notre avis, s'expliquer cette apparente contradiction que des monastères qu'Eude Rigaud nous présente comme étant dans une situation pécuniaire peu brillante, continuent à la même époque d'acheter des rentes.

Il nous reste, pour compléter ces notions sur la situation financière des abbayes, à énumérer rapidement les différentes sources de leurs revenus, à rechercher d'où leur viennent les capitaux qu'elles placent ainsi en rentes.

C'étaient d'abord bien entendu les économies faites sur les revenus annuels. Quand une abbaye est, comme Eude Rigaud nous le dit d'un certain nombre, dans une situation financière satisfaisante, il est naturel de penser qu'elle ne dépensait pas la totalité de ses revenus et qu'elle plaçait le surplus, au lieu de tout employer en améliorations immédiates. Si ces rentes leur étaient payées en nature, comme cela arrivait encore souvent à cette époque, ce qui n'était pas nécessaire à la consommation immédiate des moines était vendu. Eude Rigaud indique fréquemment que tel monastère a plus de blé ou d'avoine ou de vin qu'il ne lui est nécessaire et que le surplus sera vendu (1).

Mais ces économies ne sont pas la source unique des capitaux mobiliers à placer. Bien que la grande ferveur qui créa et dota tous les monastères normands soit passée, il ne faudrait pas croire pour cela que les moines aient cessé de recevoir des libéralités. Une partie de ces donations ou legs, que tout mourant était tenu de faire pour le salut de son âme (*legata ad pias causas*), devait leur parvenir. Il ne faut pas oublier en effet qu'au XIIIᵉ siècle l'individu mort sans testament était frappé par l'église dans sa dépouille mortelle et dans ses biens. Les biens mobiliers de l'intestat étaient dans ce cas à la disposition de l'évêque qui en faisait 3 parts, une pour l'église, une pour les pauvres, une pour les parents (2). Les donations pieuses étaient donc fréquentes et les monastères en avaient leur large part. Ils attiraient en effet les donateurs en leur offrant ce que l'on appelait la *confraternitas* de l'abbaye (3), c'est-à-dire la participation au bénéfice de

---

(1) *Id.*, p. 104. En 1250 les moines du prieuré de Bourg Achard doivent 90 livres, mais ils ont du blé au delà de leurs besoins et pourront en vendre *usque ad solutionem debitorum vel circa.*

(2) *Summa de legibus Normannie*, ch. 20, § 1. Cours de M. Esmein professé à l'École des Hautes Études, 1899-1900. « Le testament en droit canonique ».

(3) Cart. de Montebourg, nº 192. Guillaume et Geoffroi de la Rochelle donnent à l'abbaye une rente d'un muid de vin sur leur vigne : *abbas*

toutes les prières et messes du couvent et souvent aussi la sépulture dans le cimetière abbatial (1). Celui qui s'était donné *se et sua* au monastère pouvait, sentant venir la mort, se faire transporter à l'abbaye, y mourir vêtu de l'habit religieux et être enterré parmi les moines (2). Là était pour les monastères l'intérêt de pouvoir enterrer des laïcs dans leurs cimetières ; c'est une prérogative qui, on le comprendra facilement, était mal vue du clergé séculier, mais que des bulles papales ont fréquemment confirmée (3).

Tous les biens qui parvenaient ainsi aux mains des moines n'étaient pas consommés immédiatement ni conservés improductifs ; ils les plaçaient et deux placements seulement étaient alors possibles : l'achat de terres ou

autem et totus ejusdem loci conventus nos et antecessores nostros et successores in suam fraternitatem et beneficium receperunt (s. d.).

(1) Cart. de la Trappe de Soligny, L. 21. Donation d'une rente aux moines *qui nos receperunt in spiritualibus bonis domus sue, ubi nostram elegimus sepulturam* (Édition Charencey, p. 307 et 8).

(2) Cart. de Beaumont le Roger, D. 16, f° 29 v°. Gautier Morel donne à l'abbaye une demi-acre de terre, *monachi vero me receperunt in habitu suo in die obitus mei.* Les donations de *se et sua* sont très fréquentes dans le cartulaire de la Trappe de Soligny publié par M. de Charencey. Cf. encore Abb. du Trésor (Arch. Eure, II. 1400). Cart. de Saint-Wandrille (111 v° et 112 v°). Cart. de Bon Port, 178, 267.

(3) Cart. de Saint-Cyr de Friardel, f° 37 v°. Bulle de Grégoire IX. *Sepulturam quoque ipsius loci liberam esse decernimus et eorum devotioni et extreme voluntati qui se illic sepeliri deliberaverint, nisi forte excommunicati vel interdicti sint aut etiam publice usurarii, ullus obsistat, salva tamen justicia aliarum ecclesiarum quibus mortuorum corpora assumuntur...* » Cart. de Silly, f° 33 v°. Bulle du pape Innocent III (1216). *Liceat quoque vobis personas liberas et absolutas, seculo fugientes ad conversionem recipere et eas cum rebus suis sine contradictione aliqua retinere. Infirmos quoque absolutos qui in extrema voluntate ad vos se transferri aut apud vos sepeliri deliberaverint, nullus impediat seu res eorum legitimas detinere presumat, salva tamen heredum legitima portione et canonica justicia illarum ecclesiarum a quibus mortuorum corpora assumuntur.* Cart. de Saint-Evroul (11055), f° 81 v°.

l'achat de rentes. Nous allons voir maintenant quelle raison a donné à ce dernier placement la fortune extraordinaire dont il a joui et comment en particulier il cadrait admirablement avec l'organisation financière de nos abbayes.

Le grave inconvénient du gage, avons-nous dit dans notre première partie, était d'offrir un placement de peu de durée. Quand le droit de l'engagiste ne se transforme pas en un droit de propriété, il est résolu au bout d'un certain temps et le capitaliste doit chercher un nouveau placement pour l'argent qui lui rentre. C'est donc un mode de placement qui exige chez celui qui le pratique un continuel souci de l'administration de sa fortune et un maniement de fonds perpétuel. La rente offre précisément des caractères opposés : une fois placé en rente à un taux suffisamment rémunérateur, le capital, mécaniquement et sans qu'il soit nécessaire de plus s'en occuper, rapporte perpétuellement son revenu. Périodiquement l'abbaye verra rentrer dans ses coffres les arrérages des rentes qu'elle a achetées, en même temps que les redevances ordinaires de ses tenants. C'est une ressource certaine sur laquelle elle a le droit de compter et qui doit lui permettre d'équilibrer à coup sûr son budget annuel. C'est un avantage de simplification énorme : on en saisira mieux la portée quand nous aurons exposé en quelques mots le système d'administration financière des abbayes.

Ce système est des plus simples. L'unité administrative est l'établissement religieux. Si toutes les abbayes d'un des grands ordres du XIIe et du XIIIe siècle forment un seul corps spirituel obéissant à une direction unique, chaque maison n'en conserve pas moins son indépendance administrative et financière. Sans doute on a vu des monastères d'un même ordre se secourir mutuellement dans le besoin. On sait l'exemple de Cîteaux, abbaye chef d'ordre, obligée de recourir en 1235 aux subsides de l'ordre tout entier (1). Mais cela même prouve l'indépendance du patrimoine de chaque maison ; en dehors de ces cas exceptionnels il n'existe entre les différents établissements aucune relation financière.

Les prieurés eux-mêmes qui sont généralement dans une dépendance plus étroite vis-à-vis de l'abbaye mère ont leur budget distinct, ressources et dépenses et placent à leur gré le surplus de leurs capitaux. Ils sont seulement obligés parfois à une redevance pécuniaire envers l'abbaye dont ils dépendent (2).

C'est donc toujours l'établissement religieux abbaye ou prieuré qui figure en nom dans le contrat, l'acte est passé au nom de l'abbé (ou du prieur) et des moines. C'est la personne morale constituée par la communauté tout entière qui acquiert la rente achetée.

Mais cela ne veut pas dire que les revenus une fois acquis resteront dans le patrimoine commun, que les arrérages seront versés dans une caisse unique destinée à subvenir à tous les besoins des moines et aux divers services du monastère. On concevrait en effet que l'abbaye, ayant dressé son budget et reconnu que telle somme était nécessaire au service de la pitancerie, telle autre au service de l'aumônerie, attribuât directement à ces services la somme annuelle à prendre sur la caisse commune : c'est ainsi que nous comprenons aujourd'hui l'établisse-

----

(1) D'Arbois de Jubainville, *Abbayes cisterciennes*, p. 303.

(2) Il peut arriver, il est vrai, que cette redevance absorbe tous les revenus du prieuré. Eude Rigaud, p. 131.

ment d'un budget, mais ce n'est pas ainsi que procédaient nos établissements. Ce que l'on attribue à un service ce n'est pas une part des revenus totaux, mais une part des capitaux placés. Tels immeubles, telles rentes appartiennent d'une manière définitive à la pitancerie ou à l'aumônerie ; et de cette manière l'ensemble des services de l'abbaye se trouve assuré par l'organisation la plus simple, le partage des ressources sans administration centrale. C'est comme si aujourd'hui chaque ministère avait comme ressources des impôts différents ou les impôts perçus sur telle partie du territoire.

Ces divers services avec les dotations qui y sont attachées constituent ce que l'on appelle les offices et sont dirigés chacun par un officier (*officialis*) qui porte un nom tiré de ses occupations (1). D'ailleurs ces noms varient d'un monastère à l'autre et les mêmes fonctions ne sont pas partout désignées de même, comme aussi les différentes branches de l'administration ne sont pas toujours partagées de même entre les officiers. Par exemple le vêtement est confié au *camerarius* à Sainte-Catherine de Rouen (2), au *secretarius* à Eu (3), à l'*elemosinarius* à Jumièges (4).

D'ailleurs les fonctions sont plus ou moins spécialisées

(1) On trouve parfois, mais rarement, *ballivus*, Eude Rigaud, p. 324. Le registre d'Eude Rigaud nous fait connaître un grand nombre de ces officiers : *coquinarius* (pp. 56, 171, 202, 265, 317, 364), *granetarius* (pp. 317, 364), *infirmarius* (pp. 70, 250, 293, 364), *elemosinarius* (pp. 324, 327), *subcellarius* (p. 265), *cantor* (p. 265), *cellararius* (pp. 56, 95, 228), *sacrista* (pp. 131, 250, 364), *sartrinarius* (p. 229), *fornerius* (p. 206), *panetarius* (p. 171), *camerarius* (p. 103), *prior, subprior et tertius prior* (p. 102), *secretarius* (p. 360), *thesaurarius* (p. 265).

(2) Eude Rigaud, p. 103.

(3) *Id.*, p. 360.

(4) *Id.*, p. 324.

et par conséquent les officiers plus ou moins nombreux suivant l'importance de l'établissement. Certains services pouvaient même manquer complètement. C'est ainsi que dans une de ses tournées Eude Rigaud remarque qu'à Saint-Ouen et à Ivry il n'y a point de service de l'infirmerie, et il ordonne de nommer un infirmier et de mettre à sa disposition des revenus suffisants (1).

L'abbé gardait pour lui — et c'est ce qui rendait possible cette création d'offices nouveaux — pour subvenir aux dépenses extraordinaires ou aux dépenses ne rentrant dans les attributions d'aucun officier une part des biens que l'on appelait la bourse de l'abbé (2). C'est sur cette bourse que l'archevêque ordonne de prendre de quoi augmenter la dotation insuffisante de tel ou tel office. A Saint-Ouen par exemple la dotation de l'aumônerie était insuffisante, car l'aumônier était chargé de la fourniture du parchemin et de l'huile pour quatre lampes. Aussi ne pouvait-il distribuer que peu d'aumônes. Le prélat ordonne de prendre sur les revenus communs et restés sans affectation spéciale pour augmenter ses ressources (3).

Cette habitude de partager ainsi les biens du monastère pour éviter le besoin d'une administration centrale fut l'origine de cet abus que furent les bénéfices réguliers. L'officier, qui avait la disposition d'une part des biens communs dont les revenus étaient spécialement affectés à sa charge, cessa de se considérer comme un simple administrateur, il devint le bénéficiaire des biens appartenant à l'office, à charge seulement d'en assurer les dé-

(1) Eude Rigaud, pp. 202 et 221.
(2) *Id.*, p. 293.
(3) *Id.*, p. 327.

penses, ou, si l'on aime mieux, il prit à forfait les dépenses de son office.

Le XIII° siècle nous semble être précisément la période de transition, pour la Normandie tout au moins, du système de l'office à celui du bénéfice. Le registre d'Eude Rigaud permet de voir comment le passage se fait. A tout moment l'archevêque éprouve le besoin de prescrire aux officiers de tenir des comptes écrits (1), de rendre compte de leurs dépenses, de l'emploi des fonds qui leur sont confiés, à l'abbé assisté d'une commission de moines (2). La continuelle répétition de ces prescriptions montre seule qu'elles n'étaient pas observées.

Il est évident qu'en droit encore à cette époque la part des biens de l'abbaye est affectée à l'office et non à l'officier. Mais puisque cet officier ne rend pas de comptes de l'emploi des fonds, il sera suffisant qu'il subvienne aux dépenses nécessaires de son office, on ne lui demandera pas ce qu'il a fait de l'excédent des revenus s'il y en a. Il se trouve donc en fait dans la situation du clerc séculier à qui le bénéfice est accordé comme rétribution de ses fonctions, comme traitement, dirions-nous. En fait il y a donc dès lors des bénéfices réguliers comme il y a des bénéfices séculiers ; Eude Rigaud lutte avec acharnement mais sans succès, semble-t-il, contre cet état de choses.

Il était nécessaire d'exposer le mécanisme, si simple d'ailleurs et si grossier, de cette administration financière pour comprendre combien la rente, le placement qui procure, sans que l'on ait davantage à s'en occuper, des revenus annuels certains et perpétuels, devait paraître com-

(1) Eude Rigaud, pp. 62, 71, 88, 91, 94, 317.
(2) *Id.*, pp. 54, 88, 94, 202, 224, 228, 250, 317, 360.

mode aux abbayes. Le rouage central est ainsi simplifié
autant qu'il est possible. Il suffit chaque fois qu'un capital mobilier nouveau arrive à l'abbaye de l'employer en
achats de terre ou en achats de rente et de l'affecter à un
service : dès lors on n'aura plus à s'en occuper. Nous
verrons d'ailleurs que dans bien des cas l'affectation était
dictée d'avance. Toutes les ressources de l'abbaye prennent la forme de revenus fixes annuels et perpétuels ;
comme les dépenses aussi sont annuelles et ne changent
guère, il suffit d'affecter une fois pour toutes chaque
revenu à chaque dépense et voici assurée toute l'administration.

Là est selon nous la grande cause de la faveur avec
laquelle la rente fut adoptée par les abbayes : peu ou
point d'administration centrale, toutes les dépenses as-
surées à forfait par un partage des biens, ce qui est d'autant plus simple que tous ces biens se présentent sous
la forme de revenus annuels et perpétuels.

Etant données ces habitudes d'administration nous ne
nous étonnerons pas que presque toutes les rentes aient,
dès le moment de leur achat, leur destination indiquée :
elles sont achetées pour tel ou tel service. Elles peuvent
aussi bien entendu être achetées sur le fonds commun et
pour la caisse centrale, ce qu'Eude Rigaud appelle les
redditus communes ou la *bursa abbatis*. Mais elles seront
très souvent achetées pour la pitancerie, pour l'infirmerie,
pour l'aumônerie et mention en sera faite dans l'acte (1).

(1) Abbaye de Saint-Désir (Arch. Calvados), vente faite *segrestanie
ecclesie sancte Marie Lexoviensis* de 10 sous de rente ancienne *ad luminare dicte ecclesie faciendum* (mars 1253). Abbaye de Barbery (Arch.
Calvados, H. 1523). Vente d'un setier d'orge de rente nouvelle *ad opus
infirmitorii secularis* (mai 1252). Cart. du Plessis Grimoud, n° 81, vente
de 15 deniers du Mans de rente nouvelle *ad usus pictanciarum suarum*

Les causes qui peuvent pousser l'abbé à faire acquisition d'une rente pour tel ou tel service sont naturellement très diverses. Il pourra arriver, comme Eude Rigaud nous en cite des exemples (1), que tel office soit insuffisamment doté, il se pourra aussi qu'une cause nouvelle en soit venue augmenter les charges. Au contraire on peut supposer que les capitaux pour l'achat de la rente soient fournis par les économies réalisées par tel ou tel service et que la rente lui appartienne par conséquent; elle ne sera pas pour cela achetée directement par l'officier compétent, car c'est l'abbaye qui constitue la seule personne morale possédant en droit, la vente sera donc faite nominalement à l'abbé et aux moines suivant la formule courante, mais en réalité à l'office lui-même.

Mais nous avons dit, en énumérant les sources diverses des capitaux à placer, que les donations pieuses devaient être considérées comme l'une des plus abondantes, et alors dans bien des cas l'abbé n'était pas le maître d'affecter la rente à tel service qu'il jugeait à propos.

En effet celui qui veut dans un but pieux faire don d'une rente à l'abbaye peut ou donner à l'abbaye une rente ancienne, s'il en a, ou constituer une rente sur son propre bien, ou acheter une rente et la donner. Il peut aussi donner le capital avec faculté pour l'abbaye

---

(juin 1277). Abbaye de Lire (Arch. Eure, II. 487), vente de 5 sous de rente nouvelle *ad usus pictanciarum* (1278). *Id.* (1274). Ventes de rentes nouvelles *ad usus elemosine*. Cart. de Saint-Evroul (11057), n°s 19, 23, 37, 39, 49, 52, 57, 58, 59, 66, 76, 78, 99, 103, 120, 127, *ad usus pauperum*, *Id.*, n°s 38, 42, 48. Abbaye de Barbery (Arch. Calvados, H. 1453), vente de rente nouvelle *ad usus pauperum ad portam venientium* (1247). Cart. de Bon Port, n°s 147 et 257, *ad usus porte ejusdem domus.*

(1) Cf. *supra*, p. 170.

d'en faire tel placement qu'elle jugera convenable, mais
à charge d'en employer les revenus à tel usage particulier (1) : célébration d'une messe d'anniversaire, entretien
d'une lampe devant l'autel d'un saint, achat des cierges
de l'église (*ad luminare*), distribution en aumônes, entretien de l'infirmerie, ou simplement paiement d'un repas
supplémentaire à telle ou telle fête. Dans tous ces cas
ou bien le donateur indiquera lui-même à quel office le
revenu doit profiter, ou même, sans aucune indication
de sa part, il sera certain que le revenu doit aller à l'office
chargé spécialement du genre de dépenses à quoi il a
destiné les arrérages de sa rente : à l'aumônier s'ils doivent être distribués en aumônes, à l'infirmier s'il les a
destinés au soulagement des malades, etc. L'abbé alors
en achetant la rente en exécution des volontés du donateur l'affectera au service en question et mention en sera
souvent faite à l'acte même. Il est facile de deviner dans
quels cas le donateur au lieu d'acheter lui-même la rente
laissera à l'abbé le soin de le faire et lui donnera seulement le capital nécessaire ; c'est ce qui devait arriver
normalement en cas de donation à cause de mort ou de
legs (2). Le donateur n'est plus là pour faire emploi du
capital ; ce soin revient à l'abbaye.

C'est pour cela que nous voyons des abbayes acheter
des rentes *ad anniversarium alicujus* ; il y en a des

____

(1) Cart. de Saint-Evroul (11057), n° 45. *Notum sit... quod ego Willelmus de Charentona... dedi... quadraginta solidos turonensium ad emen-
dum redditum ad usum elemosine sue, pro quibus eis pre manibus satis-
feci* (1254).

(2) Cart. de Montebourg, n° 127, *volo similiter et concedo quod ipsi
religiosi percipiant et habeant in testamento meo medietatem omnium
bonorum meorum mobilium integre ubicumque inventa fuerint ad com-
parandum redditum ad dictum obitum ampliandum* (1262).

exemples nombreux (1). Parfois l'acte est conçu d'une manière qui semble étrange ; c'est à l'abbaye que la rente est vendue, *abbati et monachis* suivant la formule ordinaire et cependant dans le corps de l'acte c'est une autre personne qui est indiquée comme acheteur. Cela s'explique aisément en admettant que cette autre personne a fourni le capital pour l'achat de la rente, ce qui est d'autant plus vraisemblable que cette personne est morte au moment de l'achat de rente et que la rente est destinée, *ad faciendam pitanciam in die obitus* (2).

Ainsi nous voyons que les nouveaux capitaux qui arrivaient à l'abbaye entraient dans son patrimoine la plupart du temps à charge par elle d'acheter une rente et d'assurer tel ou tel service ; et tout naturellement tel ou tel office spécial était chargé du service et bénéficiaire de la rente. Quel placement de capital en effet vaudrait un achat de rente pour assurer un service que le donateur veut perpétuel ? Tout concourrait à faire de l'achat de rente le mode de placement normal des capitaux des religieux.

Les achats de rente avaient encore dans une de leurs applications les plus fréquentes un avantage accessoire.

(1) Benedictus *dictus miles* vend à l'abbaye de Saint-Etienne de Fontenay pour 36 sous tournois 3 quartiers d'orge *ad anniversarium Willelmi de Aumesnil singulis annis faciendum* (1251). (Cart. de Saint-Etienne de Fontenay, 133). *Willelmus dictus Florie de Kesneto* vend à l'abbaye de Saint-Michel du Tréport pour 40 sous tournois 4 sous de rente nouvelle. *Et illis IV solidi turonensium annui redditus ad opus anniversariorum et ad anniversarium Warcelini de Kesneto assignantur* (oct. 1261). (Cart. du Tréport, n° 211). Cf. encore Cart. du Tréport, n° 242.

(2) Cart. de Bon Port, n° 238. Nicholaus Papci vend à l'abbaye 20 sous tournois de rente nouvelle *videlicet ad faciendam pitanciam de dictis XX solidis cum aliis dictis religiosis Boni Portus in die obitus magistri Hylarii tunc temporis rectoris ecclesie Beati Andoeni de Lireio qui dictum redditum comparavit* (Déc. 1259). *Id.*, n°⁸ 240 et 241.

réel cependant. On verra bientôt qu'une très grande partie de la clientèle de l'abbaye était formée par ses propres
tenants. Tel qui tenait des religieux une *masura* moyennant un cens de quelques deniers ou de quelques mesures de grain la grevait, en échange d'un capital de
100 sous par exemple, d'une rente de 10 sous. Et l'ancien
cens et la nouvelle rente étaient tous deux payés à l'abbaye en un seul total et au même terme. Pour le débiteur
l'opération a pour but l'utilisation en vue de son crédit
de l'augmentation de valeur de sa terre. Pour le créancier il y a un avantage corrélatif.

C'est une remarque banale que celle de la modicité
des cens anciens : à quoi tient-elle ? Ceci n'est pas notre
sujet ; les opinions sont partagées sur ce point et il y eut
sans aucun doute plusieurs causes coopérantes. On ne
se trompera pas du moins en mettant en lumière pour
notre province le désir de repeupler un pays dévasté en
y attirant les immigrants.

Quoi qu'il en soit lorsque les terres eurent acquis une
valeur plus considérable il y eut disproportion énorme
entre le revenu du sol et le cens payé au seigneur, et
celui-ci se trouva rétrospectivement avoir fait une mauvaise opération en concédant des terres à si bas prix.
Aussi quand ces terres revenaient entre ses mains pour
une cause quelconque, bâtardise, deshérence, confiscation, il les baillait de nouveau moyennant des redevances
plus élevées. Mais c'était là un cas exceptionnel. Aussi,
pour maintenir le taux des redevances foncières au ni-
veau de la valeur vénale du sol, le seul moyen était-il de
donner un capital en échange de l'augmentation du cens.
Au fur et à mesure que la valeur des terres de la seigneurie augmentait, l'abbaye seigneur achetait cette valeur

avec ses capitaux disponibles, maintenant ainsi ses revenus fonciers en rapport avec la hausse des terres et avec
la baisse de l'argent. C'était on le voit un emploi très
sage et très rationnel.

Une dernière question se pose à qui veut se rendre
compte de l'avantage que trouvaient les abbayes à placer
en achat de rentes leurs capitaux mobiliers. Nous avons
jusqu'ici toujours supposé qu'en échange du capital versé
par l'abbaye le vendeur lui devait des arrérages en argent. Si telle est en effet la majorité des cas, il n'en
est cependant pas toujours ainsi, tant s'en faut. Les monastères achètent aussi de nombreuses rentes en nature,
principalement en grains (blé, avoine ou orge) et en vin
dans les pays qui en produisent.

Pendant la période antérieure à celle que nous étudions
maintenant, aux XI° et XII° siècles, l'argent était fort
rare ; le troc était très fréquent ou du moins on utilisait
comme instruments d'échange certains objets d'usage
courant, bestiaux, chevaux, vêtements. Nos plus anciens
actes normands contiennent de nombreuses mentions de
paiements en nature : le cartulaire de la Trinité de Rouen,
le livre blanc de Saint-Martin de Sées nous en offrent des
exemples. Dans un pareil état économique les redevances foncières se paient naturellement en produits agricoles ; où le cultivateur en effet se procurerait-il de l'argent ?
Rentes en grains ou en vin, regards en poules, œufs et
pains, voilà l'usage courant.

Au XIII° siècle l'argent a commencé à pénétrer dans
l'économie rurale, la seigneurie cesse de former une unité
fermée se suffisant à elle-même, les produits sont vendus
au dehors, le régime de l'économie naturelle prend fin.
Alors on rachète en argent bien des cens en nature et bien

des services (1). Les seigneurs comme les tenants y trouvent leur avantage. Le travail libre et salarié prend de plus en plus la place des services fieffés (2). Cependant il subsiste encore, principalement dans certaines régions sans doute plus arriérées, de nombreuses redevances en nature. Aussi n'y a-t-il rien d'étonnant à ce que nous rencontrions parmi les rentes vendues de nombreuses rentes en grain ou en vin. Cela va de soi pour les rentes anciennes, mais on trouve aussi beaucoup de rentes nouvelles en nature. Les régions les plus diverses nous en fournissent des exemples : la plupart des rentes achetées par l'abbaye de la Luzerne dans le sud du département de la Manche sont des rentes en froment ou en orge (3). Le cartulaire de l'abbaye de Saint-Wandrille (département de la Seine-Inférieure) en contient également un grand nombre (4). Certaines abbayes au contraire, comme celle de Saint-Evroul dans le département de l'Eure, ne nous montrent que des achats de rentes en argent.

Que pouvaient faire les monastères de ces grandes quantités de grains qui devaient dépasser de beaucoup ce qui était nécessaire à leur consommation ? Il faut en effet y ajouter leurs anciennes redevances foncières quand elles étaient restées en nature, ce qui devait être le cas précisément dans les pays où les rentes nouvelles ne sont pas encore vendues en argent, le produit de leurs propres terres, du domaine non fieffé, les dîmes toujours prélevées en nature.

On pourrait être tenté de croire que si les rentes sont stipulées en nature, elles étaient en réalité payées

(1) Delisle, *Etude sur la condition des classes agricoles*, p. 126.
(2) Notes sur les services fieffés, Ch. de Beaurepaire, p. 8 sqq.
(3) Cart. de la Luzerne, nos 88, 89, 92, 98, 104, 107, 114, 120, 122, 152.
(4) Cart. de Saint-Wandrille (Arch. Seine-Inférieure), f. 7, 10, 67, 89, etc.

en argent suivant un tarif coutumier. C'est en effet ce qui se produira plus tard : une poule vaudra tant de deniers, un pain tant, etc. Mais nous ne croyons que tel fut le cas à notre époque. Nous avons en effet des exemples du contraire : une rente stipulée en argent peut être payée en nature par une sorte de *datio in solutum*.

Quelquefois il est indiqué que le paiement sera fait en argent ou en nature au choix du créancier.

Guillaume de Croisi vend à Haisia religieuse de St-Amand de Rouen deux mines de méteil ou 8 sous de rente *ita tamen quod predicta Haisia vel illi qui post illam habebunt illum redditum, habebunt predictum bladum vel dictos denarios redditus ad festum sancti Michaelis annualim apud Fresnes sicut eis melius placuerit sive de blado sive de denariis* (1).

Ou bien la rente est stipulée payable en argent et la charte indique que, à défaut de paiement au terme fixé, l'abbaye pourra se faire payer en nature sur les produits du fonds grevé.

Guillaume des Cheminées vend à l'abbaye de St-Taurin d'Evreux 20 sous tournois de rente annuelle sur une vigne, payables à la Toussaint. *Et si in dicto festo in solutione memorati redditus ego vel heredes mei defecerimus, vindemiis proximo sequentibus percipient iidem religiosi tantum de vino ibidem crescente quam valebit viginti sol. tur* (2).

Il est donc de toute nécessité d'admettre que les rentes étaient réellement payées en nature et que par conséquent l'abbaye devait vendre tout ce qu'elle ne pouvait consommer.

(1) Cart. de Saint-Amand, 104, sept. 1225.
(2) Grand cartulaire de Saint-Taurin, fo 141 vo. App. no XXII.

C'est ce qui résulte d'abord de l'affectation que certains actes donnent à des rentes en nature. Par exemple une rente en froment est donnée à l'abbaye de la Trinité de Caen *ad opus luminarii altaris beati Laurentii marty-ris* (1). Il est de toute évidence que c'est avec le prix de la vente de ce blé que l'on compte entretenir la lampe en question.

Le registre d'Eude Rigaud nous renseigne d'ailleurs sur ces ventes de produits agricoles faites par les monastères.

Sur les redevances en nature qu'ils percevaient et sur les produits de leur propre domaine les moines conservaient d'abord ce qui était nécessaire au personnel du couvent. Le prélat a soin de noter si l'abbaye qu'il visite a ou n'a pas des provisions suffisantes pour attendre la récolte prochaine et le prochain terme de paiement des redevances en nature, qui se trouvait naturellement après l'époque de la récolte (2). Mais tout ce qui dépasse cette quantité doit être vendu : nous avons eu déjà occasion de dire que c'était pour les abbayes un des moyens d'éteindre leurs dettes (3).

Il est donc certain que les abbayes vendaient leurs produits agricoles et il est même vraisemblable qu'à une époque antérieure, alors que le paysan ne vendait pas lui-même ses produits, c'étaient les monastères qui avaient le monopole du commerce des denrées, qui assuraient les approvisionnements des villes, encore rares et peu importantes il est vrai c'est-à-dire, des groupements

(1) Cart. de la Trinité de Caen (Arch. Calvados, f° 89).
(2) Eude Rigaud, p. 55. *Plura habent estoramenta et sufficencia usque ad annum. Id.*, pp. 201, 431, etc.
(3) Cf. *supra*, p. 166. Eude Rigaud, pp. 104, 451, 453.

d'habitants qui ne se livraient pas eux-mêmes à la culture du sol. Ainsi s'expliqueraient les nombreux privilèges qui furent de tout temps accordés aux abbayes pour passer leurs produits en franchise aux différents péages (1). A la vérité ces concessions de franchise ne leur permettent pas de faire le commerce proprement dit, l'achat pour revendre, mais elles leur permettent, ce qui est suffisant, d'acheter au loin ce qui leur est nécessaire, de faire venir surtout les produits de leurs lointains domaines et de transporter pour les vendre ceux qui étaient crûs chez eux soit sur leurs propres terres soit sur celles de leurs tenants.

Ceci nous explique dans tous les cas, et cela suffit à notre sujet, comment les abbayes pouvaient trouver avantage à acheter des rentes en nature.

§ 2. — Utilité de la rente pour le vendeur.

En nous occupant de l'acheteur de rentes, en considérant la rente comme placement de capitaux mobiliers nous avons commencé par établir qu'il n'y avait aucunement lieu de distinguer entre la rente ancienne et la rente nouvelle : peu importe à l'acheteur pourvu qu'il acquière un droit au paiement d'arrérages annuels. Au contraire maintenant que changeant de point de vue nous nous pla-

---

(1) Il n'est pour ainsi dire pas de cartulaire qui ne contienne de ces franchises. Entre autres Cart. de Saint-Evroul (11055), nᵒˢ 27 et 28. Cart. de Saint-André en Gouffern, fo 22 *de omnibus rebus [suis emendis et vendendis et transportandis, de rebus scilicet quas eorumdem monachorum esse proprias famuli ipsorum poterunt affidare.* Cart. de Bon Port, nᵒˢ 1, 3, 5, 6, 7, 8, 9, 10, etc. Cf. Imbart de la Tour, *Des immunités commerciales accordées aux églises du VIIᵉ au IXᵉ siècle* (Etudes d'histoire du moyen âge dédiées à G. Monod. Paris, 1896).

çons du côté de l'emprunteur d'argent, du vendeur de
rente, il devient de la plus grande importance de distinguer la rente nouvelle de l'ancienne. Toutes les deux,
nous l'avons dit, peuvent et doivent être considérées
comme des moyens de crédit, mais l'une et l'autre ne sont
pas ouvertes aux mêmes personnes. Pour vendre une
rente ancienne il faut être soi-même créancier de rente,
soit que l'on ait acheté cette rente comme rente nouvelle, soit que l'on ait baillé des terres à rente : il faut être,
comme nous dirions aujourd'hui, un rentier. Au contraire le moindre tenant d'une parcelle de terre peut
vendre sur cette terre une rente nouvelle, pourvu que les
redevances qu'il doit déjà, augmentées de ce qui est nécessaire à l'entretien du cultivateur et de sa famille, soient
moindres que le revenu du sol.

Par ce caractère la rente nouvelle l'emporte de beaucoup en importance sur la rente ancienne : nous allons
voir en effet que c'est aux humbles surtout que profita le
nouvel instrument de crédit ; là fut sa grande utilité et
son grand rôle social. C'est elle surtout que nous aurons
en vue dans les pages qui vont suivre.

Nous rechercherons successivement qui furent les vendeurs de rente c'est-à-dire de quelle classe de personnes
se composait la clientèle de l'abbaye considérée comme
établissement de crédit ; quelle était pour ces personnes
l'utilité de se procurer par ce moyen un capital et pourquoi le besoin s'en fit sentir seulement au XIII⁰ siècle.
Dans une troisième section nous étudierons les conditions de l'emprunt ; dans une dernière nous rechercherons
quels ont pu être pour les emprunteurs les inconvénients
de l'abus des ventes de rente.

I. — Ce qui fait la grande importance de la rente nouvelle, avons-nous dit, c'est qu'elle ouvre le crédit à toute une classe qui n'avait pu jusqu'alors en profiter, cela résulte d'abord de considérations purement théoriques sur lesquelles il est inutile d'insister ; mais cela peut aussi se prouver directement par le contenu de nos chartes.

Ce qui frappe en effet dès l'abord c'est la modicité des capitaux empruntés et des rentes vendues. Il est rare que le prix de la rente soit supérieur à 5 livres : en grande majorité les rentes sont payées 1, 2 et 3 livres et le taux moyen étant, comme nous le verrons de 10 0/0, les rentes vendues sont pour la plupart de 2, 4 et 6 sous, ce qui, étant donnée la baisse connu du pouvoir d'achat de l'argent au XIIIe siècle, ne représente pas une somme importante (1). Voilà déjà un indice que ces vendeurs de rentes n'appartiennent pas à une classe bien riche.

(1) On peut se reporter pour la vérification de ces chiffres au tableau que nous donnons plus loin. Mais comme dans ce tableau les rentes ne sont pas rangées par ordre d'importance nous croyons utile de donner ici l'indication des sommes prêtées.

25 liv.	5 liv. 10 s.	3 liv.	2 l. 8	2 liv.	1 liv.10	1 liv.
20	5	3	2 6	2	1 10	1
16	5	3	2 5	2	1 10	1
13 13 sous.	5	3	2 5	2	1 10	1
12	5	3	2 5	2	1 9	1
12	5	2 15	2 5	2	1 8	1
10	5	2 15	2 5	2	1 7	1
10	4 5	2 13	2 3 6	2	1 7	1
10	4	2 12	2 2	2	1 7	1
10	4	2 12	2	2	1 6 0	18
10	4	2 10	2	1 16	1 6 0	18
9	3 10	2 10	2	1 15	1 5 0	16
8 10 sous.	3 10	2 10	2	1 15	1 5 0	15
8	3 10	2 10	2	1 12	1 5 0	15
8	3 5	2 10	2	1 10	1 5 0	11
7 10 sous.	3 5	2 10	2	1 10	1 4 0	10
5 10	3	2 :	2	1 10	1 3 0	10
					0	8

On en sera plus convaincu encore si l'on considère les immeubles grevés de rente ; c'est une *masura*, un *masuagium*, un pré, un champ, une vigne. Il est très rare de voir figurer dans nos actes des propriétés de quelque importance. Nous pouvons en conclure que le vendeur de la rente est presque toujours un petit cultivateur.

Nous disons un cultivateur. Si en effet les abbayes normandes ont joué un peu le rôle de banques, ce furent des banques agricoles.

C'est cependant dans les villes que l'on fait naître habituellement la vente de rente nouvelle (1). Pour qu'un tenant puisse grever sa terre d'une rente, la première condition est en effet que cette terre ait acquis une valeur supérieure à celle qu'elle avait lors de la concession. Or rien ne peut augmenter davantage et plus rapidement la valeur d'une terre que les constructions qu'on élève sur elle. Ces constructions sont la propriété de celui qui les a bâties et non du seigneur de la terre, et ce sont elles, c'est cette *melioratio* (2) que le tenant mettait en valeur soit en la baillant à cens soit en la grevant d'une rente.

Nous nous serions attendus en conséquence à voir les ventes de rentes se développer surtout dans les villes de Normandie, les marchands se montrant empressés à profiter des capitaux offerts par les abbayes. Il n'en est rien cependant. La clientèle de nos monastères se compose presque exclusivement de cultivateurs et non de bourgeois.

Les actes ,il est vrai, ne nous renseignent jamais sur la

(1) Arnold, *Geschichte des Eigentums*, p. 91 ; Heusler, *Institutionen*, I, p. 354 ; Schrœder, *Lehrbuch*, p. 677.

(2) La démonstration du droit du tenant à la *melioratio* a été faite par Arnold, *op. cit.*, p. 172 sqq.

profession et l'état du vendeur de la rente, mais à défaut d'indications directes on en peut tirer d'aussi certaines de la nature des immeubles grevés. Les exemples de rentes sur des maisons et d'une manière générale sur les terrains bâtis sont extrêmement rares.

On en trouve cependant, mais précisément pas dans les grands centres. Dans les petits bourgs d'une minime importance et faisant partie de la seigneurie d'une abbaye, on voit la dite abbaye acheter des rentes sur les maisons. Par exemple l'abbaye de Saint-Evroul (1) dans le bourg du même nom, dans le bourg de la Neuve Lire l'abbaye de Lire (2). L'abbaye de Saint-Michel du Tréport achète des rentes non dans la ville même, port ayant alors une certaine importance, mais dans ses seigneuries du Quesnay et de Criel ; et ces rentes portent non pas exclusivement sur le terrain bâti mais sur tout le tènement *tam ad villam quam ad campos* (3).

Certaines abbayes cependant semblaient bien placées pour offrir aux riches bourgeois commerçants les ressources de leur crédit : ce sont celles de Rouen ou des

---

(1) Cartulaire de Saint-Evroul (11057), n° 10. Vente de 6 sous tournois de rente nouvelle *assignatos super domum meam et super placiam dictam domum continentem* (mai 1252). Abbaye de Saint-Evroul (Arch. Orne, H. 579). Vente de deux sous de rente nouvelle *percipiendos ad festum Sancti Remigii annuatim super quadam domo quam habeo in parrochia Sancte Marie de Bosco sita in vico de Eschaufour* (fév. 1294, n. s.). Cart. de Saint-Evroul (11857), n° 23. Vente de 3 sous de rente *super omne feodum meum... poterunt dicti abbas et monachi in tota hereditate mea quam ab eisdem teneo sita in parrochia Sancti Ebrulfi videlicet in domibus, terris pratis et bosco justiciam facere pro predicto redditu et emenda* (janv. 1256 n. s.). *Id.*, n° 16, 39.

(2) Abbaye de Lire (Arch. Eure, H 487), Robert de la Bonneville vend à l'abbaye 5 sous de rente nouvelle *in domo mea quar teneo de eis apud Liram per duodecim denarios* (mai 1251). *Id.* Arch. Eure, H.475 (mai 1251).

(3) Cartulaire de Saint-Michel du Tréport, n° 198, 201, 211, 274.

environs immédiats. L'abbaye de femmes de Saint-Amand était située dans l'enceinte même de Rouen : son cartulaire contient de nombreux exemples d'achats de rentes ; mais une seule de ces rentes est assignée sur un terrain situé dans la ville même, dans la paroisse Saint-Hilaire (1). Si nous trouvons des rentes sur des terrains bâtis, c'est dans des paroisses rurales.

Quelles peuvent être les raisons de cette singularité ? Nous en voyons deux. C'est d'abord que l'abbaye prêtait, comme nous le verrons dans un instant, surtout à ses tenants ; or c'est surtout dans les campagnes que s'étendait le domaine fieffé des abbayes. Il en résulte tout naturellement qu'elles eurent surtout une clientèle de cultivateurs.

En outre dans les villes l'abbaye n'est plus le seul capitaliste en état de prêter, d'acheter des rentes. Ici elle rencontre la concurrence des riches bourgeois qui de bonne heure connaissent et utilisent l'achat de rentes comme placement de leurs capitaux (2).

Quelle qu'en soit d'ailleurs la raison, le fait est certain : les abbayes furent surtout des banques agricoles. Nous allons essayer de délimiter plus étroitement leur champ d'action en montrant que géographiquement leurs opérations ne s'étendaient pas bien loin de l'abbaye elle-même et que d'ailleurs c'était surtout aux tenants de leurs terres qu'elles fournissaient des capitaux.

Le premier point est très aisé à prouver. Les chartes

(1) Cartulaire de Saint-Amand de Rouen, f° 33 v° n° 102 *in testamento illo quod habebam in parrochia Sancti Hylarii* (1216).

(2) Delisle, *Etude sur la condition des classes agricoles*, p. 210. A la fin du XII° siècle, un bourgeois de Rouen donnait à sa fille en dot *centum libras andegavensium de quibus debent redditus emi vel vadimonia fieri* (Reg. th. Lescarre, f° 81 r°).

indiquent en effet toujours très exactement la situation de la terre grevée de rente ; il a donc suffi d'en faire le relevé pour quelques monastères. Nous avons pu ainsi nous rendre compte que leur rayon d'action était assez peu étendu et ne dépassait pas un maximum d'une trentaine de kilomètres.

L'abbaye de la Luzerne dans le département de la Manche, arrondissement d'Avranches, canton de la Haye Pesnel, achète des rentes jusqu'à St-Nicolas des Bois (1) à vingt kilomètres de là, à St-Pierre de Coutances petite paroisse toute proche de Coutances à la même distance (2), et jusqu'à Blainville à trente kilomètres (3).

L'abbaye de St-Michel du Tréport en achète surtout près d'elle au Quesnay (4) (3 kil.), au Mesnil Soret (5) (2 kil.), à Criel (6) (6 kil. 1/2), mais aussi à Melleville (7) (13 kil.), à Villy-le-Bas (15 kil.) (8).

· L'abbaye de St-Evroul, pour laquelle grâce à ses deux cartulaires conservés à la bibliothèque nationale nous sommes très riches en renseignements, n'opère guère à plus de 18 kil. (La Goulafière (9), St-Aubin de Bonneval) (10),mais le plus souvent dans un rayon d'une dizaine de kilomètres : le Sap André (11) (8 kil.). Cisai St-Au-

(1) Cart. de la Luzerne, n°ˢ 114, 120, 121.

(2) *Id*. n°ˢ 88, 104, 152.

(3) *Id*. n°ˢ 89 et 124.

(4) *Id*. Cart. de Saint-Michel du Tréport, n°ˢ 198, 201.

(5) *Id*. n° 242.

(6) *Id*. n° 241.

(7) *Id*. n° 176.

(8) *Id*. n° 222. Ce même acte fait mention d'une rente achetée à 50 kil. de l'abbaye s'il faut en croire une identification peut-être douteuse.

(9) Cart. de Saint-Evroul (11055), n°ˢ 378, 465.

(10) *Id*. (11057), n° 57.

(11) *Id*. (11057), n°ˢ 103, 120, 127.

bin (1)(10 kil.),Orgères (2) (10 kil.),Verneuces (3) (12 kil.),
St-André d'Echauffour (4), Echauffour (5) (8 kil.).

Géographiquement leur champ d'action était, on le
voit, assez peu étendu. Mais, comme les monastères
étaient au XIII° siècle déjà fort nombreux en Normandie,
les bienfaits du crédit offert par eux devaient se faire
sentir à peu près partout.

Mais ceux qui en profitaient le plus étaient les propres
tenants des abbayes. Etaient naturellement portés à demander des capitaux aux religieux, ceux qui étaient déjà
en rapport avec eux à raison de leur tenure, ceux qui leur
devaient déjà redevances, services et droits casuels. Rien
n'était plus aisé que d'augmenter un peu la redevance
déjà due ; le total se payait aux mêmes agents, au même
endroit, aux mêmes époques. D'autre part il y avait là
des terres et des gens que l'abbaye connaissait mieux que
tous autres et auxquels elle devait être plus portée à con-
fier ses fonds.

On est frappé en effet par le nombre des ventes de rentes nouvelles qui affectent le caractère d'un surcens. Le
vendeur se déclare le tenant de l'abbé et des moines qu'il
appelle pour cette raison : *domini mei* et grève sa terre
d'une nouvelle redevance nonobstant l'ancien cens déjà
dû (6).

Pour l'abbaye de St-Evroul par exemple, sur 40 rentes
nouvelles que nous donnent pour le XIII° siècle les deux

(1) *Id.* (11057), n° 97.
(2) *Id.* (11057), n° 54.
(3) *Id.* (11055), n° 459, *Id.* (11057), n° 37.
(4) *Id.* (11055), n° 481, *Id.* (11057), n°° 7, 49.
(5) *Id.* (11057), n° 48.
(6) Voir des exemples de ces ventes de surcens, App. n°° V, VI, VII,
X, XI, XII, XIII, XIV, XVIII.

cartulaires, 35 sont certainement vendues par des tenants de l'abbaye et il n'est pas certain qu'il en soit autrement des 5 autres : rien ne nous l'indique, mais rien non plus ne suppose le contraire (1).

Concluons de ces quelques recherches sur la clientèle de l'abbaye qu'elle se composait de petits cultivateurs habitant dans un rayon de 20 à 30 kilomètres autour de l'abbaye et surtout de ses propres tenants.

II. — Il faut nous demander maintenant quelle fut pour ces gens l'utilité des ventes de rentes. La première question à se poser est : quel usage faisaient les vendeurs des capitaux fournis par les religieux.

Nous croyons pouvoir poser en principe général que la rente, à la différence de ce que nous avons dit de l'engagement immobilier, a dû servir à réaliser des emprunts de production et non point des emprunts de consommation.

Nous ne voulons pas dire que la vente de rente n'a jamais pu servir à réaliser un emprunt de consommation pure ; tout mode de crédit peut servir à cet usage. Mais sa nature même lui permettait de jouer un autre rôle puisqu'elle laisse la terre aux mains de l'emprunteur et qu'elle ne lui demande jamais de restitution ; on peut affirmer d'ailleurs que, si la rente n'avait pas servi à l'emprunt productif, elle n'aurait pas joué le rôle que nous lui connaissons, pour la classe des petits cultivateurs.

____

(1) Contiennent des surcens certains : Cart. de Saint-Evroul (11055), n°s 378, 379, 409, 443, 459, 465, 481, 486, 503, 514, 575. *Id.* (11057), n°s 7, 8, 10, 16, 23, 25, 37, 39, 42, 45, 48, 49, 51, 52, 57, 58, 66, 76, 78, 79, 103, 120, 127, 160. Les seules chartes contenant des ventes de rentes nouvelles qui ne présentent pas manifestement les caractères de surcens sont : Cart. Saint-Evroul (11057), n°s 14, 38, 54, 59, 99.

Trois exemples seulement nous montrent un vendeur agissant sous l'empire de la nécessité et par conséquent empruntant peut-être pour sa consommation immédiate.

Jean d'Antioche vend à l'abbaye de Lire *in mea magna necessitate* 5 sous de rente sur la maison qu'il tient d'elle à Lire (1).

Dans un autre acte relatif à la même abbaye un certain Robert de la Bonneville s'exprime absolument de la même façon (2).

La dernière charte concerne l'abbaye d'Ardenne dans le département du Calvados : Richard de Sainte-Croix vend une rente annuelle de 5 quartiers de froment pour 100 sous tournois qu'il devait d'arrérages en retard (3). Evidemment ce vendeur est dans une situation critique et il est possible qu'il n'emprunte que pour subvenir à ses besoins immédiats.

Mais ce sont là des exemples isolés et l'on conçoit assez que les moines n'aient point aimé prêter dans ces conditions ; car il était à craindre que le vendeur dans la misère ne fût pas à même de donner à la culture tous les soins nécessaires et que par suite les arrérages de la rente ne fussent pas payés, le sol ne rapportant plus suffisamment (4).

(1) Arch. Eure, H. 475 (mai 1251). App. n° XVIII.

(2) *Id.*, H. 487 (mai 1251). App. n° XVII.

(3) ... *in quibus eisdem tenebar de arreragiis reddituum suorum* (1204), Arch. Calvados, H. 271.

(4) Si l'abbaye fournissait des fonds à un homme dans le besoin c'était plutôt en lui achetant sa terre. Abbaye de Lire (Arch. Eure, H. 506). *Sciant presentes et futuri quod anno ab incarnatione Domini millesimo ducentesimo contigit michi Gaufrido de la Bretesche quod cecidi in magnam inopiam et in magnum debitum, occasione peccunie quam acceperam ad usnram tam propter guerram et propter mala tempora que diu durauerunt in patria nostra quam pre filia mea maritanda, unde me multum gravavi et multis aliis de causis. Ita quod eram in magno periculo et pa-*

Il nous faut donc chercher quels étaient les emplois productifs que le vendeur voulait donner au capital acquis. Malheureusement nous ne trouvons dans les chartes aucune indication qui puisse nous renseigner d'une manière précise sur ce point et c'est à la seule hypothèse qu'il faut avoir recours. Il est certain que les emplois du capital dans l'agriculture ne pouvaient être alors bien nombreux. On peut imaginer les suivants :

Achats d'engrais. On connaissait à cette époque l'usage de la marne et de la tangue pour fumer les terres (1).

Achats d'instruments agricoles. Ils étaient alors peu nombreux. Le principal était la charrue, et la cherté du fer, le peu d'étendue des domaines de nos paysans ne leur permettaient pas d'avoir tous une charrue, souvent ils s'associaient à plusieurs pour faire les labours (2). Beaucoup travaillaient à bras. Mentionnons encore comme instruments agricoles la houe et la herse.

Construction des maisons d'habitation, hangars, granges, étables, etc.

Achats de bétail soit comme bêtes de labour, soit pour l'engraissement.

Parmi ces utilisations possibles il en est auxquelles nous ne devons pas attacher l'importance qu'elles auraient aujourd'hui, parce que le paysan pouvait gratuitement satisfaire ses besoins.

Ainsi la marne et la tangue n'étaient guère transportées loin des lieux de production et les marnières étaient généralement des biens communaux ou des biens sei-

vore perdendi totam terram meam propter magnitudinem debiti et usurarum, quibus eram involutus, nisi habuissem festinam consilium et succursum. Pour sortir de cet embarras il vend des terres à l'abbaye.

(1) Delisle, *Etudes sur la condition de la classe agricole*, pp. 267 et 268.

(2) Delisle, *op. cit.*, pp. 301 et 302.

gneuriaux où soit gratuitement, soit moyennant un léger
droit annuel les paysans pouvaient prendre ce qui leur
était nécessaire.

On peut en dire autant des constructions. Peu importantes et presque toujours en bois les maisons étaient
construites ou réparées ainsi que les bâtiments d'exploitation, par le cultivateur lui-même. Quant à la matière,
le bois, le pays encore couvert d'immenses forêts le fournissait dans les mêmes conditions que la marne presque
partout.

Il reste donc comme emplois répondant vraiment aux
besoins généraux des petits cultivateurs l'achat des instruments agricoles et des bestiaux.

Mais dans cette mesure on conçoit la nécessité de l'emprunt ; pour avoir une charrue, pour acheter ou réparer
des instruments en fer, houe, charrette (où entraient aussi
des ferrements) ou pour augmenter le nombre de ses ani-
maux de labour, ou des moutons et des porcs qu'il en-
voyait au pâturage communal ou à la forêt, le paysan avait
besoin d'emprunter.

Comme d'autre part le gage premier des créanciers de
la rente était le bétail, sur lequel portait d'abord la prise
de namps ou *justiciatio* en cas de non-paiement des arrérages à l'échéance, cette utilisation était en même temps
très avantageuse pour l'abbaye acheteur de rente.

Mais si tels furent les besoins qui poussèrent les cultivateurs à emprunter les capitaux de l'abbaye, comment se
fait-il que ces besoins n'aient pas été ressentis plus tôt
que les premières années du XIII⁰ siècle ? Ne leur eût-il
pas été utile, à n'importe quelle époque, d'améliorer leurs
cultures et en particulier d'acheter des instruments agricoles et d'augmenter le nombre de leurs bestiaux.

La réponse est, croyons-nous, que d'une part le paysan a dû attendre avant d'emprunter que sa terre ait pris une valeur suffisante pour supporter la charge de la rente nouvelle, et que d'autre part les premières années du XIIIe siècle ont, pour la première fois depuis longtemps, amené en Normandie la paix et la sécurité, qui seules permettent au cultivateur de songer à l'augmentation de son matériel d'exploitation.

Est-il nécessaire d'écarter expressément une troisième raison que l'on tirerait de nos considérations sur l'origine de notre contrat de vente de rente : à savoir que la vente de rente nouvelle étant inconnue avant le début du XIIIe siècle, le cultivateur n'avait aucun moyen de faire de sa terre, sans se priver de ses seuls moyens d'existence, le gage d'un emprunt ? Ce serait renverser le rapport de cause à effet. Ce n'est pas parce que la rente nouvelle a été inventée que le crédit s'est développé dans les classes laborieuses rurales, mais bien parce que ce crédit était nécessaire que les moyens de le faire ont été trouvés.

La rente ne pouvait naître que d'une augmentation de la valeur du sol, puisqu'elle représente la différence entre le revenu de la terre d'une part et de l'autre les redevances dues au seigneur augmentées de ce qui est nécessaire à la vie du cultivateur lui-même.

Nous avons eu l'occasion d'indiquer déjà comment après la conquête les nouveaux possesseurs avaient dû s'occuper de repeupler un pays dévasté par 50 ans de guerres continuelles. Les fondations de villages agricoles au moyen des hôtes qui s'établissent là où on leur offre des conditions avantageuses, se poursuivent encore dans tout le cours du XIIe siècle. Ces conditions ce sont un cens modique, probablement en nature, des services ou corvées et les droits casuels coutumiers. Comment supposer cependant que la somme de ces redevances ait été assez peu importante pour laisser aux mains du cultivateur une part des revenus dépassant de beaucoup ses frais et ses besoins? A ce compte le paysan des XIe et XIIe siècle eût été une personne privilégiée. On croira plutôt que, fixées à une époque où les terres étaient en friche, les redevances ne sont devenues relativement légères qu'à mesure de l'amélioration des cultures et de l'augmentation de la productivité du sol. C'est alors que le paysan profitant, grâce à la fixité des redevances, de l'accroissement du revenu, a pu en tirer parti soit en sous-accensant une part de son tènement primitif, soit en le grevant de rentes nouvelles. La productivité augmentant, le sol peut nourrir un plus grand nombre d'habitants : il peut donc être morcellé davantage, à moins que le propriétaire ne préfère céder seulement une part du revenu.

La comparaison des chiffres du cens primitif et des chiffres des rentes vendues est instructive à cet égard et elle nous est facilitée par un certain nombre de chartes qui mentionnent l'un et l'autre.

Robert Ansquetil vend à l'abbaye de Saint-Sauveur le Vicomte trois sous de rente; il avait antérieurement grevé le même fonds de six sous de rente au profit de la même abbaye et il lui devait *ex antiquo censu* 2 chapons et 20 œufs (1).

En 1259 Guillaume Leroux vend à l'abbaye du Tréport 2 sous de rente sur un tènement qu'il tenait d'elle au Quesnay; antérieurement il avait déjà vendu sur ce même

_____

(1) Cart. de Saint-Sauveur le Vicomte, n° 115, App. n° XVIII.

tènement 4 sous de rente et *de veteri censu* cette terre payait deux chapons (1).

Dans d'autres cas le cens ancien est en argent, mais il ne se monte qu'à quelques deniers (2).

Si nous comparons ces chiffres de cens primitif au montant des rentes anciennes vendues, nous constatons une différence notable. La rente est très rarement inférieure à 1 sou et presque toujours supérieure à 2. Que conclure, sinon que les rentes anciennes ainsi vendues sont déjà des surcens, comme on peut le voir d'ailleurs dans un certain nombre d'exemples ? La rente n'est donc apparue que lorsque la terre a acquis une productivité suffisante pour être morcelée entre des sous-tenants. Mais au lieu de la morceler on peut se contenter de disposer d'une part des revenus et c'est de là qu'est sortie la rente nouvelle.

Mais avant que ce résultat se soit produit, il ne peut

(1) Cart. de Saint-Michel du Tréport, n° 198. Vente de 2 sous de rente nouvelle *annualim ad Natale Domini persolvendos cum IV solidis annui redditus, quos dictis abbati et conventui prius vendidi super predictum tenementum, et cum duobus caponibus de veteri censu* (fév. 1259 n. s.).

(2) *Id.*, n° 222. Vente de 10 sous de rente nouvelle *super duas masuras quam de ipsis teneo... pro quibus masuris ego et heredes mei debebamus annualim dictis religiosis et eorum successoribus de antiquis redditibus ad festum omnium Sanctorum XII denarios et ad festum Sancti Remigii duas anceres* (nov. 1271). *Id.*, n° 239. Vente de 7 sous 9 deniers de rente nouvelle sur une pièce de terre qui était tenue de l'abbaye pour 3 deniers (fév. 1295 n. s.). Cart. de Jumièges, n° 311. Vente de 3 sous 6 deniers de rente nouvelle *salvis tamen dictis abbati et monachis predicte terre decima et camparto et VI denariis antiqui redditus* (s. d.). Abbaye de Lire (Arch. Eure, H. 487), mai 1274. Vente d'une rente de 3 sous sur une maison qui devait 18 deniers à la Saint-Remi, une poule à Noël et 20 œufs à Pâques, *id.*, mai 1264. Vente d'une rente de 2 sous sur une maison qui devait 18 deniers à la Saint-Remi et 20 œufs à Pâques, mars 1251. Vente d'une rente de 5 sous sur une maison qui devait 12 deniers de cens.

être question de vendre des rentes et voilà pourquoi nous ne les voyons pas apparaître avant le XIIIᵉ siècle.

On peut en donner une autre raison. Avant les premières années du XIIIᵉ siècle, la Normandie a été troublée par trop de guerres pour que les paysans aient pu raisonnablement songer à augmenter et à améliorer leur matériel d'exploitation. Comment songer à améliorer l'outillage, à augmenter le nombre des têtes de bétail alors que de continuels passages de troupes exposaient les cultivateurs au pillage ? Pour se rendre compte de l'importance de cette considération, il suffit de jeter un coup d'œil sur l'histoire de la Normandie au XIIᵉ siècle. Nous nous reporterons à l'excellent résumé fait par M. Delisle précisément au point de vue qui nous intéresse ; la sécurité des agriculteurs, dans son Etude sur la condition des classes agricoles (1). Le règne d'Henri Iᵉʳ de 1106 à 1135 fut relativement paisible, mais celui de son successeur Etienne de Blois ne fut qu'une longue « suite de guerres civiles ». Celui d'Henri II plus paisible fut encore souvent troublé par des dissensions intérieures et par les hostilités de Louis VII et de Philippe-Auguste. Quant aux deux derniers princes Richard Cœur-de-Lion et Jean-sans-Terre, leur règne fut continuellement occupé par les guerres contre la France et la Normandie « fut ravagée par les armées françaises et souvent aussi par les bandes de routiers que le duc appelait à son secours. La rançon de Richard et les frais de la guerre avaient épuisé toutes les fortunes ».

Les années qui suivirent la conquête, c'est-à-dire le début du XIIIᵉ siècle, font un heureux contraste avec ce

____

(1) P. 631 sqq.

triste tableau. Aucune guerre en Normandie sous le règne de Philippe-Auguste et de ses successeurs. « Le
puissant gouvernement de Philippe-Auguste et de Saint-
Louis fit régner la sécurité dans nos campagnes... De
toutes parts nous voyons défricher de vastes forêts et
fonder de nouveaux villages. »

Il est assez naturel de voir un rapport entre ce rétablis-
sement de la paix et de la sécurité et la création du crédit
pour les classes laborieuses des campagnes. Ce rapprochement lié aux considérations qui précèdent sur l'accroissement de la valeur du sol, permettent, à notre avis,
de comprendre pourquoi c'est précisément au XIII⁰ siècle
que la rente se développe : c'est alors pour la première
fois que l'emprunt est tout ensemble possible et utile au
cultivateur.

III. — Ces emprunts furent-ils bien onéreux pour ceux
qui les firent? C'est ce que nous voulons dire maintenant
et pour cela le seul moyen est de mettre sous les yeux du
lecteur le tableau d'un nombre suffisant de ventes de
rentes nouvelles, en mettant en regard le prix de la rente
et le montant des arrérages (1).

Il est bien entendu que nous ne pouvons demander à
des tableaux de ce genre qu'une moyenne. Aucun tableau
ne nous permettra jamais de dire pourquoi telle rente est
d'un taux plus faible ou plus élevé que telle autre. Des
considérations trop diverses et qui échappent d'une manière absolue à toute vérification historique viennent ici
influer sur les chiffres. C'est d'abord, à une époque de
faible concurrence entre les capitalistes, le besoin plus

____

(1) M. Delisle, dans son *Etude sur la condition des classes agricoles*, a
donné déjà un tableau de ce genre (p. 214 sqq.) ; nous nous sommes abste-
nus de reproduire les actes dont il fait mention.

ou moins grand que l'emprunteur pouvait avoir du capital. Quand il n'existe pas un grand marché où se rencontrent de nombreuses offres et de nombreuses demandes, ce qui régularise les prix, le prêteur peut faire varier le taux qu'il exige de son capital suivant le besoin de celui qui emprunte.

D'autre part le créancier peut faire varier le taux de la rente suivant les risques qu'il court. Par exemple, la même année 1251 dans le même bourg de Lire l'abbaye achète deux rentes de 5 sous sur deux maisons également tenues d'elle pour un cens de 12 deniers : elle paie l'une 55 sous et l'autre 45 (1). Pourquoi? L'une de ces maisons était peut-être mieux construite, plus solide, courait moins de chances d'incendie que l'autre (2). Il nous est évidemment impossible de rendre compte de ces différences individuelles d'une rente à l'autre : nous nous contenterons donc des moyennes.

Comme on peut s'en rendre compte par le tableau qui suit et dans lequel nous avons rassemblé des exemples provenant d'abbayes diverses et situées dans des régions éloignées les unes des autres, le taux reste sensiblement

---

(1) Archives de l'Eure, H. 475 et H. 487.

(2) On pourrait être tenté de croire pour ces mêmes raisons que le taux de la rente devait être plus considérable quand elle était assignée sur une maison. Il n'en est rien cependant. Voici quelques exemples de rentes sur des maisons que nous avons relevés : Cart. de Saint-Evroul (11057), n° 10 *super domum meam et super placiam dictam domum continentem*, 10 0/0, n° 48, *super domo mea... et super prato meo*, 10,86 0/0, n° 103, *super domum meam et super terram meam*, 11,76 0/0. Abbaye de Saint-Evroul (Arch. Orne, H. 579), *super quadam domo*, 11,11 0/0. Abbaye de Lire (Arch. Eure, H. 475), *in domo mea*, 11,11 0/0. *Id.*, H. 487 (1251), *in domo mea*, 9.09 0/0. *Id.*, H. 487 (1264), *in domo mea*, 12,50 0/0. *Id.*, H. 487 (1274), *in domo mea*, 12,50 0/0. Cart. de Saint-Wandrille, 100 r° *in mea domo*, 10 0/0. Cart. du Plessis-Grimoud, H. 684, *super domum meam et super totam tenementum*, 7,14 0/0.

le même partout oscillant autour de 10 0/0. Le taux le
plus bas que nous ayons rencontré est 6, 66 0/0 dans un
exemple unique, le plus élevé est celui que nous offre une
charte du cartulaire de Notre-Dame de Bon Port 20 0/0 ;
c'est aussi un taux exceptionnel qui s'explique peut-être
par ce fait que la terre étant plantée en vignes pourrait perdre beaucoup de sa valeur le jour où ce genre de culture
y serait abandonné. Il y a là un risque que peut-être les
religieux ont voulu faire payer.

INDICATION DE LA CHARTE	DATE	PRIX	RENTE	TAUX
Abbaye de St-Amand de Rouen.				
Cart. A.S.I. f°14v°	1257	50 s. t.	5 s. t.	10. » 0/0
N° 69	1258	65 »	7 »	10.76 »
72	1258	10 l. t.	25 »	10. » »
73	1269	20 s. t.	2 »	10. » »
74	1258	30 »	2 »	6.66 »
76	1258	60 »	6 »	10. » »
100	1233	40 »	5 »	12.50 »
101	1233	12 l. t.	20 »	8.33 »
102	1216	100 s. t.	10 »	10. » »
103	1215	110 »	10 »	9.09 »
125	1250	50 »	5 »	10. » »
154	1245	45 »	5 »	11.11 »
158	1247	25 »	3 »	12. » »
162	1245	60 »	6 »	10. » »
170	1247	45 »	5 »	11.11 »
171	1247	40 »	5 »	12.50 »
187	1247	8 »	12 d. t.	12.50 »
223	1233	40 »	5 s. t.	12.50 »
229	1230	40 »	5 »	12.50 »
258	1251	27 »	3 »	11.11 »

INDICATION DE LA CHARTE	DATE	PRIX	RENTE	TAUX

Abbaye d'Aunay (1).

INDICATION DE LA CHARTE	DATE	PRIX	RENTE	TAUX
A. C. H. 887	1252	40 s. t.	4 s. t.	10. » 0/0

Abbaye de Notre-Dame de Bon Port.

INDICATION DE LA CHARTE	DATE	PRIX	RENTE	TAUX
Cart. nº 237	1259	30 s. t.	4 s. t.	13.33 0/0
Nº 238	1259	8 l. t.	20 »	12.50 »
240	1259	40 s. t.	5 »	12.50 »
241	1259	45 »	6 »	13.33 »
245	1260	10 »	2 »	20. » »
247	1260	8 l. 10 s. t.	20 »	11.76 »
257	1264	42 s. t.	6 »	14.28 »
278	1270	8 l. t.	20 »	12.50 »
280	1271	28 s. t.	4 »	14.28 »
327	1284	40 »	5 »	12.50 »

Prieuré de St-Cyr de Friardel.

INDICATION DE LA CHARTE	DATE	PRIX	RENTE	TAUX
B. N. Cart. nº 215	1291	32 s. t.	4 s. t.	12.50 0/0
217	1293	20 »	2 s. 6 d. t.	12.50 »
218	1293	40 »	5 s. t.	12.50 »
219	1291	18 »	2 »	11.11 »

Abbaye de St-Evroul.

INDICATION DE LA CHARTE	DATE	PRIX	RENTE	TAUX
Cart. B. N. 11055				
Nº 379	1249	48 s. t.	5 s. t.	10.41 0/0
409	1252	4 l. t.	8 »	10. » »
443	1242	4 »	10 »	12.50 »
465	1250	30 s. t.	3 »	10. » »
481	1252	70 »	8 »	11.42 »
486	1250	20 »	2 »	10. » »
503	1253	7 l. 10 s. t.	15 »	10. » »
575	1253	36 s. t.	4 »	11.11 »

(1) L'abbaye d'Aunay nous a surtout fourni des exemples de rentes en nature pour lesquelles, faute de connaître d'une manière exacte la valeur des denrées, il est impossible de déterminer le taux.

INDICATION DE LA CHARTE	DATE	PRIX	RENTE	TAUX	
B. N. Cart. 11057					
Nº 7	1259	27 s. t.	3 s. t.	11.11	0/0
8	1250	40 »	4 »	10. »	»
10	1252	60 »	6 »	10. »	»
16	1243	100 »	12 »	12. »	»
23	1256	30 »	3 »	10. »	»
25	1256	10 »	1 »	10. »	»
37	1252	55 »	6 »	10.90	»
39	1253	100 »	12 »	12. »	»
42	1240	10 l. t.	20 »	10. »	»
48	1248	46 s. t.	5 »	10.86	»
49	1252	35 »	4 »	11.42	»
51	1251	60 »	6 »	10. »	»
52	1252	65 »	7 »	10.76	»
57	1269	50 »	5 »	10. »	»
58	1269	40 »	4 »	10. »	»
66	1256	25 »	3 »	12. »	»
76	1251	60 »	6 »	10. »	»
78	1257	30 »	4 »	13.33	»
79	1266	29 »	3 »	10.34	»
103	1270	20 s. 15 d. t.	2 s. 6 d. t.	11.76	»
120	1271	20 s. t.	2 s. 6 d. t.	12.50	»
127	1276	27 »	3 s. t.	11.11	»
160	1288	50 »	5 »	10. »	»
A.O.H. 579	1294	18 »	2 »	11.11	»

Abbaye de Jumièges.

INDICATION DE LA CHARTE	DATE	PRIX	RENTE	TAUX	
A. S. I. Cart.					
Nº 180	1224	40 s. t.	4 s. t.	10. »	0/0
181	1224	20 »	2 »	10. »	»
183	1225	70 »	8 »	11.42	»
299	1244	10 l. t.	20 »	10. »	»
311	s. d.	35 »	3 »	8.57	»
417	1245	50 »	5 »	10. »	»

INDICATION DE LA CHARTE	DATE	PRIX	RENTE	TAUX
Abbaye de Lire.				
A. E. H. 474	1293	9 l. t.	20 s. t.	11.11 0/0
H. 475	1251	45 s. t.	5 »	11.11 »
487	1251	55 »	5 »	9.09 »
487	1264	16 »	2 »	12.50 »
487	1274	24 »	3 »	12.50 »
487	1278	40 »	5 »	12.50 »
506	1274	45 »	5 »	11.11 »
»	1275	10 l. t.	20 »	10. » »
»	1276	20 s. t.	2 »	10. » »
»	1276	50 »	5 »	10. » »
»	1277	53 »	7 »	13.20 »
»	1277	4 l. 5 s. t.	10 »	11.76 »
»	1278	40 »	5 »	12.50 »
»	1280	25 »	3 »	12. » »
»	1284	40 »	5 »	12.50 »
511	1276	110 »	12 »	10.90 »
516	1257	100 »	10 »	10. » »
516	1276	45 »	5 »	11.11 »
Prieuré du Plessis Grimoud.				
Cart. A. C. N° 81	1277	25 s. t.	15 d. cen.	10. » 0/0
278	1272	40 »	4 s. t.	10. » »
373	1260	48 »	4 »	8.33 »
382	1263	40 »	4 »	10. » »
684	1300	70 »	5 »	7.14 »
Abbaye de Silly.				
Cart. B. N. F° 180 v°	1257	52 s. t.	6 s. t.	11.53 0/0
182 r°	1258	26 »	3 »	11.53 »
183 r°	1277	20 »	2 »	10. » »
192 r°	1251	4 l. t.	4 s. cen.	10. » »
207 r°	1274	30 s. t.	3 »	10 » »
A O. H 1400	1257	52 »	6 »	11.53 »
»	1258	26 »	3 »	11.53 »

INDICATION DE LA CHARTE	DATE	PRIX	RENTE	TAUX
Abbaye de St-Michel du Tréport.				
Cart. N° 198	1259	15 s. t.	4 s. t.	13.35 0/0
208	1260	43 s. 6.d.t.	5 »	11.49 »
211	1261	40 s. t.	4 »	10. » »
222	1271	100 »	10 »	10. » »
238	1294	60 »	6 »	10. » »
241	1295	10 l. t.	22 »	11. » »
242	1298	40 s. t.	4 »	10. » »
Abbaye de St-Wandrille.				
Cart. A. S. 1.				
N° 72 v°	1271	12 l. t.	30 s. t.	12.50 0/0
73 v°	1271	30 s. t.	4 »	13.33 »
75 v°	1270	131. 13 s. t.	21 »	7.69 »
79 v°	1270	25 l. t.	50 »	10. » »
100 r°	1261	20 l. t.	40 »	10. » »

Le taux, on le voit, n'était pas exagéré. Si on le compare avec ce que nous savons du sacrifice imposé à l'emprunteur dans l'engagement immobilier, l'avantage sera,
ici comme partout, visible pour le nouveau mode de
crédit. On pouvait, sans courir à la ruine, grever sa terre
de rentes et espérer grâce aux améliorations produites
par l'emploi du capital emprunté, augmenter assez le
revenu pour assurer le service des arrérages. Cependant
il y a une limite à la charge que peut supporter une terre
déterminée, si cette limite était dépassée par des créations imprudentes de rentes trop lourdes le danger pouvait être grand. C'est ce qu'il nous faut maintenant montrer en peu de mots.

IV. — Une terre donnée ne peut en effet supporter
qu'un certain chiffre de rente en rapport avec son revenu.

Si cette limite est dépassée débiteur et créancier n'y trouvent plus leur compte. Le débiteur qui ne peut payer la rente, parce que le revenu est absorbé par les frais de la culture et les dépenses personnelles du cultivateur et de sa famille, est sans cesse exposé à la *justiciatio* qui lui prend d'abord son bétail et qui par là active sa ruine. Au bout de quelque temps il finit par abandonner la terre, il déguerpit.

Le XIII° siècle qui fait l'objet de notre étude est la période de début du développement des rentes : aussi ces inconvénients qui naissent de l'abus inconsidéré des ventes de rentes, n'y sont-ils pas encore fort sensibles. Il n'est pas impossible néanmoins d'en trouver des exemples typiques et surtout dans la seconde moitié du siècle.

On peut voir dans des séries de chartes, se groupant dans un nombre d'années relativement court, revenir les noms des mêmes personnes pour vendre des rentes anciennes ou nouvelles ou même des terres : on peut les suivre pas à pas pour ainsi dire sur le chemin de la ruine. Nous en donnerons quelques exemples.

En 1282, Chrétien de Perrois vend 10 sous de rente sur son fief de la Putenaye ; en 1284 il vend une pièce de terre de ce même fief (1).

En janvier 1270, Guillaume Boel vend à l'abbaye de Saint-Evroul 2 sous 6 deniers de rente sur la maison et la terre qu'il tient d'elle à Malepertuis, paroisse Saint-Aubin de Sap André : en février 1271 il vend sur les mêmes terre et maison de nouveau 2 sous 6 deniers. Enfin en mars 1276 il vend 3 sous de rente sur tous ses immeubles de Sap André ; la charte mentionne les 5 sous

(1) Chartes de la commanderie des Templiers de Renneville Liasses, 1 et 3.

qui ont été antérieurement vendus (1). On remarquera
que l'assignat de la rente est dans le dernier acte légère-
ment modifié ; la maison et la terre attenante supportant
déjà 5 sous de rente en plus du cens et autres redevances
coutumières ne pouvaient sans doute en supporter davantage ; Guillaume Boel, pour obtenir de l'abbaye la
somme de 27 sous qu'il lui demande, est obligé de donner, pour gage de la rente de 4 sous qu'il vend, tous ses
immeubles situés dans la même paroisse (2).

Nous avons déjà cité l'exemple de ce Richard de Sainte-
Croix qui, ne pouvant pas payer les arrérages des rentes

(1) Cart. de Saint-Evroul (11057), nᵒˢ 103, 120 et 127. Cf. Appendice,
nᵒˢ X, XI et XII.

(2) Cartulaire de Saint-Cyr de Friardel. Guillaume Hurtevent vend, en
1273, 2 sous 6 deniers tournois *super omne illud tenementum quod ego
tenebam in parrochia Sancti Sebastiani de Pratellis de dictis priore et
conventui* (nᵒ 145) ; en 1289, 15 deniers mançois *super quamdam peciam
terre que est sita in parrochia Sancti Sebastiani de Pratellis inter terram Guillelmi Doylle clerici ex una parte et terram Johannis Lelon ex altera* (nᵒ 146) ; en 1291, 2 sous tournois *in toto meo herbergamento quod
habeo in parrochia Sanctorum Fabiani et Sebastiani de Pratellis inter
terram Thome dicti Hugonis ex una parte et terram Petri dicti Grafin ex
altera* (nᵒ 219) ; en février 1292 (n. s.) 4 sous *super meum gardinum situm
... inter terram Petri dicti Grafin ex una parte et viam communem
per quam itur ad monasterium Sanctorum Fabiani et Sebastiani de Pratellis* (nᵒ 215) ; en février 1293 (n. s.) 5 sous *super totum meum herbergamentum situm in parrochia Sanctorum Fabiani et Sebastiani inter terram Roberti dicti Porchet ex una parte et terram Petri dicti Grafin ex
altera* (nᵒ 218) ; en novembre 1293, 5 sous *super meum herbergamentum
quod est in parrochia Sanctorum Fabiani et Sebastiani de Pratellis videlicet inter terram Thome dicti Hugonis ex una parte et terram Petri dicti
Grafin ex altera* (nᵒ 214) ; en novembre 1293 encore, 2 sous 6 deniers
*sitos in parrochia Sanctorum Fabiani et Sebastiani de Pratellis super
quadam peciam terre sitam in parrochia inter terram heredum Christiani
de Bernayo ex una parte et terram Rogeri dicti Ameline ex altera* (nᵒ 218).
Comme on le voit, Guillaume Hurtevent dans l'espace de 20 ans grève
successivement de rentes tous ses biens de la même paroisse, quelquefois
le même fonds de plusieurs rentes (cela est évident pour les nᵒˢ 214 et
219).

qu'il devait et se trouvant en retard d'une somme de 100 sous, crée au profit de l'abbaye d'Ardenne créancière, sur la terre qu'il tenait d'elle, une rente de 5 quartiers de froment (1). Nous ne savons pas ce qu'il en advint mais il est probable qu'une rente créée dans ces conditions devait grever lourdement la terre qui la devait.

Quand la mesure avait été dépassée, quand les produits du sol ne suffisaient plus à couvrir les frais de la culture, à nourrir le cultivateur et à payer les arrérages des rentes vendues, le propriétaire n'avait plus qu'à abandonner une terre sur laquelle il peinait sans profit.

Les exemples de tenants qui remettent à l'abbaye les terres tenues d'elle sont nombreux déjà dans la seconde moitié du XIII⁺ siècle. Lorsque ces remises sont faites moyennant un prix, il n'est pas certain que le cultivateur abandonne le fonds pour les raisons que nous indiquons. On peut supposer qu'il vend parce qu'il quitte le pays, parce que l'abbaye veut agrandir son domaine non fieffé, pour bien d'autres causes.

Mais quand nous voyons vendre la terre elle-même après que le cultivateur a déjà vendu des rentes sur cette même terre, il est permis de supposer qu'il trouve désormais trop lourde la charge de la rente et qu'il veut s'en exonérer. Nous avons indiqué un exemple de ce genre (2) ; on pourrait en citer de nombreux.

Dans d'autres cas encore plus nets la remise a lieu purement et simplement sans qu'il soit question d'un prix. Le tenant remet à l'abbaye, abandonne la terre qui ne rémunère plus suffisamment son travail (3).

(1) Cf. *supra*, p. 190.
(2) Chartes de Renneville, *supra*, p. 204, n. 1.
(3) Abbaye d'Aunay (Arch. Calvados, II. 868). En mai 1273 Guillaume

En novembre 1259, Jean Bacun abandonne à l'abbaye
de Barbery un champ qu'il tenait d'elle dans le territoire
des Pins *nichil penitus juris aut dominii michi aut heredibus meis in eodem campo retinens aut reclamans* (1).

En décembre 1253 Pierre de Broie abandonne (*resignavi
et penitus dimisi*) à l'abbaye d'Ardenne une vergée et
demie de terre qu'il tenait d'elle en fiefferme (2).

Enfin un certain nombre d'actes indiquent de la manière la plus expresse le motif de l'abandon.

Pierre Seignorie de Fontenay le Marmion tenait de
l'abbaye de Barbery 4 sous de terre et un *masuagium*
pour 9 setiers et 1 mine d'orge, plus les regards à Noël
et à Pâques. Ne pouvant payer les arrérages de ces rentes il abandonne onze vergées de terre et 6 livres tournois moyennant quoi il est quitte des arrérages échus et
de la rente à l'avenir. Il préfère, on le voit, abandonner
une part de sa propriété et conserver un petit champ
libre de redevances (3).

Turstin de Nanteuil vend à l'abbaye 18 setiers de froment *super totam
terram quam teneo de ipsis in territorio de Croileto cum omni redditu et
cum omnibus fesanciis quas teneor et debeo facere de predicto tenemento
abbati et conventui supradictis.* En juin 1275 le même *vendidi et omnino dimisi... omnia que habebam et possidebam et de jure possidere
poteram et debebam de ipsis in territorio de Broileto videlicet in terris,
hominibus et omnibus aliis rebus quecumque sint et possint evenire.*
La rente d'abord vendue avait été payée 96 livres et l'ensemble des biens
qui restaient à Guillaume et qu'il abandonne dans la seconde charte est
vendu 30 livres seulement. On voit combien la rente avait dû lourdement
grever la terre en question.

(1) Archives du Calvados, H. 1550.
(2) Archives du Calvados, H. 208.
(3) Arch. Calvados, H. 1580. *Notum sit... quod cum ego Petrus Seignorie de Fontaneto Marmion tenerem de abbate et conventu de Barbereio
quatuor acras terre cum masuagio apud Fontanetum Marmion pro novem
sextariis et una mina ordei annui redditus et pro regardis ad Natale et
ad Pascha, cum eis dictum bladum reddere non possem prout deberem.
dimisi in manu dictorum abbatis et conventus undecim virgatas terre*

En 1253 Raoul Taisson abandonne à l'abbaye 4 acres de terre tenues d'elle, pour être quitte des arrérages échus et à venir de la rente de deux setiers d'avoine et de 2 chapons et demi qu'il en devait. L'abbaye lui donne en outre comme soulte, si l'on peut dire, une somme de 25 sous tournois (1).

Cet abandon n'est pas autre chose que l'opération bien connue du déguerpissement. Seulement les déguerpissements que nous montrent les chartes que nous venons de citer sont faits à l'amiable. Le débiteur de la rente ne se contente pas d'abandonner purement et simplement sa terre, il en fait volontairement remise à son seigneur et créancier qui l'accepte et peut dès lors en disposer à sa guise pour un nouveau bail à cens.

C'est au contraire une question controversée que de savoir si le déguerpissement donne par lui-même au seigneur le droit de disposer à nouveau de la terre, s'il opère résiliation du précédent contrat. On discute sur le sens et la portée d'une ordonnance de 1287 relative à Paris. D'après M. Viollet elle aurait eu pour but précisément de décider qu'à l'avenir le déguerpissement opérerait résolution du bail à rente, contrairement à ce qui se passait antérieurement (2). M. Glasson au contraire croit que l'ordonnance « porte seulement que les possesseurs

pro novem sextariis et una mina ordei que debebam eisdem annualim et sex libras turonensium pro arreragiis que omnia michi quillaverunt. (1257).

(1) Raoul Taisson vend à l'abbaye de Barbery 4 acres de terre tenues d'elle *sub hac forma quod predicti monachi quillant michi duo sextaria avene annui redditus que debebam eis pro terris quas debebam tenere de ipsis et duos capones et dimidium ad Natale et quedam arregia que debebam eis et viginti quinque solidis turonensium quos proinde michi dederunt* (1253) (Arch. Calvados, H. 1691).

(2) *Histoire du droit civil français,* p. 678.

des maisons grevées de cens ou de rentes qui,après sommation, n'auront pas payé les arrérages échus ou garni la maison d'une manière suffisante seront dépossédés au bout d'un certain temps » (1). Telle nous semble être aussi l'interprétation la plus naturelle des termes de l'ordonnance.

Le débiteur de la rente peut donc à sa volonté, se libérer de ses obligations pour l'avenir en abandonnant le bien. C'est là un grand avantage pour lui, mais c'est un inconvénient grave pour l'abbaye créancière de la rente. Celle-ci perd en effet le capital qu'elle avait versé ; en échange, il est vrai,elle recouvre la possession de sa terre, mais si la culture en a été négligée, ce qui sera vraisemblablement le cas dans les dernières années de possession du débiteur qui déguerpit, elle ne pourra la bailler moyennant un cens suffisant pour payer l'intérêt de ce capital et c'est pour elle une perte sans compensation.

Il était assez naturel que les moines songeassent à se prémunir contre ce danger. Tel était, croyons-nous, le but des rentes assignées subsidiairement sur d'autres immeubles ou même sur tous les biens du vendeur de rente (2). Celui-ci se trouvant ainsi toujours obligé au paiement de la rente alors même qu'il n'était plus en possession du fonds primitivement grevé — soit qu'il l'eût aliéné, soit qu'il eût déguerpi — l'abbaye ne perdait rien.

Une telle clause rendait en réalité le déguerpissement impossible, sauf accord avec l'abbaye, remise volontai-

(1) Glasson, *Histoire du droit et des institutions de la France*, IV, p. 409, n° 2.
(2) Cf. *supra*, ch. III, § 5.

rement faite et volontairement acceptée, comme nous en
avons cité des exemples (1).

D'ailleurs il faut dire que les inconvénients résultant
pour les deux parties des abus des ventes de rentes ne
sont pas encore très sensibles à l'époque qui nous occupe.
Il est rare que l'on crée de propos délibéré sur une terre
donnée une rente beaucoup plus considérable que ne le
comportent les revenus de cette terre ; un créancier tant
soit peu prévoyant ne se prêtera pas à cette opération.
C'est après coup et par suite d'événements non prévus
lors de la conclusion du contrat que cette disproportion
peut se produire entre le revenu du sol et les redevances
dont il est chargé. Or nous sommes à une époque de
calme et de prospérité relative : nous ne connaissons aucun événement de nature à faire baisser subitement la
valeur de la propriété foncière en diminuant les produits
du sol. Mais cet inconvénient se produira plus tard
quand la guerre de Cent ans aura commencé de ravager
et de dépeupler notre pays. C'est alors que les terres des
campagnes et les maisons démolies des villes ne rap-
porteront plus assez pour payer les charges qui les grè-
vent. Mais à la fin du XIIIe siècle encore les inconvénients de la vente de rente sont négligeables, mis en ba-
lance avec l'immense avantage qu'eût ce contrat d'ouvrir
le crédit aux emprunts productifs de la moyenne classe
agricole.

(1) D'après Houard si le fieffataire ne peut déguerpir c'est que « il est
d'usage que le fieffataire oblige et hypothèque généralement tous ses
biens pour la sûreté de la rente ». Alors le déguerpissement ne saurait
avoir aucune utilité. « Le fieffant lui dirait : si mon fonds ne suffit pas
pour me payer, j'attaquerai le vôtre ; vous me l'avez hypothéqué ».
Dictionnaire de la coutume de Normandie, II, p. 319 et 320, Ve *Fieffe*.

CONCLUSION

————

Deux mots seulement de conclusion. Nous avons parcouru deux époques bien distinctes caractérisées par deux modes de crédit différent. Pendant la première nous avons vu le crédit rare et improductif, uniquement ouvert aux seigneurs et les menant d'ailleurs généralement à la ruine : le rôle des abbayes n'est alors en notre matière que d'une importance minime, elles sont seules à s'enrichir par les engagements.

La seconde période au contraire nous montre ces mêmes abbayes répandant autour d'elles les bienfaits d'un crédit destiné à faciliter la production, ouvert aux classes moyennes et principalement aux classes rurales, qui, sans charge trop lourde, peuvent ainsi acquérir ce qui est nécessaire à l'amélioration des cultures. Les monastères sont de véritables banques agricoles, répandues en grand nombre sur toute la surface du pays : elles jouent là un rôle de la plus grande importance économique et qu'elles seules étaient alors à même de remplir.

APPENDICE

I

GAGES

I

Abbaye de St-Etienne de Caen (Arch. Calvados).

1096. — Anno ab incarnatione domini M° XCVI Turstinus filius Turgisii, prepositus de Lu, concessit sancto Stephano usque ad VI annos pro IIII°r marcis argenti et una equitatura alodium suum quod habebat apud Lu, XL scilicet acras terre et unam mansuram juxta ecclesiam, tali conditione, ut, si ipse Turstinus aut uxor ejus vel filius post VI annos rediret, redderet sancto Stephano ad finem VI annorum IIII°r argenti marcas, relicta sibi equitatura, et reciperet de ipsa terra XXXIIII°r acras, sex vero relinqueret Sancto in hereditate perpetua comme illa mansura juxta ecclesiam sita. Quod si post sex annos minime rediret nec ipse scilicet, nec uxor ejus, nec filius, haberet Sanctus totam terram in perpetuum. Monachi vero concesserunt ipsi Turstino et uxori ejus et filio societatem suam et beneficium et orationes in ecclesia sancti Stephani. Huic conventioni interfuerunt ex parte sancti Stephani : Willelmus clericus de Allemania, Harulfus, Rannulfus de Ruccavilla, Rodulfus filius Brune, Ogerius ; ex parte Turstini Turoldus, Robertus filius Pagani de Lu ; quibus presentibus posuit ipse Turstinus cum uxore sua et filio donationem de predicta terra super altare.

II

Cartulaire de l'abbaye de St-Evroul (11055), n° 279.

1202-1218. — Notum sit omnibus presentibus et futuris quod, cum ego Willelmus de Valle Ferman traxissem in causam in curia domini Jorduni Lexoviensis episcopi (1) abbatem et conventum sancti Ebrulfi super quarta parte feodi Asbreit, quam ipsi tenebant et hereditario jure se possidere dicebant, et ego proponebam a

(1) Jordanus fut évêque de Lisieux de 1202 à 1218.

patre meo predictam quartam partem feodi pignori fuisse obliga-
tam, tandem post multas lites et placita, consilio amicorum meorum, quietavi supradictis abbati et monachis quicquid in memo-
rato feodo clamabam et eisdem abbati et monachis concessi et
presenti carta confirmavi totum jus et hereditatem quam antecessores mei in eodem feodo habuerunt et quicquid juris in eodem
feodo vendicabam, scilicet in hominibus et terris et bosco et pratis et aliis pertinentiis suis predictis abbati et monachis donavi habendum in perpetuam elmosinam liberam et quietam. Unde michi
de caritate sua LXX solidos andegavensium donaverunt. Quod
ut certum omnibus habeatur, sigilli mei testimonio duxi roboran-
dum.

III

Abbaye du Mont St-Michel (Arch. Manche) (1).

Noverint tam presentes quam futuri quoniam Rainaldus filius
Ugonis terram quam jure hereditario in Gernerio possidebat,
monachis Sancti Michaelis de Monte invadimoniaverit pro centum solidis cenomannensium, tali videlicet pacto ut, si vel ipse
vel aliquis heredum suorum eosdem nummos redderet, terram
suam liberam et quietam haberet. Sed cum non post multum isdem Rainaudus infirmaretur et, ingravescente incommodo, ad
extrema duceretur, pro Dei amore et anime sue redemptione eandem terram, consensu uxoris sue qui presens aderat, Deo et
Sancto Michaeli sibique monachis famulantibus concessit et in
perpettuum habendam contulit. Hujus donacionis presbiter qui
tunc confessum eum faciebat testis filelissimus permanet. Hoc
autem quoque filia ejus Aales scilicet et Richardus, alterius filie
ejus maritus, pro uxore sua concesserunt. Prime donacionis, quam
quidem Rainaldus fecerat, testes sunt hi : Iohannes presbiter,
Radulfus homo ejus de Donvilla et Rogerius homo ejus ; concessio-

____

(1) La charte dont nous publions ici l'original a été très exactement re-
copiée dans le cartulaire, f° 87 v°.

nis vero, quam postmodum filie ejusdem Rainaldi fecerunt testes
sunt hi : Rivallo Calcebos, Hugo Testa, Sangaulo et multi alii.

IV

Cartulaire du Mont St-Michel, f° 47 v°.

Vers 1033. In nomine Sanctæ et individue Trinitatis, Patris et
Filii et Spiritus Sancti.Ego Ansgerius et Herveus frater meus com-
mendavimus facere istam cartam ; aperta causa est satis quod pater noster Gradelocus unam ecclesiam dedit Sancto Michaeli de
villa que dicitur Pollei, tempore Mainardi abbatis (1), in vadimonium propter quatuor libras denariorum. Postea ductus amore
Dei et Sancti Michaelis venit in locum illum et dedit eamdem ecclesiam sancto Michaeli in proprium alodum pro remedio anime
sue, retentis quattuor libris denariorum quas prius acceperat. Sed
et mater nostra pro eadem causa unum vestimentum valde bonum
habuit de pallio, ea videlicet ratione ut, quocienscumque eveniret
patrem nostrum vel nos ire in prelium,a monachis sancti Michaelis duos equos prestitos haberemus, deinde sanos redderemus.
Quod si tanta necessitas eveniret, ut aliter fieri non posset, omnis
locus sancti Michaelis nobis esset ad refugium.Qua auctoritate eandem ecclesiam semper tenuerunt et patris nostri tempore et nostra etate, donec, deficiente ab eis conventione de caballis, quia gra-
vis erat, eamdem ecclesiam recepimus. Nunc autem providentes
anime patris nostri et nostrarum animarum, reddimus eam Sancto
Michaeli tempore Theoderici abbatis (2), laxata conventione de
caballis et acceptis octo libris denariorum in testimonium. Et si
necessitas werre nobis evenerit, habeamus refugium ad sanctum
Michaelem. Et quia Guillelmus frater noster clamorem facit in
ista causa, donamus omnem fiduciam, quia comparticipem eum
fecerimus de ceteris bonis patris nostri de quibus expers est, da-
bimus ei pro isto clamore aliorsum justam partem vicissitudinis.

(1) Mainard, II, 991-1009, *Gallia Christiana*, XI, 514.
(2) Thierry, 1030-1033, *Gallia Christiana*, XI, 515.

Nec sit in perpetuum ex omni progenie nostra, qui jam amplius
in ipsa ecclesia clamorem faciat, sed sit sancti Michaelis in eter-
num, sicut supradictum est. Et ut hoc stabile permaneat in sem-
piternum, confirmandum tradimus auctoritati domini nostri Alanni comitis et vasallorum ejus et nostre et infantum nostrorum.
Si quis autem hoc aliquando violare presumpserit, maledictione
et excommunicatione perpetua dampnetur cum Juda traditore Domini et cum Achitofel perjuro et cum omnibus inimicis Dei. Signum Alanni comitis †.

V

Cartulaire du Mont St-Michel, f° 68 v°.

971-996. — In nomine sancte et individue Trinitatis. Antecessorum nostrorum auctoritate constitutum atque decretum est, ut si
quis suarum quiddam alicui Sanctorum loco vel donaverit pro salute
anime sue vel vendiderit, exinde litterale testamentum plurima-
rum personarum sed veracium receptibiliumque corroborationi-
bus assignatum sollempniter faciat, quatinus ab omnium pra-
vorum postmodum successorum contradictionibus intemerata
inviolabilisque ipsa seu donatio seu venditio perseverabiliter
permaneat. Quapropter ego Guido tam presentibus quam futuris
omnibus quippe christianitanis insignitis titulo notum esse volo
quod monachi Sancti Michaelis, abba scilicet Mainardus (1) et
alii sui subjecti me adeuntes postulaverunt ut loco ejusdem
sancti Michaelis duas partes ecclesie Centrannensis venderem,
quam ipsi, antecessore meo vivente, in vadimonio tenuerant;
sed, eo mortuo cum uxore ex cujus erant dotalicio, ipse due partes predicte ecclesie ceterisque beneficiis ad me redierant; quod
primo aliquantulum contradicens, tandem victus precio atque orationibus, quas pro meo antecessore assidue faciunt, quas, si aliter

(1) Mainard I (966-991) ou Mainard II (991-1009). L'évêque Seinfredus
qui figure parmi les témoins est Segenfridus, de Bellême, évêque du Mans
de 971 à 996.

facerem, ei auferem, eis consensi. Vendidi itaque eidem loco Sancti Angeli, cum consensu mee uxoris Ramburgis et filiorum ipsius meique predecessoris Hugonis, Goslini, Heribranni, ipsas duas partes predicte ecclesie, scilicet quicquid ex ipsa ad meam pertinebat potestatem, ipsi perpetualiter loco et omnibus fratribus ipsi loco servientibus possidendas, ut habeant, teneant et possideant sine contradictione tam presentium quam futurorum omnium sive parentum sive quorumcumque amicorum. Sin autem aliquis meorum successorum aliquando diabolice pravitatis stimulatus aculeo, ei loco atque fratribus exinde aliquam injuriam vel calumpniam facere presumpserit, tocius excommunicationis atque anathematis irreciatur vinculis. Ut autem hujus venditionis corroboratio veratius credatur et perfectius per omnia conservetur firmiusque futuris temporibus teneatur, manibus propriis ego et uxor mea et predicti filii subterfirmavimus dominoque meo Hugoni atque episcopo ceterisque principibus domini mei firmandam tradidimus. Signum Hugonis comitis. Signum Sein-

fredi episcopi, signum Odonis thesaurarii, signum HUGONIS Ysaac.

S. Drogonis S. Radulfi vicecomitis. S. Harduini. S. Haimonis. S. Mainard, S. Guillelmi, S. Huberti, S. Huberti clerici, S. Hamelini, S. Hugolini.

VI

Cartulaire du Mont St-Michel, f° 79 v°.

1086. — In nomine sancte et individue Trinitatis Patris et Filii et Spiritus sancti amen. Ego Rotbertus, Haimonis filius, rogatus multociens ab abbate et a monachis montis sancti Michaelis archangeli in periculo maris siti, pro remedio anime mee necnon et parentum meorum, concedo de hereditate a parentibus meis michi relicta Deo creatori meo et eidem archangelo Michaeli ecclesiam quandam de villa quadam mei patrimonii, que Scai vulgo dicitur, cum decima eidem ecclesie pertinenti, excepta quadam parte duorum scilicet vavassorum, qui non sunt mei juris, quorum tamen, excepta sola decima, reditum eadem habet ecclesia. Dono eciam novem acras terre et insuper assentio ut,si quisquam meorum hominum eandem villam incolentium, necessitate aliqua coactus, de terra vel possesione sua ejusdem loci abbati aliquid invadimoniare voluerit, licet hoc agat, si vero omnino vendere voluerit, usque ad duas acras, exceptis masuris et ortolaneis terris, indissimiliter annuo. Hujus rei testes sunt qui signum vivifice crucis subtus impresserunt. S. Rotberti Hamonis filii, S. Folcui de Mannei, S. Rogerii Juelini filii, S. Rotberti de Buris, S. Malgerii de Buris, S. Rogerii clerici, S. Theoldi, S. Parvalt, S. Adam, S. Radulfi de sancto Johanne, S. Galterii de Coldevilla, S. Hugonis preposi genitiensis, S. Pagani de Bricavilla, S. Radulfi Malreguart. Acta est hec donatio anno dominice incarnationis M° LXXX VI indictione nona, anno primo cycli decennovenalis.

VII

Cartulaire du Mont St-Michel, f° 91 r°.

De terra Rannulfi de Collevilla.

1134. — Noverint non solum presentes sed et futuri hoc pactum firmatum fuisse in communi capitulo inter domnum abbatem Bernardum de Monte sancti Michaelis et Rannulfum de Collevilla. Urgente siquidem prenimia necessitate supradictum Rannulfum adiit multimodis precibus et summissis venerabilem Bernardum abbatem, ut partem cujusdam molendini invadimoniaret, quod habebat apud Cantalupum de quo omni anno ad mensuram nostri horrei recipiebat XII quarteria frumenti, propter IIII°r marchas argenti. Quod et factum est. Deinde, cum majori necessitate urgeretur, rursum requisivit domnum abbatem ut adhuc de terra sua invadimoniaret, propter X marchas argenti, tantum unde ad mensuram nostri horrei redderet huic ecclesie singulis annis XXXVIII quarteria frumenti de terra nemoris. Si vero frumentum ad reddendum defecerit, terra in dominio remanebit. Hoc autem fac-

tum est anno ab incarnatione domini M° C° XXX° IIII° et ab hoc
anno usque ad tres annos, eo pacto quod si post tres annos die
octavarum pasche predicta pecunia reddita non fuerit, domnus
abbas toto sequenti anno terram habebit, et hoc de anno in annum donec pecunia supradicta reddatur. His videntibus et audientibus Osbernns clericus, Gaufredus episcopus, Galterius et Rogerius canonici, Rogerius camerarius, Rotbertus prepositus, Vitalis
de Beuvrone, Ernaudus de Montet, Bertrannus faber et multi
alii.

<h2 style="text-align:center">VIII</h2>

:   Cartulaire du Mont St-Michel, f° 101 r°.

s. d. XII° s.— Notum sit omnibus tam presentibus quam futuris
quod, quando Radulfus Manducans accepit monachalem habitum in
ecclesia sancti Michaelis de monte, dedit eidem ecclesie totum illud
quod in ecclesia de Ysnes possederat. Sed Radulfus Danselli filius
dicebat quod tercia pars ejusdem sua esse debebat, quam super LX
et XI solidos cenomannensium eidem Radulfo Manducanti esse in
vadimoniun, multis audientibus, cognoscebat; abbas ei conces-
serat quod, quando denarios reddidisset, quod jure in illam habere debebat, habuisset. Sciant iterum quatinus Radulfus Manducans de Bartholomeo unum ortum de feudo illius juvenis concessu
ejus de LX solidis, super quos erat in vadimonium, disgaiaverat.
Sed abbas videns paupertatem juvenis, misericordia motus roga-
tuque multorum, concessit quod, quando redderet ei vel monachis XXX solidos cenomannensium, suum ortum haberet. Et hoc
de toto testes fuerunt Godefridus cantor et Rogerius et Hugo prior
et multi alii de monachis et de laicis Hugo filius Odonis, Letus in-
fans, Rualen clericus et Willelmus pulcra barba et Ernulfus de
Stampis et multi alii.

<h2 style="text-align:center">IX</h2>

Cartulaire du Mont St-Michel, f° 113 r°.

Eodem anno (1155), mortuo Hugone de Hulmo, cum Rualendus

filius ejus vellet facere hominium suum de feudo Ascheteville Roberto, abbati de monte, abbas requisivit ab eo XVI marcas argenti, quas pater suus ab abbate Bernardo habuerat pro vadimonio Ascheteville nec reddiderat. Tandem, intercurrentibus utrimque sapientibus juris, abbas rem isit XVI marcas et Rualendus dimisit calumpniam de Belfegere et recognovit quod Belfegere erat de parrochia sancti Paterni, non de parrochia Ascheteville. Quod audiens Gislebertus de Campellis, maritus sororis ejus, qui erat excommunicatus pro eo quod tenebat per vim Belfegere, petiit absolutionem ab abbate et accepit, dimissa calumpnia de Belfegere, interpositis paucis diebus, idem Gislebertus ab abbate terram de Belfegere pro V quarteriis frumenti et molta et decima ipsius terre. Testes Willelmus de Sancto Johanne, Thomas de Lesellis et Ricardus frater ejus, Robertus de monasterio et alii multi.

X

Cartulaire du Mont St-Michel, f° 114 r°.

Eodem anno (1157) Robertus abbas et monachi de Monte Sancti Michaelis invadiaverunt apud Versun duas partes feudi de Buris de Radulfo de Cliccio a purificatione Marie usque ad duos annos pro XII marchis argenti ad pensum et guardam et ille XII marche fuerunt empte a monachis XV libris cenomannensium. Testes ex parte monachorum Gildemus de Versun, Rogerus filius ejus, Rogerus frater ejus, Tosterus Goher, Paganus presbiter ; ex parte Radulfi Willelmus de Torneio, Iohannes filius ejus, Radulfus de Versun.

XI

Cartulaire du Mont St-Michel, f° 115 v°.

Eodem anno (1157) Guillelmus de Braehe veniens ad monacha tum dedit torciam partem unius villanagii quod tenebat, scilicet IX acras terre et pratum Baldrici, quod ipse invadiaverat pro VII

solidis cenomannensium a filiis Baldrici, quod reddit I quarterium frumenti et decimam partem campi Hamerici. Testes Guillelmus de Brahe prefectus, Haimo Rufus, Herveus de Entraim,
Robertus filius Liar.

XII

Cartulaire de St-Pierre des Préaux, f° 109 v°, n° 326.

30 novembre 1142. — Quidam juvenis Ricardus nomine, re-
cuperata hereditate Willelmii Roherii avunculi sui, misit eandem terram totam in vadimonio Sancto Petro atque monachis
ejus usque ad X annos pro octo solidis de esterlins, quos liberavit
ei Guarinus, monachus de Anglia. Idem autem Ricardus, accepto
ramusculo rose et quodam cultello, astante conventu monachorum, misit eam super altare sancti Petri dicens : Per hunc ramum atque cultellum dono hanc totam terram beato Petro et
monachis ejus jure elemosine pro animabus parentum meorum,
de quibus michi hec hereditas accidit, atque pro mea anima, absque reclamatione parentum meorum, si moriar intra terminum
horum decem annorum.Si vero finito hoc termino, adhuc vivens,
non rediero, predicta terra eodem precio in vadimonio remanebit, donec redeam. Cumque rediero, michi perdonatis illis octo
solidis de esterlins, XXti solidos de romeisnis reddam monachis,
qui super eam jacebant, quando ea terra recepi. Hac de causa
fraternitatem monachorum recepi. Testibus sancti Petri : Hurmit
de Sellis, Aicardus Sartor, Willelmus maledoctus, Tustinus filius
ejus, Ricardus filius Buccebrune, Radulfus filius Bursart, vel
(ejus) Goscelinus privignus ejus, Radulfus presbiter, Goscelinus
filius Odonis famuli. Hec conventio facta est in die festi beati
Andree Apostoli III° anno. decennovali epacta XXma II, claves
terminorum XXXa IIIIor.

XIII

Commanderie des Templiers de Renneville. Arch. nat. S. 4998 B. n° 91.

1207. — Sciant presentes et futuri quod ego Willelmus Cuver et ego Radulfus Cuver frater ejus tradidimus fratribus milicie templi Salomonis medietatem tocius feodi nostri quod pater noster de eis tenuit et quod nobis descendit a patre nostro ita quod masagium nostrum in medietate remaneret pro XVI libris et IX solidis turonensium quos eis debebamus donec ab eis redimere posimus, scilicet campum de Haedula quod continet V acras et residuum perfecimus in coutura nostra ; aliam vero medietatem que nobis remanet, de eis tenebimus per redditum quem debet ; hoc eis affidavimus de nobis et heredibus nostris. Ut autem hoc ratum et inconcussum permaneat, sigillorum nostrorum munimine roboravimus. Actum anno incarnati verbi M° CC° VII° ; testes Ricardus Pelet et omnis parrochia de Clavilla.

XIV

Cartulaire de l'abbaye de Savigny, n° 326, f° 79 r°.

1172. — Robertus de Vitreio cunctis hominibus, filiis ceterisque fidelibus salutem et pacem. Conventionem quam fecerunt forestarii Guillelmus filius Petri et Petrus et Angerius filii ejus et Iohannes de Campellis et Henricus et Odo fratres ejus cum monachis Savigneii, litteris volo commendari, ut litigandi omnis occasio removeretur. Est autem hujusmodi conventio : monachi Savigneii commodaverunt predictis forestariis XVI libras andegavensium hoc pacto ut fratres qui sunt in grangia de Faiel habeant prata a vado de Broon usque ad fortoriam de Nimmele et ab illa fortoria usque ad alnetum de Bonderia et a Bonderia usque ad viam montis et a via montis usque ad Sablunneriam de Broon et est conventio quod predicti forestarii nichil habeant de rebus monachorum donec forestarii predictas XVI libras monachis redderent, scilicet Guillelmus filius Petri VIII libras reddet, filii ejus et Henricus et fratres ejus VIII libras, scilicet Iohannes et Odo. Ita videlicet ut a die qua XVI libras acceperunt, illas XVI libras reddere usque ad duos annos non possunt; illis vero duobus annis evolutis, quandocumque predictas XVI libras idem forestarii redderent, monachi eas acciperent; hanc conventionem affidaverunt firmiter tenendam predicti forestarii, Guillelmus filius Petri et filii ejus et Iohannes et Henricus et Odo de Campellis. Ego autem Robertus de Vitreio hanc concedo et confirmo et, ut firma permaneat, sigilli mei impressione roboro. Facta est autem predicta conventio anno M° C° LXX° II° ab incarnatione Domini. His testibus: Gaufrido Hervei, Silvestro de Cornilleio, Guillelmo de Breillo, Abraham clerico, Iohanne de Combortile monacho et Radulfo Pisce et Bernardo filio Duranti. Teste etiam Raginaldo de Sancto Melanio et Herveo Lorel et Roberto Burel et Gaufrido Bruerio sacerdote et aliis pluribus.

XV

Cartulaire de Savigny, nᵒ 461, fᵒ 113 rᵒ.

1172. — Ego Willelmus Dei gracia cenomannensis episcopus universis sancte Ecclesie filiis, quoniam rerum series sub scripti auctoritate fidelius solet conservari, notum fieri curavimus, quod, cum terra Guarini de Grazai, scilicet terra de Breies pro X libris cenomannensium pignori obligata esset, monachi de Savigneio, peccuniam illam solventes, eam redemerunt hoc tenore, ut idem monachi omnes predicte terre proventus per manum servientis supradicti Guarini, donec peccunia illa restituta fuerit, percipiant. Postquam vero de proventibus illius terre vel de rebus aliis supradictis monachis peccunia illa soluta fuerit, idem Guarinus terram illam liberam et quietam possidebit. Hanc pactionem se fideliter conservaturu··· ·· manu nostra fide corporaliter data, promisit idem Guarinus; Robertus vero de Camperon avunculus ejus et Iohannes de Toler, serviens ejusdem Guarini in terra illa, hoc idem

G. — 15

pactum fide nichilominus data in manu nostra plegiaverunt. Memoratus vero Guarinus, beneficium illud monachorum gratum recipiens, elemosinam quam Willelmus filius Lescie et Gaufridus Colres abbatie Savigneii assignaverant, que erat de feodo supradicti Guarini, quamque de dominio ejus tenebant, eidem abbatie in perpetuum concessit. Testibus Esgare capellano, magistro scolarum, Gisleberto archidiacono abrincensi, Willelmo de Milleio, Ricardo Bastart, Iohanne de Martigneio monachis et aliis multis. Actum anno M° C° LXX° II° mense Junio.

XVI

Cartulaire de Savigny, n° 467, f° 114 v°.

1180. — Guillelmus Dei gracia cenomannensis episcopus fidelibus universis salutem. Notum fieri curavimus quod cum Gilo de Gozran monachis de Savigneio pro salute anime sue quamdam terram, que dicitur Lametellee, ad pitanciam eorum in perpetuam elemosinam dedisset, et Henricus et Guillelmus filii ejus elemosinam illam concessissent, predicti monachi XII libras cenomannensium, pro quibus terra illa pignorata erat, reddiderunt. Fuit autem hec pactio inter eos quod, si predictus Guillelmus monachis de pecunia illa IX libras redderet, ex tunc idem Guillelmus predictis monachis IIos sextarios frumenti reddere non teneretur, quos de donatione Gilonis patris sui in terra Guidonis de Sancto Lupo idem monachi habebant. Sciendum est quod prefatus Guillelmus habuit a monachis sexaginta solidos cenomannensium pro predicto frumento usque ad quinque annos, expletis vero quinque annis, tamdui predictum habebunt frumentum donec ipse Guillelmus monachis IX libras cenomannensium reddat (1). Hec

______

(1) L'hypothèse est un peu compliquée : la terre nommée Lametellée avait été engagée pour 12 livres à un tiers inconnu de nous ; puis celui qui l'avait engagée, ne pouvant la racheter, la donne à l'abbaye qui la rachète pour son compte. En outre Gilon avait engagé à l'abbaye pour 9 livres une rente ancienne que son fils pouvait racheter en rendant les 9 livres ; mais il ne le fait pas et au contraire il s'engage à ne pas opérer

autem conventio facta est anno ab incarnatione Domini M° C°
LXXX° et ut rata permaneat, sigilli nostri auctoritate roborata.
Testibus his N. decano beati Juliani, R. precentore, Magistro Er-
naudo, magistro B. Canello, Stephano, Ricardo, Hugone monachis
et aliis pluribus.

XVII

Prieuré de Sausseuse (Arch. Eure, H. 1032).

S. d. XII° s. — Notum sit omnibus tam presentibus quam futuris
quod .ego Ricardus Croc ebroicensis archidiaconus pro salute
anime me et antecessorum meorum dedi in perpetuam elemosinam Deo et ecclesie Beate Marie de Salicosa et canonicis ibidem
Deo servientibus capellam de Prato juxta Paceium sitam cum
omnibus terris, quam in vadium recipiebam a Willelmo milite
de Chambinis et heredibus suis. Predicti autem canonici postea
ab eodem Willelmo easdem terras et pretio et munera mercati
sunt et, ut libere et quiete illas in posterum valeant possidere,
ipsum Willelmum militem in fratrem ad succurrendum receperunt. Quod ut ratum et firmum permaneat, et ne eadem elemosina
ab ecclesia Salicose aliqua hominum suggestione alienari valeret,
hujuscemodi rei testem me constitui et sigilli mei cartam presentem impressione munivi. Testibus Roberto Breardo et Galeranno
nepote meo et Girardo de Bruello cum pluribus aliis.

XVIII

Cartulaire de St-Wandrille, f° 314 r°.

S. d. — Sciant omnes tam presentes quam futuri quod Audoenus
de Moissei dedit Deo et sancto Wandregesilio pro remedio anime
sue quinque accras terre in elemosina et ideo dedit ei Rogerius
monachus XV solidos cenomannensium, concedente Gilleberto

le rachat avant 5 ans et pour cela il touche de l'abbaye une somme de
60 sous.

genero ipsius, et in vadimonio duodecim similiter accras terre propter XX solidos de cenomannensibus denariis, hoc concedente Rogerio, filio Ricardi, domino suo, de quo ipse tenebat terram suam. Testibus hiis : Ingenulfo Sansone, Roberto de Argentela, et Willelmo fratre ipsius, Ricardo de Bosc Rohart, Radulfo Peccato, Gilleberto Postello, Willelmo filio Teodelini ; et propter hanc donationem confirmandam dedit Rogerius monachus de Ponte Cardonis XL solidos Rogerio filio Ricardi domino ipsius et Gilleberto supradicto genero illius Audoeni XX solidos.

XIX

Cartulaire de St-Wandrille, f. 318 r°.

1180. — Sciant presentes et futuri quod ego Walterus (1) abbas Sancti Wandregesili in vadium accepi ab Eustachio de Grainvilla et ab Adeliza uxore sua molendinum de Tolina et omnes redditus et jura que habebant in ipso molendino, pro XX libris rothomagensium usque ad tres annos et deinceps donec XX libre nobis reddantur ; et ipsi habent nobis in conventionem, pro quibuslibet causis non poterint ipsum molendinum et redditus, quamdiu ea habebimus, tueri, guarantizare, quatinus intra Grainvillam de propriis suis redditibus stabilient, ubi habeamus sine contradictione tantumdem annuatim quantum valet predictum molendinum, donec peccunia nostra (2) reddatur nobis. Hanc autem conventionem Eustachius ipse affidavit tenendam in veritate sine fraude et malo ingenio et cum eo idem affidaverunt homines sui Robertus Ruffus, Willelmus de Rogerivalle, Robertus filius Gaufridi ; Gislebertus vero de Hothot est plegius ipsius. Actum est hoc post motionem regis Francorum ipso anno ad circoncisionem domini.

(1) Gautier II qui mourut en 1187. Il s'agirait alors dans la dernière phrase du couronnement de Philippe-Auguste en 1180.
(2) Postérieurement on a ajouté ici en interligne *hoc est decem libre.*

XX

Cartulaire de St-Wandrille, fᵒ 319 rᵒ.

1047-1062. — Quia flagilitas humana, multis subjacens casi-
bus, in momento deficit et cito labitur, actumque perinde nostrorum memoria paulatim exolescit et perpetue oblivioni traditur,
opere precium est ut quidquid futurorum notitie procuratur, lit-
terarum apicibus annotetur, ut res labilis et omnino obnoxia oblivioni utcumque figatur et future mandetur posteritati ; unde ego
Rotbertus (1), cenobii Fontanellensis,indulgente divinitate, abbas
constitutus,calliditates filiorum seculi precavens et prejudicia que
ubique fiunt, graviter metuens ac per hoc filiorum lucis, quibus
auctore Deo presum, simplicitati consulens et utilitati in posterum non inrationabiliter propiciens, emptionem terre que dicitur
Lebecors, quam feci a Nicholao Baldrici filio coram uxore sua
Gertrude filiisque et fidelium multis presentibus, litteris annotari
feci et carte hujus conscriptione teneri, ut presentibus sit contra
perfidorum surreptiones et violentias firmitatis testimoniale indi-
cium fiatque futuris contra adversariorum commenta, fallacias et
insolentes insidiarum tendiculas evidens veritatis monimentum.
Prius quidem pro ipsa terra, consilio fratrum usus, dedi non par-
vam peccuniam, id est viginti quinque libras, pro vadimonio sub
duodecim annorum termino, deinde vero, supradicto Nicholao
petente, duodecim libras denariorum adjeci atque in perpetuam
possessionem et alodum sancti Wandregesili comparavi. Facta
sugestione apud comitem Willelmum et accepta ab ipso licentia
hujus negociationis, teloneum quoque de villa Kytreia quod ante
tenebamus pro sex libris, reddidi et hanc igitur cartam principi
Normannorum Willelmo presentare curavi, qui sue auctoritatis
signo firmavit et multi ex principibus suis. S. ⁒ Willelmi comitis.
S. Nicholai.

(1) Robert Iᵉʳ, abbé de 1047 à 1062 (Neustria Pia, p. 164). Le comte
Guillaume dont il est ici question est Guillaume le Conquérant.

XXI

Cartulaire de St-Wandrille, f° 329 r°.

Conventio inter monachos nostros de Roony et Walterum Pa-
nem et Aquam qui tradidit eis prebendam suam de Roony cum
pertinentiis.

S.d. — Sciant omnes tam presentes quam futuri quod Walterius et W [.....] qui tunc obedientiam tenebant, permissione abbatis ejusdem Sancti et omnium fratrum, in vadimonium acceperunt
a Waltero Pane et Aqua prebendam, quam isdem Walterus Ro-
tonio cum omnibus ad eamdem prebendam pertinentibus in eodem
loco actenus tenuerat, pro tredecim libris denariorum illius monete et quinque solidis quos uxori ejusdem pro bene confirmanda
conventione dederunt, usque ad sex annos, tali tenore ut si in fine
termini recuperari sua vult, debent reddi nummi ; sin autem in
die festivitatis Sancti Remigii non redduntur, talis est conventio
ut, usque alia festivitas ejusdem Sancti eveniat, iidem monachi
absque alicujus perturbatione tenere debent. Inde sunt testes ex
utraque parte : Werricus Malus Vicinus et Tebaldus frater ejus
et Willelmus Ruffinus et Walterius filius Guerrici et Berengerius
nummorum mutator et Hubertus de Gre et Hundardus filius Hanel
et Arnulfus filius Osulfi et Vitalis prefectus et Durandus de Sancto
Sebinno, Albericus filius Guarini et Robertus non capillatus et
alii quamplures, quod longum scribere duximus ne legentibus
fastidium videantur generari.

XXII

Cartulaire de St-Wandrille, f° 329 v°.

1063-1089. — Quidquid nostro labili tempore pro utilitatibus
fit Sancte matris Ecclesie, utile est karta et atramento posteris
mandare, ne aliquod dispendium aliquando cogantur incurrere.
Propter quod sciant monachi et laici quoniam Radulfus et Roge-

rius, filii Rogerii de Martrei, cum sua matre, tempore domni abbatis Girberti (1),nostrum adierunt locum sancti Gandregesili sub honore Deo dicatum et medietatem casis ecclesie Reminiscors, quam de Alberico tenebant, ipsis rogantibus, nobis in vadium dederunt propter XX libras denariorum rothomagensium usque ad viginti annos et ita ut, si post XX annos voluerint redimere, non de cujuscumque precio sed de proprio racatare poterunt ; que redemptio nulli parentum suorum licita erit nec cognato nec nepoti, nisi eisdem aut filiis aut filiabus eorum. In qua ratione sciendum est quoniam ex nostra dominica carruca vel vineis nulla facta est commemoratio, quoniam in hiis neque eis [neque] eorum antecessoribus nunquam ulla fuit participatio, sed nec de vineis ad altare pertinentibus sit mentio. Hanc conventionem ipsi milites Rodulfus et Rogerius cum duobus suis hominibus cum sacramento confirmaverunt et advocato Alberico et duas sorores et fratre juniore qui absens erat, Sanctus nomine, ut benigno corde otriarent,fecerunt.Hujus conventionis testes sunt ex nostra parte : Osbertus de Essei, Engelran de Bertocurte, Hadebert dapifer regis Francorum, Helto filius, Alcherius Bono de Reminiscors, Hugo Ruffus, Johannes filius Gilberti, Gozso filius Hubert ; ex illorum parte : Tetbaldus de Trespi filius Theoderici, Goscelinus filius Warnerii de Claromonte, Bernardus de Compendio Palatio.Similiter et hoc fuit in hac conventione ut post terminum viginti annorum non licebit eis alicui vendere nisi nobis.

(1) Gilbert abbé de 1063 à 1089.

RENTES

I

Cartulaire de St-Amand de Rouen, n° 102.

1216. — Sciant omnes presentes et futuri quod ego Johannes
Caillouel, concessione Hylarie uxoris mee et Johannis fratris mei,
vendidi et omnino reliqui pro centum solidis turonensium ecclesie Sancti Amandi Rothomagensis decem solidos redditus per
annum monete currentis in Rothomago, singulis annis percipiendos et habendos ad festum sancti Michaelis, scilicet medietatem
in tenemento illo quod habebam in parrochia sancti Hylarii sicut
se poportat inter terram Petri Falkier et terram Radulfi Fabri a .
vico ante, usque ad terram Willelmi de Ripparia retro, et alteram
medietatem in illo tenemento quod Johannes predictus frater
meus de me hereditarie tenebat in parrochia sancti Egidii de Res-
pinvilla de feodo abbatis sancti Georgii sicut se poportat ante et
retro inter terram Radulfi Loterel et terram Hugonis Berenger et
sicut se poportat inter terram Roberti Anglici et Rodobeccam.
Illum vero redditum ego Johannes predictus et Hylaria uxor mea
ita pro nobis et heredibus nostris abjuravimus quod nichil de
cetero in eo reclamabimus et juravimus quod illum contra
omnes gentes garantizabimus predicte ecclesie in perpetuum ; et
sic licet predicte ecclesie justiciam suam facere in predictis tene-
mentis super redditu predicto singulis annis habendo termino
prenotato. Quod ut firmum teneatur ego et Johannes frater meus
sigillis nostris confirmavimus. Factum fuit hoc coram Johanne
Luce tunc majori Rothomagi et sigillo communie confirmatum

anno gracie M⁰ CC⁰ XVI⁰. Testibus hiis : Mattheo filio Nicholai, Michaele presbitero sancti Amandi, Bartholomeo Morin, Johanne de Sancto Candido, Willelmo de Sancto Candido, Bernardo serviente et aliis multis.

II

Cartulaire de St-André en Gouffern, n° 551.

1218. — Notum sit omnibus presentibus et futuris quod ego Hugo Bernoin presbiter dedi et concessi Deo et beate Marie et monachis Sancti Andree de Gouffer, in puram, liberam et omnino quietam elemosinam, unam peciam terre in territorio de Pomerens, que sedit in campo spine juxta terram quam heredes Radulfi Bernoin tenent de predictis monachis. Et sciendum quod predicti monachi predictam peciam terre concesserunt michi et meis heredibus terrendam feodaliter de eisdem per sex cenomannenses, quos ego et mei heredes reddemus annuatim eisdem monachis ad festum sancti Remigii. Et si forte evenerit quod ego vel mei heredes dictum redditum dictis monachis pacifice annuatim non redderemus, dicti monachi predictam peciam terre sicut suam puram elemosinam in perpetuum possidebunt. Et ut hoc sit firmum et stabile in perpetuum, presenti carta et mei sigilli testimonio confirmavi et per presentem cartam predictam terram super altare sancte Marie posui. Actum anno gracie M° CC° octavo decimo.

III

Abbaye d'Ardenne (Archives de l'Orne, H. 12).

8 avril 1203 ou 4. — A tous ceux que ces lettres verront ou orront Guillaume Potier garde du seel des obligations de la vicomté de Caen salut. Savoir faisons que au jour duy le III° jour du moys de février l'an mil IIII c. et sept viesmes et déligaument regardames unes lettres ou chartre seellee en cire verte contenante la forme qui ensuit : .

Sint omnes presentes et futuri quod ego Paganus Gaude ar-

miger et dominus de Mesnillo juxta Brasiosam dedi Deo et ca-
pelle sancti Nicolay super Olna, Sagiensis diocesis, et canonicis
ibidem Deo servientibus in dicta cappella pro salute anime mee
et uxoris mee et omnium antecessorum meorum in puram et perpetuam elemosinam in villa mea de Mesnillo antedicta, licet qua-
tor solidos turonensium in festo Sancti Michaelis annuatim redditus et duas gallinas ad Natalle domini et vinginti ova ad Pasca,
ad capiendum et levandum super noam ultimam meam vel del-
lam terre que vocatur Lez Essars vel Lesechars sitam in villa mea
antedicta aboutantam à la Noe Rosel Galice ex una parte et ex
altera parte ad viam vel limitam que vadit ad montem de Here
et ad villam Braisse in lata ad viam que vadit ad ecclesiam ex una
parte et territorium Guillelmi Lemasson et Johannis Meriot exal-
tera. Item dedi dictis canonicis duodecim denarios super feodum
meum de porta ad festum sancti Michaelis et unam gallinam ad
Natalle domini et decem ova ad Pasca annuatim redditus. Concessi ettiam eisdem canonicis quod ipsi faciant plenarie justiciam
suam in omnibus locis anteprescriptis, si necesse fuerit, pro red-
ditis memoratis. Has autem donationes et elemosinationes possidebunt predicti canonici in perpetuam elemosinam et omnino
quietam ab omni exactione et gravamine. Ita quod ego vel alli-
qui meorum heredum in omnibus predictis nichil penitus poterimus reclamare et eas elemosinas eisdem contra omnes homines
garantizabimus et defendemus in perpetuum. Et ut hoc rattum
et gratum et stabille et firmiter permaneat presentem cartam sigilli mei testimonio confirmavi. Datum anno Domini M° Ducentesimo III° die octavo mense aprilis coram parrochia beate
Marie de Mesnillo.

IV

Cartulaire de St-Cyr de Friardel, n° 196, f° 34 r°.

12 novembre 1275.— Cum proponerent in jure coram nobis viri
religiosi prior et conventus Sancti Cirici de Friardello nomine suo
et sui prioratus contra Ricardum de Glatigneio, quod, cum dicti

religiosi nomine suo et sui prioratus essent ac fuissent in possessione vel quasi percipiendi et habendi singulis annis quinque
solidos et tres denarios turonensium per manus dicti Ricardi
ad festum Sancti Remigii, dictus Ricardus cessaverit in solutione
dicte pecunie de festo Sancti Remigii ultimo preterito, ipsos religiosos et suum prioratum sua possessione vel quasi predicta
taliter spoliando et spoliatum detinendo, quare petebant ipsum in quinque solidis et tribus denariis turonensium sibi
condempnari et ad reddendum compelli et ad restituendum eisdem et prioratui suo suam possessionem premissam cum sua causa;
comparens in jure coram nobis dictus Ricardus premissa confes-
sus fuit esse vera. Et nos ipsum in dictis quinque solidis et tribus
denariis ad restituendum dictis religiosis suoque prioratui suam
possessionem cum sua causa ex ejus confessione condempnamus.
Datum anno Domini M° CC° LXX° quinto, die martis post festum
Sancti Martini hiemalis.

V

Cartulaire de l'abbaye de St-Evroul (11055), n° 378.

Janv. 1247 (n. s.). — Noverint universi quod ego Willelmus
Giffart vendidi dominis meis viris religiosis abbati et conventui
Sancti Ebrulfi viginti solidos annui redditus in omni feodo quod
teneo de ipsis in parrochia de Lagolafuere, quod feodum vocatur
clausum decani, percipiendos ad festum Sancti Johannis Baptiste
annuatim ; unde dicti religiosi possunt me et heredes meos justiciare tam pro dicto redditu quam pro omnibus aliis serviciis ; et
ut hoc in perpetuum permaneat, presentem cartam sigilli mei
munimine roboravi. Datum anno Domini M° CC° XL° sexto,
mense januarii.

VI

Cartulaire de l'abbaye de St-Evroul (11055), n° 409.

Janv. 1252 (n. s.). — Notum sit omnibus presentibus et futuris quod ego Robertus de Buisseria vendidi viris religiosis domi-

nis meis abbati et monachis Sancti Ebrulfi pro IIII^{or} libris turonensium quas inde habui,octo solidos turonensium annui redditus
super noam meam, quam de eis teneo, sitam in parrochia Sancti
Andree de Eschalfou juxta Buixeriam, reddendos eis annuatim a
me vel heredibus meis in festo sancti Remigii. Quod si ego vel
heredes mei in solutione dictorum octo solidorum defecerimus in
termino prenotato, dicti abbas et monachi per totum feodum
meum quod de ipsis teneo et super homines meos et super dictam noam justiciam suam poterunt exercere pro dictis octo solidis
et emenda. Quod ut ratum et stabile in perpetuum perseveret,
presentes litteras sigilli mei munimine roboravi. Datum anno
Domini M° CC° L° primo mense januarii.

VII

Cartulaire de St-Evroul (11055), n° 443.

1242. — Noverint universi presentem paginam inspecturi quod
ego Johannes Ledestree, assensu et voluntate uxoris mee, vendidi
dominis meis. N. tunc temporis abbati et monachis Sancti Ebrulfi
decem solidos annui redditus assignatos in toto feodo meo de La
Huanière, quod tenebam de eis per duos solidos annui redditus
ad festum Sancti Remigii assignatos, et ita de cetero ego Johannes
et heredes mei post me dictis monachis duodecim solidos ad festum Sancti Remigii de dicto feodo reddemus annuatim. Ita quod
licebit dictis monachis facere justiciam suam tam in alio feodo
quod tenebam de eis quam in feodo de La Huaniere pro jamdictis
duodecim solidis. Pro hiis autem decem solidis antedictis donaverunt michi dicti monachi quatuor libras turonensium et ego
dictus Johannes et uxor mea antedicta apud Vernuces in plena
parrochia dictam venditionem dictorum decem solidorum juravimus tactis sacrosanctis fideliter observare. In cujus rei testimonium presentem cartam sigilli mei impressione sigillavi. Actum
anno Domini M° CC° XL° secundo.

VIII

Cartulaire de St-Evroul (11057), n° 3, f° 1 r°.

Mars 1288 (n. s.). — Notum sit omnibus presentibus et futuris quod ego Thomas de Fayo Orselli vendidi et concessi viris religiosis abbati et conventui Sancti Ebrulfi dominis meis, ad usus elemosine convertandos, duodecim denarios annui redditus, quos michi faciebant et facere tenebantur heredes deffuncti Guillotti de Lahoyere, ad festum sancti Remigii singulis annis persolvendos ratione cujusdam pecie terre que sita est in parrochia sancti Martini de Bauqerceio inter terram Guerini Lebreit ex una parte et uno capite et terram Guilloti Pigaut ex altera : Pro ista vendicione et concessione dicti religiosi michi dederunt decem solidos turonensium de quibus me teneo pro pagato : habendos, recipiendos ac jure hereditagii possidendos dictos duodecim denarios redditus dictis religiosis et eorum successoribus ad dictum festum de dictis heredibus et eorum heredibus libere, quiete et pacifice sine aliqua reclamatione vel contradictione mei vel heredum meorum super hoc de cetero facienda. Hanc autem vendicionem et concessionem ego predictus Thomas et mei heredes tenemur et semper tenebimur dictis religiosis et eorum successoribus garantizare, deffendere, et deliberare bona fide contra omnes ad usus et consuetudines patrie. Et si ita contigerit quod dicti heredes aut heredes sui dictis religiosis aut successoribus suis dictum redditum ad terminum dictum non persolverint, volo et obligo me et heredes meos quod dicti religiosi et successores sui super domum meam et super hereditagium meum suam plenariam justiciam poterunt exercere tam pro emenda quam pro principali. In cujus rei testimonium ego predictus Thomas dedi dictis religiosis hanc presentem cartam sigilli mei proprii confirmatam. Datum anno Domini M° CC° octogesimo septimo mense marcii.

IX

Cartulaire de St-Evroul (11057), n° 59, f° 10 v°.

Mars 1269 (n. s.). — Sciant presentes et futuri quod ego
Gervasius de Moncello vendidi et concessi viris religiosis abbati
et conventui sancti Ebrulfi ad proprios usus elemosine eorumdem
duos solidos annui redditus, pro XX solidis turonensium michi
pre manibus a dictis religiosis persolutis, ad festum omnium
Sanctorum super omnem hereditatem meam percipiendos. Ego
vero predictus Gervasius et heredes mei tenemur dictum redditum dictis religiosis reddere, defendere et garantizare contra omnes ; predicti autem religiosi poterunt suam justiciam facere
super omnem hereditatem meam ubicumque fuerit, si de solutione defecerimus, pro redditu et emenda. Quod ut firmum et
stabile permaneat in futurum, presens scriptum sigilli mei munimine roboravi. Datum anno domini M° CC° LX° VIII° mense
marcio.

X

Cartulaire de St-Evroul (11057), n° 103.

Janvier 1270 (n. s.).— Notum sit omnibus presentibus et futuris quod ego Willelmus dictus Boel vendidi et concessi viris religiosis et honestis abbati et conventui sancti Ebrulfi duos solidos et sex
denarios annui redditus ad usus elemosine dictorum religiosorum
ad festum sancti Remigii annuatim persolvendos, pro viginti
solidis turonensium et quindecim denariis quos recepi ab eis pre
manibus, sitos super domum meam et super terram meam quam
habeo in tenore abbatis et conventus Sancti Ebrulfi videlicet in
parrochia Sancti Albini de Sappo Andree apud Malepertus inter
terram Iohannis de Londa ex una parte et terram heredis de
Bello Fay ex altera, tenendos et habendos dictis religiosis dictos
denarios annui redditus libere et quiete et pacifice sine ulla reclamatione mei vel heredum meorum de cetero facienda. Ego vero

dictus Willelmus Boel et heredes mei tenemur et semper tenebimur dictis religiosis dictos denarios annui redditus bona fide garantizare et deffendere contra omnes vel excambiare valore ad
valorem in nostro proprio hereditagio, si necesse fuerit, compe·
tenter. In cujus rei testimonium ego predictus Willelmus presentes litteras sigilli mei munimine confirmavi. Datum anno Domini M° CC° LX° nono mense januarii.

XI

Cartulaire de St-Evroul (11057), n° 120.

Février 1271 (n. s.). — Notum sit omnibus presentibus et futuris quod ego Willelmus dictus Boel vendidi et concessi viris religiosis et honestis abbati et conventui sancti Ebrulfi duos solidos
turonensium et sex denarios annui redditus ad usus elemosine
dictorum religiosorum ad festum sancti Remigii annuatim persolvendos, pro viginti solidis turonensium quos recepi ab eis pre
manibus, sitos super domum meam et terram meam, quam habeo in tenore abbatis et conventus sancti Ebrulfi, videlicet in parrochia sancti Albini de Sapo Andree apud Malepertus inter terram
Iohannis de Londa ex una parte et terram heredis de Bello Fay
ex altera ; tenendos et habendos dictis religiosis dictos denarios
annui redditus libere et quiete et pacifice sine ulla reclamatione
mei vel heredum meorum de cetero facienda, salvis tamen dictis
religiosis redditibus, serviciis et aliis redevanciis, in quibus antea
tenebar religiosis antedictis. Ego vero dictus Willelmus Bovel et
heredes mei tenemur et semper tenebimur dictis religiosis dictos
denarios annui redditus bona fide garantizare et deffendere contra omnes vel excambiare valore ad valorem in nostro proprio
hereditagio,si necesse fuerit competenter.In cujus rei testimonium
ego predictus Guillelmus presentes litteras sigilli mei munimine
confirmavi. Actum anno Domini M° CC° septuagesimo mense
februarii.

XII

Cartulaire de St-Evroul (11057), n° 127.

- Mars 1277 (n. s). — Universis presentia inspecturis Guillelmus dictus Boel eternam salutem in Domino Ihesu Christo. Noveritis quod vendidi et concessi viris religiosis abbati et conventui sancti Ehrulfi dominis meis ad usus elemosine sue tres solidos turonensium annui redditus in festo Sancti Remigii annis singulis persolvendos, sitos super herbergamentum meum et super totam hereditatem meam, que de ipsis teneo in parrochia de Sapo Andree, pro viginti et septem solidis turonensium, de quibus me teneo pro pagato ; habendos et percipiendos dictos tres solidos in dicto festo annuatim dictis religiosis et successoribus suis a me et heredibus meis libere, pacifice et quiete sine aliqua contradictione mei vel heredum meorum super hoc de cetero facienda, salvis tamen eisdem religiosis aliis quinque solidis turonensium quos ipsis ratione predictorum herbergamenti et hereditatis antea faciebam ad usus elemosine supradicte. Hanc autem venditionem et concessionem ego dictus Guillelmus et heredes mei tenemur garantizare et deffendere bona fide contra omnes et alibi excambiare, si necesse fuerit, competenter. In cujus rei testimonium et munimen ego dictus Guillelmus presentibus litteris sigillum meum apponere dignum duxi. Datum anno Domini M° CC° LXX° VI° mense marcii, die sabbati post festum Sancti Mathie appostoli (1).

XIII

Cartulaire de Jumièges, n° 180.

6 mars 1225 (n. s.). — Noverint universi quod ego Robertus dictus Gart debeo abbati et monachis Gemmeticensibus quatuor

(1) Il me semble y avoir une erreur dans la date, car le samedi après la St-Mathieu tombe en l'année 1277 le 27 février. Le samedi suivant serait le 6 mars, c'est sans doute la date de l'acte.

solidos redditus annualis reddendos eis ad festum sancti Andree
pro toto tenemento meo, quod situm est in parrochia sancti Michaelis de Veteri Portu supra Mariscum, salvo dictis abbati et monachis antiquo redditu, quem, pro tenemento reddere solebam.
Propter predictum autem redditum eis perpetuo reddendum ipsi
michi dederunt XL solidos turonensium. Ut autem predicta rata
sint in futurum, ea presenti scripto et sigilli mei munimine roboravi. Actum anno gracie M° CC° XX° IIII° II nonas martii.

XIV

Cartulaire de Jumièges, n° 181.

6 mars 1225. — Noverint universi quod ego Willelmus Kesnel
debeo abbati et monachis Gemmeticensibus duos solidos monete
currentis redditus annualis reddendos eis ad festum Sancti Andree pro toto tenemento meo, quod situm est in parrochia sancti
Michaelis de Veteri Portu supra Mariscum, salvo tamen dictis
abbati et monachis antiquo redditu quem de ipso tenemento reddere solebam. Propter hunc autem redditum eis perpetuo reddendum ipsi michi dederunt viginti solidos turonensium. Ut autem
predicta rata sint in futurum, ea presenti scripto et sigilli mei
munimine roboravi. Actum anno gracie M° CC° XX° quarto II
nonas martii.

XV

Cartulaire de Jumièges, n° 432.

Août 1211. — Notum sit omnibus presentibus et futuris quod
ego Rogerus Filluel de Bovilla vendidi et in perpetuum abjuravi
abbati et monachis Gemmeticensibus totum redditum quem Henricus de Ronchereio michi debebat pro parte hereditatis Roberti
fratris sui, quam ego emi ab eodem Roberto, scilicet sex solidos
communis monete reddendos annuatim predictis abbati et monachis ad festum Sancti Michaelis ; unde michi dederunt sexaginta

solidos turonensium. Et ego predictum redditum juravi bone
fide garantizandum illis et presenti scripto et sigilli mei testimonio confirmavi. Ego vero Willelmus de Bovilla pater predicti Rogeri posui in plegium predicti redditus tantumdem de redditu
quem Geroldus de Monte Mirel michi debet. Ad cujus rei testimonium sigillum meum apposui presenti scripto. Actum apud Gem-
meticum anno verbi incarnati M° CC° XI° mense augusto. Testibus Willelmo de Vado, Rogero de Sancto Silvio, militibus, Johanne
de Ponte Arche, Willelmo de Mesnillo, Radulfo de Puteo et aliis
multis.

XVI

Cartulaire de Jumièges, n° 433.

Août 1211. — Noverint universi presentes pariter et futuri
quod ego Henricus de Runchereio debeo abbati et monachis Gemmeticensibus sex solidos communis monete pro parte hereditatis
Roberti fratris mei, reddendos eis per singulos annos ad festum
Sancti Michaelis et tres solidos quos ego illis vendidi super totum
feodum meum pro triginta solidis turonensium, reddendos illis ad
mediam quadragesimam. Ita quod predicti abbas et monachi justiciam poterunt facere super totum feodum meum pro predictis
redditibus scilicet pro novem solidis, nisi reddantur ad terminos
supradictos. Et ut hoc firmum et stabile permaneat in perpetuum
ego hoc juravi tenendum et faciendum bona fide et presenti
scripto et sigilli mei appositione confirmavi. Actum apud Gem-
meticum anno Domini M° CC° XI° mense augusto. Testibus
Johanne de Sancto Nicholao, Willelmo de Mesnillo, presbiteris,
Willelmo de Vado, Rogero de Sancto Silvio, militibus, Amalrico
de Bovilla et aliis multis.

XVII

Abbaye de Lire (Arch. Eure, H. 487).

Mars 1252 (n. s.). — Notum sit presentibus et futuris quod
ego Robertus de Bona Villa in mea magna necessitate vendidi et

concessi abbati et conventui de Lira quinque solidos annui redditus in domo mea quam teneo de eis apud Liram, per duodecim
denarios, que domus sita est inter domum que fuit Roberti Coci
et domum quam Robertus Rossel tenet a predictis abbati et
conventu. Predictos autem quinque solidos percipient predicti
abbas et conventus de me et heredibus meis annuatim in perpetuum ad festum Sancti Egidii. Concedo etiam quod si forte predicta domus per combustionem vel per vetustatem cecideret, ut
predicti monachi faciant justitiam super me et heredes meos pro
predictis quinque solidis ubicumque manserimus in villa Lire,
donec ipsa domus reedificata fuerit. Pro hac autem venditione et
concessione mea predicti monachi dederunt michi quinquaginta
et quinque solidos turonensium. In cujus rei testimonium presentem cartam sigilli mei munimine roboravi. Actum anno Domini
M° CC° L° primo, mense marcii.

XVIII

Abbaye de Lire (Arch. Eure, H. 475).

Mai 1251. — Notum sit presentibus et futuris quod ego Johannes dictus de Anthiochia in mea magna necessitate vendidi et
concessi abbati et conventui de Lira quinque solidos annui redditus in domo mea, quam teneo de eis apud Liram per duodecim
denarios, que domus sita est inter domum Roberti Filioli ex una
parte et domum Nicholai Belot ex altera. Predictos autem quinque
solidos percipient predicti abbas et conventus de me et heredibus
meis annuatim in perpetuum ad festum Sancti Egidii. Concedo
eciam quod si forte predicta domus per combustionem vel per
vetustatem ceciderit ut predicti monachi faciant justitiam super
me et heredes meos pro predictis quinque solidis, ubicumque
manserimus in villa Lire, donec ipsa domus reedificata fuerit. Pro
hac autem venditione et concessione mea predicti monachi dederunt michi quadraginta et quinque solidos turonensium. In cujus
rei testimonium presentem cartam sigilli mei munimine roboravi.
Actum anno Domini M° CC° L° primo, mense Maii.

XIX

Chartes de la Noë, III, n° 42 (Bib. nat.).

1204. — Noverint universi presentes et futuri quod ego Willelmus Buison dedi monachis et abbatie Sancte Marie de Noa, concedente Willelmo primogenito meo, decem solidos in proprio mesuagio meo et hereditagio annuatim habendos et totam partem substancie mee que me continget in obitu meo exceptis debitis meis secularibus et ecclesiasticis. Quos ego X solidos Willelmus Buison eisdem monachis reddere debeo singulis annis in festo Sancti Remigii et post me capitalis heres meus, in perpetuam elemosinam libere et quiete et sine contradictione reddendam. Et ut hec donatio mea et elemosina rata sit semper et inconcussa, presenti carta et sigillo meo proprio roboravi et confirmavi. Actum anno verbi incarnati M° CC° IIII°. Testibus Scimone de Crechil, Thoma de Crechil, Keinaldo de Angervilla, Stephano de Caitivel, Durando Fabro.

(Sceau sur double queue de parchemin : [SIGI]LLVM GVILLERMI B[V]IS[ON]).

XX

Cartulaire de St-Pierre des Préaux, n° 257, f° 86 v°.

Dec. 1250. — Noverint universi presentes et futuri quod ego Nicholaus Lecarpentier vendidi et concessi abbati et conventui de Pratellis V solidos annui redditus super totum feodum quod teneo de Ricardo de Mosterol, percipiendos in perpetuum dictis abbati et conventui et eorum successoribus de me et de illis qui predictum feodum post me tenebunt, ad festum Sancti Michaelis ; pro quibus supradictis V solidis ego supradictus Nicholaus concessi supradictis abbati et conventui ut liceat eis plenariam justiciam facere super totum supradictum feodum, nisi ad supradictum [festum] eisdem persolvantur ; pro L solidis turonensium quos inde michi dederunt et ego dictus Nicholaus teneor garanti-

zare supradictis abbati et conventui et eorum successoribus vel
excambiare competenter redditum supradictum. Et ego Ricardus
de Mosterol dominus dicti feodi concedo omnia supradicta ; in cujus rei testimonium ego dictus Michael et ego Ricardus presentem
scriptum tradidimus predictis monachis sigillis nostris sigillatum.
Actum anno Domini Mo CCo Lo mense decembris.

XXI

Cartulaire de St-Sauveur le Vicomte, no 115.

1261 ou 62. — Notum sit omnibus tam presentibus quam futuris quod ego Robertus dictus Ansquetil de parrochia de Bus-
chiervilla vendidi finaliter et concessi religiosis viris abbati et
conventui Sancti Salvatoris Vicecomitis tres solidos turonensium
annui redditus percipiendos annis singulis et habendos ad festum
assumptionis beate Marie virginis una cum sex solidis turonensium quos eisdem religiosis alias vendidi cum duobus caponibus
et viginti ovis ex antiquo redditu, libere, pacifice et quiete, absque reclamatione aliqua mei et meorum heredum dictis religiosis
et eorum successoribus in posterum facienda, super tota hereditate ratione patris mei michi in dicta parrochia pertinente ; volo
etiam et concedo quod dicti religiosi plenariam faciant et facere
possint justiciam super tota hereditate predicta pro defectu solutionis dicti redditus ad terminum supradictum ; et ego et heredes
mei debemus et tenemur omnia predicta garantizare et deffendere
contra omnes. Quod ut ratum et stabile permaneat in futurum,
presentem cartam sigilli mei munimine roboravi. Actum anno
Domini Mo CCo sexagesimo primo mense aprilis.

XXII

Abbaye de Sausseuse (Arch. Eure, H. 1036).

1182. — Omnibus ad quos litteræ [. . . . . . .] Rotrodus
Dei gratia R[otomagensis archiepiscopus] salutem in domino. Ad

omnium volumus pervenire [. . . . .] Marie de Salicosa XII
solidatas redditus apud Roth [omagum. . . . . . .] dicitur
Godardi [. . . . . . .] autem redditum percipient canonici
annuatim in domibus et virgulto quos in prefato vico habet predictus Nicholaus in terra que fuit Gaufridi de Puteo VI solidos
ad Pascha et alios VI solidos in festo Sancti Romani. Hanc vero
elemosinam posuit in manu nostra per ramum cujusdam arboris
idem Nicholaus et nos ad ejus peticionem tradidimus eam Gisleberto priori de Salicosa et quibusdam aliis canonicis anno verbi
incarnati M° C° et LXXX° II°Ut utque hoc ratum et inconcessum
permaneat, scripto nostro et sigilli nostri munimine roboravimus. Testibus magistro Herberto, Roberto capellano, magistro
Taurino, Osberto camerario, Stephano.

XXIII

Cartulaire de l'abbaye de Silly, f° 207 v°.

Avril 1274. — Notum sit omnibus presentibus et futuris quod
ego Richardus de Alleyo vendidi et concessi viris religiosis abbati
et canonicis de Silli tres solidos turonensium annui redditus ad
festum Sancti Remigii super totum hebergamentum meum situm
in parrochia de Neaufe juxta terminum, inter terram Johannis
Dida ex una parte et cheminum regale ex altera, in feodo Roberti
Pipart armigeri, habendos et percipiendos singulis annis ad dictum
festum dictis religiosis et successoribus suis a me et heredibus
meis libere, quiete et pacifice sine contradictione mei vel heredum meorum de cetero facienda. Ego vero predictus Richardus
et heredes mei religiosis et successoribus suis predictum redditum
tenemur garantizare contra omnes firmiter et benigne vel excambiare alibi in nostro hereditagio, si necesse fuerit, competenter. Et sciendum est quod dicti religiosi et successores eorumdem
poterunt super hebergamentum suam justiciam exercere, nisi
dictus redditus ad dictum festum fuerit integre persolutus. Pro
hac autem vonditione et concessione dicti religiosi dederunt mi-

chi de bonis suis XXX solidos turonensium. Et quod hoc firmum
et stabile permaneat in futurum presentem cartam sigilli mei munimine roboravi. Actum anno Domini M° CC° LXX° quarto mense
aprilis.

XXIV

Cartulaire de l'abbaye de Silly, f° 208 r°.

Avril 1274. — Noverint universi presentes et futuri quod ego
Robertus Pipart, armiger, concessi viris religiosis abbati et canonicis beate Marie de Sille pro salute anime mee tres solidos annui
redditus ad festum Sancti Remigii, quos Richardus de Alleyo
vendidit dictis religiosis in feodo meo in parrochia de Neaufe
juxta terminum sitos super totum herbergamentum dicti Richardi,
sicut continetur in carta dictorum religiosorum, quam super hoc
habent de dicto Richardo. Et sciendum est quod ego Robertus
volo et concedo quod dicti religiosi et successores eorumdem faciant justiciam suam in dicto herbergamento, nisi dictus redditus
dictis religiosis ad dictum festum fuerit integre persolutus. Ut que
concessio et confirmatio valeat in futuro presentem cartam sigilli
mei roboravi. Actum anno domini M° CC° LXX° IIII° mense
aprilis.

XXV

Grand cartulaire de St-Taurin d'Evreux, f° 141 v.

4 novembre 1251. — Sciant presentes et futuri quod ego Willelmus des Cheminees vendidi et omnino dereliqui pro me et heredibus meis et quibuscumque personis de parentela mea, assensu et voluntate uxoris mee, viris religiosis abbati et conventui
Sancti Taurini ebroicensis viginti solidos turonensium annui redditus percipiendos annuatim in festo omnium Sanctorum super vineam meam sitam juxta nemus eorumdem de Patervilla, quam
teneo de eisdem, habendum et tenendum dictum redditum eisdem
inpuram, liberam et perpetuam elemosinam, ita libere et quiete
sicut aliqua elemosina liberius et quietius possideri potest aut ha-

beri ; et pro dicto redditu liceat eis facere suam justiciam super totam vineam supradictam. Et si in dicto festo in solutione memorati redditus ego vel heredes mei defecerimus, vindemiis proximo sequentibus percipient iidem religiosi tantum de vino ibidem crescente quam valebit viginti solidos turonensium quietos. Et si aliquis de parentela mea retraxerit dictum redditum per bursam, licebit eis preter hoc tamen capere de vino quod valeat viginti solidos turonensium annuatim, si voluerint et viderint expedire. Et dictum redditum ego et heredes mei eisdem religiosis contra omnes garantizare tenemur ad usus et consuetudines Normannie. In cujus rei testimonium presenti scripto sigillum meum apposui. Actum anno Domini M° CC° quinquagesimo primo mense novembri die sabbati proxima post festum omnium Sanctorum, qua die satisfactum est michi ab eisdem religiosis de septem libris turonensium de quibus teneo me ad plenum pro pagato.

XXVI

Grand cartulaire de St-Taurin d'Evreux, f° 238 r°.

Fév. 1251. — Sciant presentes et futuri quod ego Osmundus Taquerel et Douce uxor mea vendidimus et omnino dimisimus viris religiosis abbati et conventui Sancti Taurini ebroicensis dimidium modium vini super quamdam vineam nostram sitam in clauso Asceline in parrochia Sancti Marcelli de Longa villa, habendum eisdem religiosis in puram et perpetuam elemosinam ; pro qua venditione dederunt nobis dicti religiosi pre manibus de bonis suis viginti solidos parisiensium. Nec poterimus nos vel heredes nostri calcare vindemiam prefate vinee, nisi prius dictos religiosos vel nuncium eorum apud Longam villam commorantem requisierimus et per duos dies expectaverimus ; et juravimus in plena parrochia quod per nos vel alterum nostrum nunquam contraveniemus vel per alium nomine nostro. In cujus rei testimonium sigilla nostra presenti scripto duximus apponenda. Actum anno Domini M° CC° quinquagesimo mense februarii.

TABLE DES MATIÈRES

PREMIÈRE PARTIE

LE MORT GAGE (XIᵉ-XIIIᵉ).

CHAPITRE I

CHAPITRE II

CHAPITRE III

CHAPITRE IV

DEUXIÈME PARTIE
LA VENTE DE RENTE (XIIIᵉ).

CHAPITRE I

CHAPITRE II

CHAPITRE III

CHAPITRE IV